ESPIRITUALIDAD PARA HUMANOS

Planeta

ALBERTO LINERO

ESPIRITUALIDAD PARA HUMANOS

UN CAMINO SUBLIME

Planeta

Obra editada en colaboración con Editorial Planeta – Colombia

Fotografía de portada: © Alejandra Quintero Sinisterra, 2022
Adaptación de portada: © Genoveva Saavedra / aciditadiseno

Bajo el sello editorial PLANETA M.R.
Avenida Presidente Masarik núm. 111,
Piso 2, Polanco V Sección, Miguel Hidalgo
C.P. 11560, Ciudad de México
www.planetadelibros.us

Primera edición impresa en Colombia: octubre de 2022
ISBN: 978-628-7568-60-0

Primera edición impresa en esta presentación: agosto de 2024
ISBN: 978-607-39-1827-5

Impreso en los talleres de Impresora Tauro, S.A. de C.V.,
Av. Año de Juárez 343, col. Granjas San Antonio,
Iztapalapa C.P. 09070, Ciudad de México.
Impreso en México – *Printed in Mexico*

ÍNDICE

INTRODUCCIÓN

El Sinaí: Un ascenso a mi interior

En una noche fría, desértica y oscura, nos preparábamos para la gran experiencia espiritual que habíamos decidido vivir: subir a la cima del monte Sinaí para ver desde allí el amanecer. Lejos de un simple ejercicio turístico, mediríamos nuestras fuerzas físicas con el anhelo de conocer más nuestro interior, con la lucidez de que el ejercicio de ascender a ese místico lugar era una metáfora acerca de adentrarnos en nosotros mismos para reconectarnos, sin distracciones, con nuestro interior, y transitar en la profundidad de nuestra propia esencia para reconocernos y tener más claridades acerca de cómo seguir adelante. Había subido por primera vez a aquel monte situado al nordeste de Egipto 16 años atrás. El recuerdo de esa gran experiencia espiritual me llevó a proponerle a Alcy y a las personas que me acompañaban en ese peregrinaje que emprendiéramos de nuevo el ascenso.

Tan solo horas antes nos encontrábamos frente al mar Rojo, con sus aguas cristalinas y sus arrecifes de coral. Contemplarlo es meditar siempre en el milagro de dar el primer paso, seguros de que el mar de las dificultades se abrirá y podremos atravesar y coronar nuestra meta. Presenciar aquellas olas es sentirnos invitados a creer en lo que somos y hacemos, con el sentido puesto en Dios y las maravillas que de él hemos experimentado. Contemplarlo es tener la certeza de que cuando estamos entre la espada y la pared, siempre hay que tumbar la pared para continuar. Es ese mar en el que Moisés, un líder lleno de humanidad, se enfrentó a la rebeldía del pueblo que guiaba y desafió con preguntas al Dios que lo animaba, lo empujaba y le daba sentido a lo que hacía.

Decidimos subir el monte Sinaí en la noche para evitar la fuerza implacable del sol desértico y así dejarnos impulsar por ese bello y metafórico desplazamiento de la oscuridad a la luz. Esperábamos llegar a la cima antes del amanecer y disfrutar de cómo los rayos del nuevo sol colorean a su antojo esas áridas montañas.

Nos aprovisionamos con suficiente agua, un buen cayado, zapatos cómodos de caminata, ropa térmica —era invierno y el frío de la noche era intenso—, pero sobre todo nos equipamos con la mejor actitud espiritual para ascender los 2285 metros con pendientes del 75 % que teníamos por delante. Salimos de Sharm el-Sheij a las 8 de la noche, arribamos a las 10 a Santa Catalina y pasamos por el santuario del mismo nombre, en el que se halla la zarza ardiente, aquel signo maravilloso con el que el autor bíblico presentó la teofanía que experimentó Moisés.

Las preparaciones tardaron una hora. La expectativa ante la experiencia incrementó mientras recibíamos las indicaciones y conocíamos al beduino que nos guiaría. Finalmente, a las 11 de la noche dimos el primer paso de aquella travesía. Nuestra actitud permitía que todo nos hablara y nos preparara para lo que fue una intensa e íntima experiencia espiritual.

Salimos todos en grupo, éramos unas 20 personas. Rápidamente nos dimos cuenta de que el camino común nos iba a imponer itinerarios muy personales. Cada uno comenzó a vivir su propio ritmo de caminata, haciendo sus propias paradas, sus momentos particulares de oración y a dejarse impulsar por sus singulares propósitos.

Alcy y yo habíamos decidido quedarnos al final del grupo y así estar atentos a todos los que compartían ese momento con nosotros. Somos pareja, hemos decidido construir juntos un camino hacia el objetivo común. Estrechamos complicidades y sinergias que nos permitan ser un equipo existencial. Trazamos puentes que posibiliten que el abismo de nuestras conciencias sea derrotado y se realice el encuentro maravilloso de la comunicación en todos los sentidos. Sin embargo, seguimos siendo seres individuales y singulares, que tienen sus propios límites, intereses, sueños y ritmos. Saber y aceptar eso nos permite ser un mejor equipo, porque permite que nos complementemos.

El camino de ascenso iba revelando sus matices profundos, densos y elocuentes, que se volvían mensajes para nuestra búsqueda interior y nos generaban ritmos espirituales en cada paso que dábamos. El camino era como la vida: lleno de pendientes, de pequeños espacios planos, estrecho y rocoso, pero también amable y acogedor. Todo por momentos.

La oscuridad se presentaba como una aliada que nos ocultaba los despeñaderos al borde del camino, haciéndonos conscientes de que el desconocimiento no siempre es una desgracia. Una de las dagas más hirientes que ataca el corazón humano es el *porqué* de las cosas que lo impulsan a conocer y controlar mucho de lo que vive, pero que a veces lo estrujan y lo estrellan contra los límites de la existencia, ya que es imposible saber el porqué de todas las cosas y menos de manera inmediata. La aridez inhóspita y hasta agresiva del sendero nos hacía entender que el cuidado es fundamental para vivir, pero que no podemos dejarnos paralizar por lo desconocido ni por lo que está fuera de nuestro control.

El firmamento, cual telón de pintor tachonado de luces de todos los tamaños, nos proponía diálogos con el silencio y nos comunicaba la inmensidad en la que siempre se queda corta la palabra. Hablar era una manera de espantar el mensaje que esas estrellas comunicaban y que sentíamos en lo profundo del ser. Es el valor del silencio el que nos hace escuchar las propias palabras, los propios miedos, los propios límites y las propias decisiones. Las múltiples estrellas que nos iluminaban posibilitaban el diálogo interior, el cual siempre es un camino seguro para el encuentro con nosotros mismos.

Las estrellas fugaces iluminaban con pequeños instantes de lucidez el camino y nos hacían comprobar que lo efímero siempre tiene que ser aprovechado para seguir avanzando y evitar quedarnos atrapados en ello. Son esas emociones espirituales que nos hacen entender hacia dónde vamos y la forma como estamos yendo. Están lejos de nuestro control y de alguna manera las disfrutamos tal cual llegan, sabiendo que en ellas se hace presente una parte de la felicidad, que dista mucho de ser plena, pues está siempre presente y ausente a la vez.

Los ruidos de animales invisibles, algunos porque se camuflaban en la oscuridad o en los colores del desierto, nos hacían entender que siempre estamos con otros en los caminos y que hay que recordarlo. A esos sonidos se sumaban las palabras de algún peregrino que pasaba y que murmuraba una bendición o solo saludaba. Estamos con otros y la espiritualidad implica siempre ser conscientes de esa relación con los compañeros de camino.

Seguimos avanzando mientras escuchábamos el diálogo entre los beduinos y los camellos. Con un sonido similar a un "clack, clack, clack" que hacían con la boca, esos habitantes del desierto animaban y guiaban a los grandes rumiantes que les ayudan a subsistir. Algunos de mis compañeros y compañeras de viaje decidieron usar a los rumiantes como medio de transporte en aquel empinado camino. Alcy y yo habíamos decidido ascender por nuestros propios medios. De ella he aprendido que el maltrato animal no es coherente con mis opciones espirituales. La vi molesta por la manera como los beduinos trataban a esos animales y nos abstuvimos de ser partícipes de esa actitud.

Cada tanto encontrábamos tiendas en las que vendían agua y *souvenirs*, evitamos detenernos en ellas, porque desde el principio las habíamos entendido como distracciones. Y es que cuando nos concentramos en un objetivo, tenemos que ser capaces de vencer las tentaciones de enfocarnos en realidades que no aportan a la realización de ese deseo. Caminar espiritualmente es ir buscando lo que da plenitud. En este caso era ir a celebrar en la cima. Nada irrelevante podría detenernos hasta llegar.

De repente desembocamos en un camino de escalones que tenían diferentes alturas entre sí. Eran 700 peldaños hechos de rocas fuertes y fijas. Los que iban en camello tenían que bajarse del animal y seguir a pie desde allí. Muchos querían desistir, pero encontraban motivaciones dentro de sí mismos para seguir. Otros simplemente dijeron: "No seguimos más, hasta aquí llegamos". Una gran parte de mis compañeros y compañeras ni siquiera contemplaron la idea de desertar del propósito y siguieron firmes en busca de la meta.

De nuevo, cada uno a su ritmo. Nadie subía rápido. Todos iban midiendo cada paso como si al darlo hicieran un ritual interior que los inspiraba a no darse por vencidos. Alcy y yo, callados, solo nos mirábamos y nos animábamos en el lenguaje de la ternura que en muchos casos es silencioso, pero siempre es claro y fuerte. Son esas miradas que comunican más que las palabras. Los silencios que gritan con mayor fuerza que cualquier estruendo de la vida.

En algunos momentos comenzamos a sentir el cansancio físico por el esfuerzo que implicaba la subida. Tenía conciencia de mi respiración y sentía cómo poco a poco se iba agitando. Hubo instantes en los que creí que no podría seguir más. Me sentía mal. Volteé a un lado y vi a una señora que estaba más consumida por la situación que yo. Inmediatamente traté de estar a su lado y ayudarla. De alguna manera, estar atento a ella me hizo olvidar lo mal que me sentía. Allí aprendí que siempre hay alguien que está peor que uno y que eso no debe consolarnos ni tampoco inmovilizarnos al tratar de conseguir respuestas, sino que debe generar una visión más equilibrada de la situación y de la proporción que tiene. Cuando solo nos enfocamos en lo mal que estamos, terminamos distorsionando la realidad y haciendo esa circunstancia más grande y difícil de lo que puede llegar a ser.

El camino me animaba, en lo particular, a tener conciencia de quién era. Sentía mi historia allí presente. Mis opciones con sus renuncias. Mis celebraciones y los momentos de derrota. Mis miedos traducidos en palabras y acciones que buscaban vencerlos. Me sentía en contacto conmigo, con lo que soy más allá de los títulos, de las realizaciones, de los libros o de los cambios. Era como si tuviera contacto con la "albertidad", con eso que me hace ser este ser humano y no otro. Allí, por momentos, tenía la certeza de Dios presente que me susurraba palabras de afirmación y protección que me hacían sentir amado. Siempre me he sentido acogido por él. No creo que su amor rechace. Volví a tener seguridad de su presencia, como cuando presidía la eucaristía y con la comunidad proclamaba que estaba allí realmente.

Mientras subía cada uno de esos escalones, sentía que ascendía en mi interior. Me experimentaba más dueño de mí y de mis posibilidades. El frío intenso me golpeaba el rostro, así como toda la experiencia me acariciaba el alma. Pero también me sentía valioso, como vida consciente en medio de tanta naturaleza con otro tipo de vida. Sí, me supe conocedor de mi pequeñez y de mi grandeza mientras ascendía la montaña a un ritmo constante. La conciencia de mi respiración me daba la certeza de estar vivo y de dirigir mi existencia. El cuerpo respondía con fuerza a cada movimiento.

Llegamos a la cima. Finalmente estábamos en la cúspide. Allí podíamos esperar el amanecer que ya se anunciaba con brochazos rosados que se veían en el cielo. La satisfacción de haber llegado, la sensación de meta cumplida, llenaba de alegría el instante. La inmensidad del desierto comenzaba a vislumbrarse en la medida en que los rayos del sol aparecían. La experiencia era sublime. Oramos un rato en la mezquita, que tenía sus puertas abiertas a todos los que allí llegaban. Si bien hubiéramos querido hacerlo en la iglesia ortodoxa, esta se encontraba cerrada. Claro que en ese instante no importaba el espacio, lo importante era entregarnos a un momento de acción de gracias, por la vida, por la experiencia, por todo.

Después de ese momento de espiritualidad, iniciamos el descenso. Fue una experiencia distinta. Igual de exigente —nuestras rodillas pueden dar fe de eso—, igual de densa a nivel espiritual. Gozamos el regreso con un paisaje totalmente distinto, con la luz del sol. Los amarillos eran diferentes, pero igual hablaban de los contrastes constantes del mundo. Áridos, necesitados de agua, como mi alma que necesita de Dios. Los múltiples caminos delante de nosotros nos obligaban a tomar decisiones constantes.

Habíamos subido en 5 horas, con la tranquilidad y lentitud que la experiencia requería. No se trataba de llegar rápido, sino de tener una vivencia profunda con lecciones que iluminaran toda la existencia. Bajamos en 4 horas, porque tomamos el camino más lento y tuvimos que auxiliar a algunos de los compañeros que estaban exhaustos.

Cuando pensé que ya había tenido muchos aprendizajes en una sola jornada, una de mis compañeras me regaló, con su testimonio, la última lección espiritual de ese ascenso al Sinaí. Se encontraba recostada en uno de los escalones, parecía que estaba a punto de desmayarse. Me acerqué y le pregunté qué sentía. Me dijo que tenía mucha hambre. Cuando le pregunté qué había sido lo último que había comido, con esa ingenuidad que termina siendo fuente de grandes dificultades me dijo que en ese momento llevaba 24 horas en ayuno, como un sacrificio a Dios. Le di algunas frutas que aún tenía y traté de explicarle que eso no era ser espiritual, sino atentar contra su salud.

Mientras bajábamos con Alcy, concluimos que la primera acción espiritual es siempre el autocuidado. Solo desde allí podemos partir en busca de los objetivos que tengamos y hacia cualquier dirección. Cuidarnos es una acción espiritual, porque es una manera de confiar en que hay un mañana y necesitamos estar bien. Explorar es vivir desde la confianza y la esperanza, sabiendo que lo nuevo siempre puede ser una oportunidad de crecimiento y bendición.

Llegar hasta Santa Catalina con el corazón lleno de lecciones, la mente abierta a tantas posibilidades, las piernas cansadas, en silencio y con ganas de compartir todo lo allí aprendido fue el cierre perfecto para una experiencia llena de vida. Estuve feliz porque salí más dueño de mí —creo que tengo ahora más conciencia y responsabilidad conmigo mismo—, con la seguridad de amar y ser feliz como tarea de vida. Definitivamente no solo ascendí ese monte místico, sino que ascendí a mi interior. Recorrí lo que soy y pude contemplarme mejor desde la cúspide de mi esencia, logrando así una experiencia de conexión mayor con Alcy, con otros seres humanos, con la creación misma y con Dios, mi Señor.

Creo que toda esa experiencia del recorrido retrata bien la manera como comprendo la espiritualidad. Es un camino cotidiano de trascendencia y conexión con mi esencia, una oportunidad de interiorización desde lo ordinario de la vida en busca del sentido, una indagación intensa e íntima de quién soy, de dónde vengo, para dónde voy; siendo siempre consciente de lo que vivo y encontrando respuestas. Una lectura del sentido de las distintas experiencias que tengo a diario. Es tratar de ver la realidad en su totalidad y no desde los apartes inmediatos que se imponen en las aventuras diarias.

Quiero ser insistente en que la espiritualidad la vivo siempre como una experiencia, como una forma de tener una reflexión muy personal de mi existencia de esta manera concreta. Es mucho más que unas prácticas rituales externas. Puede llegar a ser la conciencia que me produce identidad y conexión con otros.

Por supuesto que la he vivido desde las manifestaciones religiosas, pero entiendo que no solo le pertenece a lo religioso, sino a todo lo humano.

También entiendo la espiritualidad como ese "fenómeno subjetivo en el que el ser humano contempla y se conecta con su propia existencia, con asombro y reverencia"[1], que el

1 Braun, R. La experiencia existencial como concepto naturalista de la espiritualidad. *Persona: Revista de la Facultad de Psicología* de la Universidad de Lima, Perú, 2017;(20):83-94.

profesor de Filosofía Ricardo Braun define como *experiencia de conexión existencial* y que él mismo abrevia como experiencia existencial, experiencia que todo ser humano, más allá de cualquier diferencia, puede vivir[2].

Sí, la espiritualidad es una experiencia existencial. Es responder de manera siempre provisional a las preguntas fundamentales de la vida, respuestas que impulsan a vivir de una manera determinada. Se encuentra una satisfacción que no aplaca las preguntas, pero las direcciona.

Eso es lo que quiero compartir contigo en este libro: mi experiencia espiritual. Sin ninguna intención proselitista, porque lo que busco proponer son elementos razonables que me guían en ella. Soy católico y vivo como tal. Es allí donde he tenido las mayores prácticas espirituales en los rituales, en el credo, en las manifestaciones morales. No quiero imponer mi fe a nadie, quiero compartir con todos las respuestas que ella me va dando y me sirven para vivir con sentido, para buscar una vida que valga la pena vivir.

Las páginas que siguen son la suma de experiencias personales, conclusiones de muchos textos y libros leídos, de conversaciones con tantos amigos, de preguntas que he recibido a lo largo de la vida. Son originales, porque son mi propia síntesis, pero seguro contienen las ideas que otros me compartieron y me enseñaron en la vida. Es la primera vez que expongo algunas, otras las he compartido en conferencias, en notas de prensa y en mi participación en programas de televisión y radio. Son la conclusión de años y años. Están

2 *Ibídem.*

ahí los diálogos con Cleotilde, mi abuela materna, las clases de brillantes profesores, mis propias hipótesis en el ejercicio teológico y lo que he compartido con tantos seres humanos que me han acompañado a lo largo de estos 54 años. Esa es una virtud del texto, y a la vez también su limitación, porque no es la exposición de un maestro espiritual, sino de alguien que todos los días se descubre como aprendiz y discípulo.

Como siempre, me motivan a escribir este texto mis sobrinos. Quisiera que ellos encontraran un relato, una exposición de las posibilidades que da la espiritualidad para ser y vivir felices. Quiero proponerles unas ideas que los motiven a hacer su propia búsqueda espiritual. Me asiste la convicción de que la espiritualidad es una herramienta eficaz en el desarrollo del propio proyecto de vida.

Parto de las preguntas que he recibido en medio del ejercicio presbiteral y de la manera como esas preguntas cumplieron su misión de estremecerme, hacerme nuevos interrogantes y encontrar nuevas respuestas. Allí están las experiencias que como predicador itinerante tuve por casi todos los países de habla hispana. No son más que las preguntas que me impulsaron a mí y que me permitieron seguir mi búsqueda espiritual.

Luego planteo la espiritualidad como la posibilidad de encontrarle sentido a la existencia. Sé que no es el único espacio para hacerlo, pero creo que es el más propicio. No entiendo la espiritualidad sin alegría, por eso trato de mostrar cómo siempre es fuente de gozo y júbilo que tiñen de colores especiales todos los actos que se juntan y que llamamos vida. Es evidente que en la existencia también experimentamos el mal, el sufrimiento, y que la espiritualidad nos ayuda a comprenderlo como un aspecto propio de vivir. Ese es el siguiente abordaje que hago para continuar con tres temas muy presentes en la vida: la esperanza, la contemplación y la resiliencia, en los que la experiencia espiritual es un catalizador fundamental.

Esos son los temas que trabajo en este texto, siempre desde mi situación cotidiana con todos los relatos con los que trato de entenderla, desde la iluminación de las conclusiones teológicas que tengo en mi opción cristiana, matizada por las otras manifestaciones espirituales que he conocido, desde una lectura existencial de los textos.

Agradezco a todos los que me han permitido exponer lo que vivo espiritualmente. A Alcy, la mujer con la que comparto la vida y el proyecto de ser cada vez más feliz; ella es una interlocutora constante de estos textos y una lectora crítica de cada una de mis frases. La admiro porque propone esos caminos mágicos, que, desde su manera de ver la vida, hacen que todo sea más completo. A Jader Igirio, un hermano de la vida que con su agudo saber teológico me hizo preguntas y cuestionamientos sobre los párrafos escritos. A Carolina Vegas, mi editora, quien me anima con sus correcciones e ideas. A Brandon Barceló, que me lee y me lee, tantas veces. A Karla Vega, que, desde el papel de productora, me permite organizar mejor mi trabajo para poder escribir estas páginas.

La mayoría de estas frases fueron escritas con el mar Caribe en Playa Salguero, en Santa Marta, como testigo que se disputaba con la vista majestuosa de la Sierra Nevada el querer inspirarme. Entre amaneceres y atardeceres, brisa suave y el sonido de las olas, el azul siempre penetrante del mar y los verdes distintos de la montaña, pude escribir esto que les presento con libertad y cariño, rogando por su benevolencia al leer, la cual espero que les permita escuchar mi voz, hacerse sus propias preguntas y llegar a sus propias conclusiones.

Recalco que se trata de mi propuesta personal. Es lo que creo. Es lo que me mueve a seguir adelante en medio de todas las actividades que a veces me llenan de placer y otras veces de sensaciones de debilidad y vulnerabilidad.

Aspiro que la lectura sea una oportunidad
para creer más en ti, en quienes te aman
y han mostrado objetivamente que merecen tu
confianza y, también, poder trascender hacia lo
sublime, que, para mí, es un ser personal con el que
puedo relacionarme y al que llamo Dios.

Preguntas sobre la espiritualidad

¿Sirve para algo la espiritualidad? ¿Vale la pena tener experiencias espirituales? ¿Qué aporta la espiritualidad al proyecto de vida de cada persona? Son las preguntas que me persiguen hace un tiempo, fruto de los diálogos que tengo con quienes comparto la vida, que son todas personas muy distintas.

Creo firmemente que las experiencias espirituales aportan valor a nuestra existencia. Estoy seguro de que la espiritualidad es una herramienta clave para nuestra realización personal y social. Tengo la certeza existencial de que un buen desarrollo de esta dimensión nos ayuda a ser más felices.

También tengo la convicción de que hemos creído que toda experiencia espiritual tiene que ser una experiencia religiosa, y que, muchas veces, por cuenta de experiencias religiosas tristes y confusas, hemos denostado de la espiritualidad en general. Yo la entiendo como una dimensión humana que puede desarrollarse en distintos actos, rutinas y dinámicas de la vida, que van desde los ritos[3] religiosos,

3 Me gusta entender los ritos desde la sencilla explicación del zorro al Principito: "—¿**Qué es un rito**? —dijo el Principito. —Es también algo demasiado olvidado —dijo el zorro—. Es lo que hace que un día sea diferente de los otros días: una hora, de las otras horas". (de Saint-Exupéry, A. *El Principito - The Little Prince*. Madrid: Editorial Verbum, 2019).

hasta los ritos existenciales. Porque la realidad es que todos tenemos ritos que nos ayudan a estructurar la vida y a celebrar lo "sublime" que experimentamos en cada una de las claras manifestaciones de nuestra condición humana. Sentarnos a la mesa, por ejemplo, es uno de los ritos más cotidianos, y tiene toda una gramática en las formas y maneras. La celebración del cumpleaños podría ser otro de los ritos existenciales más comunes.

Es pertinente una aproximación a la espiritualidad que nos permita descubrirla, reflexionarla y vivirla como un ejercicio necesario para quien busca la felicidad en toda su existencia. La espiritualidad no quita nada, al contrario, proporciona posibilidades de que el ser humano encuentre el camino de la plenitud que está buscando.

Mi intención en este ensayo es presentar las posibilidades que abre vivir una práctica espiritual y lo hago desde mi propia experiencia, pero no con la intención de convencer a alguien para que tenga las mismas prácticas que yo, sino más bien para invitarlo a deconstruir algunas ideas que han determinado su aproximación a la espiritualidad y para que se permita descubrir si algunas de ellas son fruto de prejuicios o de malas experiencias que pudo haber tenido antes.

Insisto: no quiero imponer ninguna idea. Busco más bien exponer lo que entiendo de la espiritualidad y cómo ella nos puede ayudar en nuestra vida diaria. Parto de mis propias experiencias, de mis preguntas existenciales y de las preguntas que me hacen las personas con las que comparto a diario en las distintas actividades que realizo.

No tengo ninguna intención proselitista, pero sí quiero que estas palabras tengan el poder de generar conclusiones que te ayuden a ser más feliz en tus trabajos cotidianos.

Abro mi corazón y desde aquí comparto lo que he vivido y lo que me empuja a escribir un texto que nos permita reconciliarnos con lo espiritual como manifestación de lo más original que somos. Que genere genuinas acciones que nos ayuden a crecer y ser más plenos. Ahora contaré historias que fueron decisivas para que me empezara a preguntar de forma más profunda sobre la espiritualidad.

Espiritualidad *vs.* solemnidad

Sus palabras me impactaron y sembraron muchas dudas en mi corazón. Estaba en el viejo templo de la ciudad de Santa Marta, terminando de presidir la celebración de la Vigilia Pascual, que es la fiesta más importante para los católicos. Había sido invitado por un hermano de la vida que lideraba esa comunidad, Mario Monsalvo, quien me permitió celebrar junto a sus compañeros los ritos del triduo pascual. Cuidadosos, como siempre fuimos de la liturgia y del significado de cada rito, celebramos ceñidos a las normas, pero impregnados de la alegría de la noticia que nos da la fe de Jesús como vencedor de la muerte.

La celebración fue una manifestación de ese gozo y júbilo que expresa quien confiesa que la vida tiene sentido y va más allá del límite frío y firme que nos establece la muerte, como lo atestigua la fe cristiana con la resurrección de Jesús. Al final, mientras saludaba a cada persona que participó de la celebración, y les deseaba felices pascuas de resurrección, una señora vestida de blanco y con una mantilla negra que cubría su cabeza me miró fríamente y, en un tono que aunaba la molestia, la superioridad moral y el desprecio, me dijo:

—Déjeme decirle que me voy muy decepcionada. En esta misa hubo mucha alegría, como si esto fuera una fiesta, y se le faltó el respeto al templo. ¿Quién dijo que en la misa se sonríe? Con ese ambiente de alegría se llevaron toda la solemnidad por delante... Respete.

Aunque recibí su cortante frase con la mejor actitud, y le agradecí su participación, su expresión desató en mí una preocupación que con el tiempo se hizo más intensa, pues me preguntaba por las características de la espiritualidad y de mi participación en ella. Mi ser caribe no puede creer que exista felicidad sin expresiones de alegría, así como tampoco puede entender que se celebre una buena noticia, como la de la resurrección de Jesús, de forma triste y melancólica.

¿Has tenido esa misma sensación de que la alegría y sus emocionantes expresiones están alejadas de las experiencias espirituales? Quizás te has cuestionado si la espiritualidad no puede ser alegre. O por qué los ritos y las celebraciones tienen que ser hieráticos y tristes. O qué impacto tiene en la vida cotidiana esa confesión de fe de la Pascua de Jesús. ¿La alegría está prohibida para las personas espirituales? Algo me dice que sí te has hecho esas preguntas, y que muchas veces esa falta de alegría te ha apartado de esas experiencias o simplemente ha ocasionado que se enfríe tu búsqueda espiritual.

Una espiritualidad del amor

Tenía los ojos llorosos y la postura de quien ha sido doblado por un peso exagerado que lleva a sus espaldas. La mirada dirigida al piso dejaba ver su miedo a ser juzgado y rechazado. Mario, el hombre que se me acercaba para pedirme celebrar el sacramento del perdón, había llegado a aquel templo construido en forma de paloma, porque necesitaba ser escuchado, declarar lo que le estaba haciendo daño y sentir que Dios lo reconciliaba con Él y consigo mismo. Mario estaba convulsionado en su interior y era consciente de muchas actitudes y acciones que le habían hecho daño a él y a quienes lo rodeaban, y que lo habían llevado a romper su relación con Dios. Estaba arrepentido y quería celebrar la misericordia de Dios. Presidir el sacramento del perdón y ver cómo alguien me abría su corazón en total honestidad para contarme la culpa que le acuchillaba el alma, pero que era un secreto ante los demás, siempre constituyó para mí momentos intensos, sublimes y llenos de sentido, porque en ellos era consciente de mi pequeñez y mis limitaciones, pero a la vez, la inmensidad del amor de Dios que se manifestaba en esa decisión de servir a los hermanos.

Esa y otras veces experimenté muchos cuestionamientos que me sacudían por dentro. Desde las lecciones que había aprendido en los viejos taburetes de la facultad de Teología de la Universidad Javeriana, en las clases de Carlos Álvarez Gutiérrez sobre el sacramento de la reconciliación, tenía claro que cuando prestaba esa mediación para el encuentro de un ser humano con la misericordia de Dios, quien llegaba al confesionario —en este caso a ese templo moderno que se refresca con los vientos alisios que sacuden a Barranquilla en diciembre— tenía que volver a su cotidianidad en paz consigo mismo, con alegría en el rostro y una serenidad que le impulsara a vivir su vida con más convicción. No tendría sentido celebrar el sacramento del perdón si esa persona salía de allí con el mismo sentimiento de culpa y desprecio hacia sí misma que la había llevado al confesionario.

Celebrar un sacramento tiene que ser siempre una experiencia sublime que empuje a las personas a reconocer las posibilidades que tienen para ser más felices desde su interior. Sin embargo, no siempre se logra. Muchas veces las personas que llegan al encuentro con la misericordia no quieren dejar la culpa, pues pareciera que les incomoda la liviandad de experimentar el perdón de Dios y prefirieran continuar con el dolor y la tristeza de sentir que han fallado al amor más grande de todos.

En varios momentos descubrí que la insistencia en la culpa por parte de algunos predicadores no solo empuja a sus oyentes a sufrir y a estar más cerca de volver a fallar ante las duras exigencias —algunas veces irracionales— que les hacen desde una supraestructura, y que no les permiten sentirse perdonados y amados en el que es, precisamente, el sacramento del amor. Ese exagerado acento en la culpa los hace incapaces de comprender cualquier oferta de amor que los libere desde el arrepentimiento y les impida sacudirse del dolor que este les produce. Son experiencias en donde pareciera que la vida está predeterminada y que nuestra misión fuera aceptarla de manera dócil para alcanzar los objetivos establecidos. Aunque no puedo negar que también me encontré con experiencias espirituales en las que, por el contrario, no se veía la vida desde la capacidad de superar una culpa, sino desde la de vivir en el amor al construir unas relaciones cargadas de significado, de alegría y de servicio.

Pero, aun así, podría contarles muchas situaciones que me impresionaron en el confesionario, en especial, porque muchos penitentes, que parecían obsesionados con el tema sexual, exageraban sus escrúpulos hasta volver la sexualidad —que es una parte natural de la vida— una fuente de represión, miedo y sufrimiento. Entonces se concentraban, casi morbosamente, en las experiencias sexuales y en los que consideraban sus pecados —que eran los que me contaban y tenían en su conciencia, o eso supongo—, y los centraban exclusivamente en la dimensión genital, como si sus vidas se redujeran a eso.

Esto me impactaba, porque no cuadraba con lo que había estudiado, ni con la manera cómo yo entendía la sexualidad, es decir, como un don, como una fuente de placer y de realización. También entendía que la espiritualidad debía potenciar esa sexualidad como una oportunidad de crecimiento desde la libertad y la responsabilidad, pero, además, con la claridad de que la vida tiene muchas otras dimensiones, que son muy importantes y que deben ser entendidas y vividas con autonomía y solidaridad, es decir, con el conocimiento de que los ejercicios espirituales deben impregnar todas sus dimensiones.

Desde mis épocas como presbítero entendí que la espiritualidad es para hacer que los seres humanos vivan con conciencia su propia existencia y le den a cada acción el valor que tiene en su proyecto de vida. También, que el perdón es una llave poderosa que abre todo candado, rompe toda cadena y libera toda experiencia de culpa excesiva. Si hay un sacramento del perdón —en la experiencia católica—, y también experiencias sublimes en este ámbito en otras prácticas espirituales, es para que los seres humanos entendamos que existen las segundas oportunidades y que nadie puede perder su dignidad por haber cometido un error. Toda espiritualidad que se quede en sórdidos detalles y no se abra a nuevas oportunidades a través del perdón o la reconciliación, roba la esperanza de la existencia y la hace sucumbir en el sinsentido de la extrema fragilidad humana.

Creo que convertir las experiencias espirituales en una medida moralizante de la existencia no solo es inconveniente, sino que reduce las posibilidades que estas les pueden dar a los seres humanos que las viven, y más aún si el juicio moral se queda en lo sexual y más exactamente en lo genital.

El énfasis tiene que estar en términos de realización o no, de alegrías o tristezas frente a la vida misma, de límites o posibilidades. El énfasis de la espiritualidad tiene que estar puesto en lograr que la vida de cada ser humano sea más feliz, en todas las dimensiones de su ser.

Para mí ese es un criterio de discernimiento. Lo que he encontrado en la experiencia espiritual que se brinda en muchos lugares es un esfuerzo por concentrarse en una valoración negativa de situaciones que en realidad están abiertas al sentido que queramos otorgarles. No creo en ninguna acción espiritual que desprecie el placer, la sexualidad y el cuerpo que somos. Los seres humanos somos una unidad, y todo en nosotros está llamado a vivir espiritualmente para que pueda estar comprometido con nuestro aquí y ahora.

Por eso no era fácil para mí ver llorar sin explicación a quienes llegaban al confesionario, queriendo pedir perdón por aquello que les había generado tanto placer e ilusión en la vida, solo porque desde un código moral y sin muchas explicaciones razonables, se les había enseñado que eso que ellos habían experimentado era malo y merecía un castigo.

Ese día mis palabras buscaron hacerle sentir a Mario la gran verdad del cristianismo: Dios perdona y nos da la posibilidad de tender puentes con aquellos a los que hemos dañado con nuestras palabras y acciones. Nos permite restaurar todo lo que está roto en nuestro corazón. Creo que, con la ayuda de Dios, conseguí el objetivo de que se levantara de allí sintiéndose amado y dejando en ese lugar el fardo pesado de la culpa. Su rostro sereno al final, cuando pronuncié la fórmula de absolución, me confirmaba que el amor de Dios siempre sana y da nuevas oportunidades.

Vivir este tipo de episodios llevó a que crecieran en mí las preocupaciones sobre la experiencia espiritual. ¿Qué tipo de aproximación has tenido a esa insistencia en la culpa y esa visión moralizante de las acciones humanas? ¿Han ocasionado algo en ti esas visiones exageradas del pecado y meticulosamente escrupulosas frente a las experiencias espirituales?

Debo decir que a mí sí se me generaron muchas preguntas. Por ejemplo, me hicieron cuestionar si la espiritualidad supone la contrastación constante de lo defectuosos que somos. También si estamos condenados a sentirnos los peores seres de la creación, pues nunca alcanzamos a cumplir la expectativa de Dios sobre nosotros, esa que está expresada en los meticulosos códigos que dicta la moral. En especial me preguntaba para qué sirve la espiritualidad, si parece estar centrada en la negación del placer o en la limitación muy estricta de las formas aceptables de lograrlo.

Pero también comenzó a cuestionarme la sensación de que el Dios amor que yo predicaba, ese que nos pide relacionarnos a partir del amor hacia nosotros mismos, hacia el prójimo y hacia el resto de la creación, no coincidía con las exigencias morales que llevaban a otras personas a sumirse en el dolor, el desprecio y el rechazo.

Espiritualidad diversa

Ellos eran felices. Compartían su vida y todo lo que en ella tenían. Eran dos hombres homosexuales y formaban pareja desde hacía varios años. Un día llegaron al diálogo espiritual en busca de ayuda para seguir adelante. Se sentían marginados y rechazados por una prédica que escucharon con el corazón abierto. Me dijeron:

—No somos perversos como nos calificó ese predicador por tener una opción sexual distinta de la suya. Nos esforzamos por hacer el bien y vivir a la manera de Jesús. Nos sentimos amados por Él y encontramos su bendición todos los días en lo sencillo de nuestras vidas. ¿Por qué nos rechaza el ministro, si hasta la comunidad nos acepta y valora?

A pesar de que aquella pareja fue amable y respetuosa a la hora de compartirme su queja, sus palabras me hirieron profundamente. Sentía que, por el hecho de hacer parte de una institución y una creencia, yo compartía ideas que podían ser fuente de discriminación. Como si la espiritualidad viviera encorsetada en un juicio constante entre lo bueno y lo malo, juzgando actos sin tener en cuenta su rol y su función en los diversos contextos y proyectos de vida que mueven a los seres humanos. Ese predicador simplemente parecía dedicarse a señalar aquello que consideraba malo, sin plantearse preguntas sobre sentidos y significados. Esa es la manera como, por ejemplo, se han rechazado de plano las opciones sexuales diversas, porque al ser las minoritarias han sido catalogadas como "incorrectas" a partir de la moral que impera en la sociedad.

Quizás tú has sentido alguna de estas manifestaciones de discriminación por alguna de tus opciones de vida. Tal vez ese rechazo se ha convertido en una barrera a la hora de atreverte a efectuar una sana búsqueda de trascendencia en tu proyecto personal de vida. Conozco personas que han atravesado ese desierto y que hoy se hacen las mismas preguntas que yo. ¿La espiritualidad discrimina seres humanos por condiciones que no han decidido? ¿Hay espacios para el desprecio y el rechazo en la doctrina del amor? ¿La espiritualidad condena a la infelicidad a quien entiende su vida desde posibilidades sexuales diferentes a la única que la sociedad heteropatriarcal ha decretado como correcta? ¿La espiritualidad declara "sano" o "normal" a todo aquel que haga lo que la mayoría considera como tal?

Espiritualidad libre de deudas

También tuve una conversación con una joven adulta que, con franqueza e inteligencia, me cuestionó mucho sobre nuestras verdades de fe. Sus palabras, dichas con mucha lógica y algo de molestia, atizaban mis preocupaciones frente a la espiritualidad. Me insistió en que como cristianos nacemos debiendo, es decir, que a su parecer nacemos en deuda.

Al principio no entendí, pero luego ella me explicó que esa idea del pecado original es como si una empresa comenzara a funcionar con una deuda que no había adquirido ninguno de los socios que la componían:

—Nada más cruel que castigar a los humanos de este momento de la historia por algo que no hicieron ellos sino unos "supuestos" padres a los que no conocieron y con los que nunca tuvieron relación alguna. Iniciar la vida con semejante carga es obligarnos a estar encorvados por el resto de la existencia, sin poder ver el horizonte, siempre desafiante, que cada quien tiene enfrente.

Algo no estaba bien si esa era la compresión que los creyentes podían tener del llamado "pecado original". Pero luego, sin dejarme responderle, me dijo que era más cruel hacer pagar a otro, a Jesús de Nazaret, por nuestros pecados, sin que él los hubiese cometido. Me esforcé por presentar mi comprensión de lo que llamamos "pecado original" —y que a mí me gusta entender como una "condición original"—, que no puede entenderse desde la forma en la que ella lo hacía. Sí, creo que se trata fundamentalmente del reconocimiento de la limitación con la que nacemos todos los humanos. No somos absolutos. Tenemos diques existenciales desde los cuales vivir. Nuestra libertad siempre es relativa, nunca absoluta; no nos permite escogerlo todo, sino que siempre hay renuncias. No se trata de una mácula que traemos de un mundo previo, o de lo vivido por Adán y Eva, sino de asumir que tenemos siempre la posibilidad de fallar, de equivocarnos y de intentar absolutizar nuestras oportunidades en contra de las personas que están a nuestro alrededor.

Aunque al final aceptó mis argumentos, concluyó su discusión con la siguiente frase:

—No creo que esa sea la comprensión de la catequista que me preparó para la primera comunión y que desde entonces me condicionó para no querer ser católica.

Ese día me fui a la casa con la certeza de que la espiritualidad no puede ser fuente de grandes preocupaciones, como la de esa joven. En especial, cuando la cotidianidad ya nos atiborra de inquietudes de suyo más urgentes y trascendentales.

Y es que estoy seguro de que, en sus palabras, aún hoy, se agrupan las voces de otras personas que no creen que tengamos una condena previa, ni que vengamos a purgar algo que no hayamos cometido, ni que necesitemos negarnos totalmente para poder alcanzar la plenitud que buscamos y que se nos ha ofrecido de forma gratuita en la persona de Jesús y su propuesta existencial.

Me pullan en lo profundo de mi ser preguntas como: ¿Qué visión de la humanidad hay en una espiritualidad que solo puede encontrar el sentido de la existencia en la superación de una caída previa? ¿Responde esa manera de asumir la espiritualidad a lo que hoy viven los habitantes del planeta del siglo XXI?

No todo está mal

Durante muchos años viajé por los países de habla hispana acompañando a comunidades de creyentes. Fueron viajes matizados por todo tipo de experiencias, algunas llenas de manifestaciones sublimes del poder divino y otras marcadas por la sencillez que nos cuestiona y abre a la acción de Dios. No faltaron aquellas que me hacían entrar en crisis y volver a casa con muchas preguntas atravesadas en el alma. Entendía que la experiencia espiritual no es llevar o traer, sino encontrar, trascender, vivir.

En estas misiones conocí a muchos líderes religiosos, muchos servidores de comunidades y una gran cantidad de predicadores. Escuché hombres y mujeres de la Palabra, desde los más densos y profundos que dormían a su auditorio, hasta los que tenían una cadencia en sus frases que ocasionaba reacciones de expectativa y apertura en el corazón de quienes los escuchaban.

Pero también debo decir que, a veces, cuando escuchaba a muchos de esos predicadores, me asaltaba la preocupación por el énfasis, exagerado, que ponían en el "pecado", en lo que estaba mal, en la proclividad de la condición humana a fallar. Era como si las personas que los escuchaban hicieran todo mal o estuvieran a punto de cometer el error más grande de sus vidas. Las palabras, apiladas a manera de ocurrentes imágenes, estremecían a la comunidad que atendía con los ojos fijos en ellos y les hacían aborrecer su propia condición, como única posibilidad de un encuentro "salvador" con Dios.

En ocasiones, la insistencia de las frases pronunciadas con un ritmo frenético provocaba en las personas estados de aflicción profunda e histeria, gritos de dolor, incluso alaridos, desgarramiento interior y la certeza de que todo en sus vidas estaba mal. Estoy convencido de que este tipo de situaciones no podían generar experiencias saludables. Por momentos me parecía incluso cruel reunir a tantas personas para luego echarles en cara errores o situaciones destructivas y restregar su ser en el fango.

No quiero desconocer los errores que cometemos los seres humanos, las cosas que nos causan dolor e incluso destruyen nuestras relaciones, pero sí soy consciente de que mi esfuerzo siempre fue pronunciar el mensaje de esperanza que me hacía enamorarme de la vida y mantenerme animado ante los desafíos de la existencia. Buscaba reconciliarlos desde el mensaje espiritual con el fin de que sacaran lo mejor de ellos, pues esa era la herramienta que podía permitirles un crecimiento personal para responder a las preguntas y los retos que vivían en sus relaciones de pareja, en sus familias y en sus proyectos laborales.

Estoy seguro de que tú no quieres un espacio religioso para compartir que te hunda contra el piso o te quite los soportes de vida, o denuncie tus defectos sin darte alguna respuesta que te permita seguir adelante y, si lo ves necesario, cambiar. Y creo que esas respuestas no se pueden encontrar sin la experiencia del amor propio. Por eso me preguntaba: ¿La espiritualidad solo se centra en lo que está mal? ¿Son las experiencias espirituales una constante revisión de los errores humanos o una oportunidad para conectarse con lo mejor de cada quien para así potenciar la realización de su proyecto de vida?

Hacer el bien, siempre hacer el bien

Cuando era niño, las noches lluviosas durante el invierno del Caribe colombiano eran una ocasión especial para buscar a mi abuela Cleotilde y conversar con ella sobre los temas que yo no entendía. Uno de ellos era el mal. En verdad no alcanzaba a entender qué era eso de la gente mala, o simplemente del mal que hacía la gente. No recuerdo exactamente qué le preguntaba, pero sí las respuestas que ella —tributaria de su época y contexto cultural— me daba. Estas tenían mucho de las leyendas macondianas que eran parte del imaginario de las personas de nuestra tierra, que ellas repetían una y otra vez, sin entenderlas del todo. Para mi abuela siempre había un mito que explicaba por qué pasaba el mal y por qué la gente era capaz de causarle daño a los demás. No me resolvía del todo las dudas, pero yo quedaba feliz con sus narraciones salpicadas de imágenes fantásticas que para ella eran reales.

Con el pasar de los años, los estudios de Teología, las lecturas, los diálogos académicos y espirituales, sé que la experiencia del mal siempre ha sido un misterio incrustado en el alma del ser humano de todas las épocas y todas las culturas. Y claro, se han elaborado muchas respuestas a esta pregunta desde distintas perspectivas y metodologías, y todas tienen su propia coherencia, pero ninguna puede asegurar su absoluta veracidad.

Creo que la espiritualidad nos tiene que ayudar a comprender el mal que vivimos y que a veces también hacemos, y permitirnos tener actitudes y acciones coherentes con lo que queremos ser. Las explicaciones frente a ese misterio no pueden quitarnos la responsabilidad ni pueden convertirnos en títeres de entidades metafísicas que en realidad no sabemos explicar. He crecido, o, bueno, por lo menos me han pasado los años, y ya no me bastan los mitos fantásticos con los que mi abuela Cleotilde me entretenía y trataba de responder a mis preguntas.

Me asusta esa explicación espiritual que supone que la razón principal detrás de las acciones "malvadas" del ser humano está por fuera de su propio corazón, es decir, que la maldad es ocasionada por fuerzas metafísicas externas que "poseen" a una persona en determinados momentos y la conducen a hacer el mal. Me asusta, porque lleva a que la propia persona no se considere responsable de sus peores acciones. Es decir, le entrega la responsabilidad de la maldad humana a un ente externo al que nada se le puede reclamar. Soy alérgico a toda comprensión espiritual que defienda que el ser humano es una marioneta de fuerzas metafísicas que no puede ni entender ni controlar. No suena coherente que seamos libres para terminar "poseídos" por el mal, y que este nos haga perder el sentido y el control de la vida. El libre albedrío debe cubrir la totalidad de nuestra realidad humana.

No creo en una espiritualidad que despersonalice a los seres humanos y les quite la posibilidad de decidir qué hacer con sus vidas. No creo en ese tipo de acciones espirituales, porque parecen mágicas y anulan todas las posibilidades racionales que tenemos. ¿Es la espiritualidad una enajenación de la mente humana? ¿Seremos menos capaces de controlar la vida entre más espirituales seamos?

Estoy convencido de que las preguntas por el mal te inquietan también a ti y quieres encontrar respuestas que no te invaliden ni te dejen a merced de lo que no comprendes. Es necesario que haya unas respuestas espirituales razonables que te permitan ser dueño de tu propio destino y te hagan capaz de decidir el camino que quieres recorrer.

Sigo buscando respuestas

Todas estas preguntas no me espantaron de la experiencia espiritual ni me hicieron cerrarme a ella, sino que fueron un aliciente para profundizar en la teología cristiana y me llevaron a estudiar a todos los autores posibles y a generar una mayor cantidad de momentos espirituales, tanto de forma individual como con los hermanos con quienes comparto la necesidad de trascender. También me permitió abrirme a conocer otras experiencias de otros maestros y tratar de comprender los valores que los mueven y les permiten ofrecer reflexiones prácticas, pero sin juzgarlos.

La espiritualidad es una capacidad que tenemos todos los seres humanos y que también podemos desarrollar. Cuando lo hacemos nos abrimos a la posibilidad de vivir una existencia más consciente. De ahí nace mi interés por conocer más mi propia experiencia espiritual y la de otros. No las estudio con el fin de construir algún tipo de jerarquía entre ellas, sino de vivirlas con intensidad.

Lo que hice fue profundizar en la propuesta existencial de Jesús, planteada en los evangelios y en las construcciones teológicas, para luego precisar las líneas fundamentales de su mensaje. Esta decisión no me llevó a invalidar ninguna otra experiencia espiritual ni a creerme superior por plantearla como camino de vida. Al contrario, me condujo a reconocer las posibilidades que hay en las demás, siendo fiel y coherente con la elección de vida que hice. No creo que las experiencias espirituales necesiten subir a un tinglado a demostrar cuál es más valiosa que la otra. Creo que son propuestas y que cada uno, desde su discernimiento y análisis, es capaz de elegir y vivir con libertad la que prefiera.

Al profundizar en esa propuesta existencial, encuentro una invitación al amor que sana heridas emocionales, restaura lo que está roto en nuestro interior, tiende puentes de compasión con los demás sin querer hacernos igualitos, aprecia y disfruta la vida en el placer que hace pleno, abre horizontes donde la violencia, la segregación y el miedo han hecho el trabajo de paralizarnos. Y es que una sana experiencia espiritual permite tener una mejor actitud ante la vida y, si bien no resuelve los problemas que se presentan en nuestro día a día, sí es una herramienta para encontrar las respuestas que se requieren.

Dejo claro de nuevo que no me asiste un ejercicio proselitista, sino asirme a lo esencial de la propuesta de Jesús de Nazaret, para, desde allí, presentar experiencias espirituales que permitan encontrarle sentido a la existencia.

Mi intención no es construir una propuesta religiosa, sino posibilitar una reflexión desde una experiencia espiritual concreta, que permita trascender y encontrar valores y actitudes con las que podamos vivir plenos y felices desde nuestras acciones cotidianas. Se trata de presentar a la espiritualidad como una herramienta para la felicidad, para una mayor productividad en lo laboral y una mejor gestión de las emociones y, a la hora de relacionarse con los demás, una base del respeto por lo singular y la complementariedad que permite crecer.

Quiero hablar de la espiritualidad en general. Quiero señalar unas categorías que le permitan a cualquier ser humano comprender la función de un ejercicio existencial que nos ayude a desarrollar esta dimensión. No estoy buscando que quienes me lean sean cristianos, ni que vivan la espiritualidad como la vivo yo, pero sí espero plantearles unas ideas amplias de lo que creo que genera en nosotros esa experiencia.

Para esto quiero compartir contigo cómo entiendo la experiencia cristiana y cómo me aproximo desde ella a la experiencia espiritual en general. No puedo hablar de la espiritualidad en abstracto, sino que lo hago desde mi comprensión del cristianismo, pues es lo que me da las bases para hacer una presentación de la dimensión espiritual y de sus beneficios para cada ser humano.

Mi punto de partida es entender el cristianismo, no como "una religión en sentido estricto, sino el principio de desestructuración de todos los cultos arcaicos"[4], es decir, como una propuesta que no busca explicar el sentido de la existencia humana desde el sometimiento a las fuerzas externas, sino desde la realización de la condición humana misma. Es entender el cristianismo como una categoría que me permite una relación libre frente a la naturaleza —nada de ella es sagrado, ni puedo adorarlo, pero sí formo parte de la

4 Girard, R. y G. Vattimo. *¿Verdad o fe débil?* Madrid: Paidós, 2011, p. 12.

creación y la tengo que cuidar—, responsable con mi proyecto de vida —no hay destino preestablecido, sino que soy quien en libertad organiza su existencia— y solidaria —pues no vivo solo ni aislado y los otros no son mis enemigos, sino mis compañeros de camino—. Tal vez lo que más me emociona es que el sentido no se encuentra en el sometimiento a una fuerza exterior que lleva a una heteronomía, sino al asumir la propia condición para ser autónomo y responsable de uno mismo, de lo que hace y de lo que vive.

El antropólogo René Girard nos recuerda que la Pasión de Cristo no es ocasionada por una petición externa, sino por la decisión de una multitud que se rebela en contra de su propuesta[5]. Con este acertado análisis replantea el fundamento sacrificial de las religiones precristianas, politeístas y paganas en las que se considera que la razón de ser de los sacrificios es satisfacer las expectativas de un ser totalmente externo que dictamina el sentido de todo. Recordemos que las razones detrás de las complejas relaciones humanas que tejemos no están afuera, sino en las decisiones que toman las personas que establecen esas relaciones. Y es dentro de esas personas que debemos encontrarlas.

En este planteamiento se cuestionan las posiciones espirituales que parten de lo "divino", de aquello que no se conoce, para entender lo humano. Lo que hace, más bien, es concentrarse en lo humano como un espacio en el que se encuentran todas las explicaciones requeridas. La única posibilidad de encontrarse con lo divino es en lo humano. Esa es la

5 *Ibíd.*, p. 39.

máxima declaración de los cristianos. Por eso, el teólogo brasileño Leonardo Boff dice: "Humano como Jesús, solo Dios mismo"[6].

No busco plantear la espiritualidad como el sometimiento a un grupo de verdades, a unas normas morales o a una liturgia determinada, sino como el conocimiento y la aceptación de la propia estructura de la existencia, como el camino que nos hace trascender a lo inmediato para encontrarle el sentido a lo cotidiano[7].

De alguna manera creo, al igual que el filósofo italiano Gianni Vattimo, que la religiosidad no está en hacer sacrificios, sino en amar[8], y eso es precisamente lo que revelaron Jesús y su ministerio. Según sus enseñanzas, el valor fundamental para darle sentido a la vida es el amor *ágape* —ese que los latinos tradujeron como *caritas*[9]— y que termina siendo también un criterio de discernimiento para cualquiera de las acciones que nos exige la cotidianidad, desde el cual asumimos todos los dilemas morales que hoy en día se nos presentan. Cuando la interpretación del sentido de nuestras acciones se hace desde el amor, se descubren

6 https://leonardoboff.org/2017/12/24/humano-como-jesus-solo-dios-mismo/

7 Así se puede entender lo que dice Pierpaolo Antonello en la introducción del diálogo entre René Girard y Gianni Vatimo: "...la secularización —y por tanto el laicismo— son sustancialmente productos del cristianismo, es decir, que el cristianismo es la religión de la salida de la religión y que la democracia, el libre mercado, los derechos civiles y la libertad individual han sido, no diremos inventados en sentido absoluto, sino facilitados por las culturas cristianas...". *Op. cit.*, p. 10.

8 *Ibíd.*, p. 42.

9 Linero, A. *Amar es ganarlo todo*, Bogotá: Planeta, 2021, p.188.

propósitos que trascienden todos los intereses marcados de utilidad pragmática.

Entonces asumimos la espiritualidad como un ejercicio del amor en todas sus dimensiones. Ser espiritual es también como ser un militante del bien, que expresa la firme decisión de querer vivir haciendo el bien a todos aquellos con los que comparte la existencia. Es asumir la compasión como una opción importante dentro del proyecto personal, lo cual solo es posible desde una conexión interior con la propia esencia, con la singularidad y con el alma, entendida esta última no como "una cosa, sino [como] una cualidad o una dimensión de la experiencia de la vida y de nosotros mismos. Tiene que ver con la profundidad, el valor, la capacidad de relacionarse, el corazón y la sustancia personal"[10], según lo expresa el psicoterapeuta y escritor Thomas Moore.

Asumo la espiritualidad como una conexión con el interior del ser que se expresa en acciones marcadas por el amor y la justicia, un trascender que no implica desprecio por la cotidianidad, sino la decisión de vivirla e interpretarla desde un punto que permita ser lo más cercano a una comprensión de su totalidad.

Hace unos días, al releer la autobiografía de una maestra espiritual[11] que me ha acompañado desde joven, comprendí de nuevo que solo se es espiritual en el ejercicio total del amor, de ese amor que siempre es conciencia personal y

10 Moore, Th., *El cuidado del alma*, Trad. Marta Isabel Guastavino Castro. Barcelona: Urano, 2009, p. 27.

11 De Ávila, T. *Libro de la vida*. Cátedra Letras Hispanas. 2006, https://a.co/0yCxIpy.

se proyecta hacia los demás en forma de servicio, fraternidad, sororidad, solidaridad. La autora de la obra a la que me refiero es Teresa de Ávila, y ella entendía que la relación con Dios se daba desde el amar. Allí residía toda su intuición, que siempre me pareció adelantada para su época, pues ella creía que lo fundamental de la espiritualidad no estaba en el esfuerzo por atrapar racionalmente el sentido de la vida, ni en poseer una fuerza poderosa de la palabra que atrapara los significados de la mejor manera, ni siquiera en el cumplimiento de las normas religiosas, sino directamente en la acción de amar. Recuerdo la definición que dio sobre la oración y que nos deja claro este aspecto: "Tratar a solas con quien sabemos que nos ama"[12].

> Bien sabía ella que solo era posible responder a las exigencias externas del actuar si se podía conectar con la propia esencia, que es donde habita Dios. De nada sirve todo lo que podemos construir fuera si no es fruto de un profundo encuentro con la propia singularidad, lo cual podría explicar que algunos, a pesar de todo el éxito, las conquistas económicas que tienen y los comentarios dulzones de los áulicos que reciben, siguen ahogándose en el vacío interior de su ser[13].

Como pueden darse cuenta, mi aproximación a la espiritualidad —que como ya les he dicho nace de mi opción de fe—, parte de una concepción antropológica unitaria, que es

12 *Ibíd.*, p. 89.

13 Linero, A. *Amor de juventud*, columna dominical de *El Heraldo*, 2022.

propia de la antropología semita. Es decir, no creo que el ser humano sea solo un compuesto de alma y cuerpo, sino que lo entiendo como una unidad que cuenta con por lo menos tres dimensiones: física, psíquica y espiritual. Creo que la dimensión espiritual del ser humano no supone entenderlo desde una visión dicotómica, es decir, no creo que para ser espiritual la persona tenga que ser entendida como un compuesto de dos realidades de sustancia distinta: alma y cuerpo. El ser humano es una unidad en la multiplicidad (física, psíquica y espiritual).

Jorge Flores, señalando la influencia semita en Víctor Frankl, neurólogo y psiquiatra austriaco que sobrevivió a los campos de concentración nazi y luego escribió un libro fundamental para nuestros tiempos que se llama *El hombre en busca de sentido*, dice:

> Es así como esta dimensión espiritual (noética) que es propia del hombre por ser un ser racional y libre es la que le proporcionará siempre unidad a su existir como persona humana en cualquiera circunstancia de su vida[14].

Refiriéndose a la unidad que refleja la dimensión espiritual, Frankl dice:

> Nunca se insistirá lo bastante en esta unidad y totalidad, ya que no afirmamos en modo alguno que el hombre esté

14 Flores Morales, J. A. (2020). Influencia semita en la visión antropológica en Viktor Frankl. *Phainomenon*, 19(1):93-101.

> compuesto de cuerpo, alma y espíritu. Todo está unificado; pero solo lo espiritual constituye y garantiza la unidad.[15]

Se hace necesario excluir cualquier aproximación que crea que, cuando se habla de espiritualidad, se está hablando solo de "una parte" del ser humano en detrimento del cuerpo. Es todo el ser humano el que es espiritual. Por eso creemos que todos tenemos la posibilidad de trascender y encontrar la razón de ser de la existencia, la cual se vuelve un potente motor para la construcción del proyecto de vida. Las prácticas espirituales tienen entonces que abarcar a toda la persona con todas sus dimensiones.

15 Frankl, V. *El hombre doliente. Fundamentos antropológicos de psicoterapia*. 4.ª ed. Barcelona: Herder, 2000.

La espiritualidad y el sentido de la vida

A los 8 años tuve conciencia de la muerte y me asaltó la inquietud de que mis padres se iban a morir. Una vecina del barrio trató de calmarme diciéndome que no me preocupara, que solo se morían los viejos y los enfermos, y que en ese instante ni mi papá ni mi mamá estaban viejos o enfermos. Por un momento me tranquilicé, pero luego la preocupación se hizo más intensa, porque entendí que un día ellos estarían viejos o enfermos. Lástima que mi abuela Cleotilde estuviera batallando contra un cáncer en ese momento y no me pudiera dar una de sus frases simples e iluminadoras. Esa fue la primera vez que recuerdo haberme preguntado por el fin de la vida humana. Con los años entendí que la espiritualidad es una de las maneras como los humanos tratamos de responder a esos interrogantes existenciales.

El porqué y el para qué, con sus implicaciones, son el punto de partida de toda experiencia espiritual. Las acciones espirituales no solo nos ayudan a contestar estas preguntas fundamentales, sino que nos ayudan a procurar el sentido de la vida. Las respuestas a las preguntas trascendentales se dan, por un lado, gracias a la conexión que tengamos con nuestro universo interior y, por el otro, a la capacidad de trascender los límites de nuestro propio ser para encontrarnos con lo que hay afuera. Estos dos movimientos pueden ser simultáneos, pero no existe un orden que distinga cuál va primero.

Las respuestas a las preguntas por el sentido de la existencia se encuentran en la relación sencilla y profunda con la singularidad, es decir, con eso que llamamos "el alma". Por eso la espiritualidad siempre exige una confirmación del propio ser y de sus contextos particulares. Cuando no se inicia en una apropiación del ser, se corre el riesgo de la alienación (que es cuando una persona es ajena a sí misma y ha perdido el control de sí) o de la vida desencarnada (cuando no se reconoce que también somos cuerpo y no solo espíritu), que son maneras de negarle su verdadero sentido. La espiritualidad no es la evasión de la vida, sino su comprensión desde la manera particular en que existimos cada uno de nosotros como seres humanos únicos, y cómo nos relacionamos con los demás y con las estructuras sociales.

Explorar la individualidad

Ese viaje hacia adentro permite un conocimiento real de lo que es cada quien como ser humano. Es asumir las limitaciones, las negaciones, los miedos, las carencias que se tienen, pero también las posibilidades, las afirmaciones, las fortalezas y lo que se posee para transitar en la vida. Esas acciones de conocernos a nosotros mismos, nos empoderan para hacer más claro y fuerte el compromiso con nuestra historia personal y comunitaria.

La espiritualidad es un camino para poder comprenderse a uno mismo desde su propia originalidad personal, pero también en la tributación que prestamos a los contextos familiares de los que provenimos, las estructuras sociales en las que nos hemos desarrollado, la historia que hemos tejido a partir de nuestras decisiones y las de los demás. Es un camino de comunión con nosotros mismos.

Sin esa comunión con el sí-mismo[16], las acciones diarias carecen del cimiento que les permite manifestarse en un sujeto libre y responsable. Es en el acto de hundirnos en el mar profundo de nuestra mismidad como podemos encontrar las bases que nos permitan llevar a cabo nuestra existencia con identidad, criterio, valores y asumir las consecuencias de lo que uno es y hace.

Debo decir que es desde la experiencia espiritual como me he podido conocer más profundamente, aceptarme tal cual soy y entender que tengo que dar la mejor versión de mí. Es en esos momentos en los que, en el silencio de una meditación, en la música cadente de un instante de oración, en el diálogo espiritual, en la lectura atenta de un texto o en la contemplación de las maravillas del cosmos, descubro quién soy y asumo con emoción y valentía seguir siéndolo. Pero siempre con el propósito de potenciarme. Nunca he sentido que las situaciones espirituales que he vivido me hayan hecho negarme a mi esencia o a quién quiero ser.

16 En el sentido del filósofo Karl Jasper: Portuondo, Pajón, G. L. (2005). Karl Jaspers: Autorreflexión y "Existenzerhellung". *Dikaiosyne*, 8(15).

En la experiencia espiritual que he vivido a lo largo de mi existencia, este viaje hacia el interior lo he expresado desde la acción de cerrar los ojos, de mirarme hacia adentro y de interiorizar. No como un acto de evasión de lo que está sucediendo a mi alrededor, sino como una herramienta para conectarme con mayor autenticidad e intensidad con lo que está afuera. Cerrar los ojos en esos momentos espirituales siempre me ha dado la posibilidad de aislarme momentáneamente del ruido y de los colores exteriores, para escuchar mi voz interior, para encontrar las voces de mi historia y la voz de Dios, a quien descubro presente en el lugar más sagrado de la vida que es mi propio corazón. Sí, a Dios lo tengo presente en mi corazón.

La naturaleza ha sido para mí un espacio propicio para este tipo de experiencias espirituales. Me gusta contemplar los atardeceres. Ellos han sido parte de mi historia personal. Desde chico en Santa Marta, la bella bahía del mar Caribe en la que nací, contemplar la puesta de sol ha sido uno de los momentos cotidianos más trascendentes en mi vida.

Podría narrar muchas situaciones en las que la contemplación del ocaso del sol y los particulares colores que tachonan el cielo durante ese acontecimiento me han llevado a un encuentro íntimo y genuino conmigo mismo. Es el silencio que permite que las olas sean la banda sonora de ese acto existencial. Son las figuras que se forman con las nubes y los rayos del sol los que me permiten ir más allá de las preocupaciones y desafíos del momento, y sentirme en mi originalidad. Son las aves que trazan rumbos en el aire y me recuerdan que la vida es siempre moverse, ir hacia, buscar, no estar quieto, dejar actuar nuestro espíritu desde dentro.

Pero también me gusta meditar en medio de los infinitos verdes de los cerros tutelares de la ciudad de Bogotá, en la que la prolífica manifestación de vida se vuelve una ocasión para reconocerme original en medio de lo diverso, y así caer en el éxtasis de la contemplación de mi esencia.

El acto de contemplación en mi búsqueda espiritual, desde lo que he leído en la experiencia cristiana y aprendido de los maestros de Oriente, no es más que dejar que la realidad me asuma. No soy yo quien trata de atrapar lo que ve, sino que me dejo atrapar por ello. Es liberarmc dc esa tendencia de *Homo faber*[17] y de pretender aferrar la realidad con mis posibilidades, porque eso puede llevarme a la distorsión. Es dejar que ella, con su belleza, tome posesión de mi mente y corazón para extasiarme y permitirme el encuentro conmigo mismo. Es dejarla actuar en mi ser, sentirme incluido en ella. Mi manera de vivir la espiritualidad termina en momentos de diálogos con el absoluto, en los que desde mi silencio escucho su denso, polisémico y significativo silencio, en el que me dice tanto.

También lo he vivido en momentos sublimes de oración. En los que la música y la dinámica misma de los textos litúrgicos, o sagrados, me han llevado a tener conciencia de quién soy, de quiénes están a mi lado como hermanos que ayudan y cómo se da mi relación con la divinidad. Son muchas las historias que podría relatar de esos episodios sublimes en los que al sentirme conectado con mi esencia siento que he trascendido al

17 Entiendo esta expresión latina usada por Appius Claudius Caecus (340 a. C.-273 a. C.) como el acto de destacar en el ser humano su capacidad de producir, de centrarse en lo práctico, en lo que vale materialmente. Es el hombre que cree que el sentido solo está en hacer y hacer cosas.

encuentro del Dios, en mi caso ese que es Uno y Trino. Son muchas las imágenes literarias, desde las más ocurrentes hasta las más simples, que se pueden usar para tratar de expresar lo sublime que se experimenta en esos momentos. Todas serán a la vez generosas y tacañas para comunicar lo vivido en esos instantes de comunión. No me extraña que muchos terminen exponiéndolos en bellos versos que condensan lo profundo de lo que viven. Por ejemplo, esta bella oración de Agustín de Hipona en la que manifiesta su descubrimiento de la experiencia espiritual luego de todas sus andanzas lejos de Dios:

> *¡Tarde te amé, hermosura tan antigua y tan nueva,*
> *tarde te amé! Y tú estabas dentro de mí y yo afuera,*
> *y así por de fuera te buscaba; y, deforme como era,*
> *me lanzaba sobre estas cosas que tú creaste.*
> *Tú estabas conmigo, pero yo no estaba contigo.*
> *Reteníanme lejos de ti aquellas cosas que,*
> *si no estuviesen en ti, no existirían.*
> *Me llamaste y clamaste, y quebraste mi sordera;*
> *brillaste y resplandeciste, y curaste mi ceguera;*
> *exhalaste tu perfume, y lo aspiré, y ahora te anhelo;*
> *gusté de ti, y ahora siento hambre y sed de ti;*
> *me tocaste, y deseo con ansia la paz que procede de ti.*[18]

O también esta, de Juan Eudes, un santo francés del siglo XVII, quien para demostrar que la persona de Jesús le llenaba

18 Agustín de Hipona, san Agustín. *Confesiones* (vol. 387). Barcelona: RBA Libros, 2016.

el vacío profundo que experimentan los hombres en la vida diaria, decía apasionado:

> *Jesús: Tú eres mi todo, renuncio a todo lo que no eres Tú y me entrego a Ti para siempre. Nada quiero y lo quiero todo, Jesús es mi todo, fuera de Él, todo es nada. Quítame todo, pero dame ese solo bien y todo lo tendré, aunque no tenga nada.*[19]

Estoy seguro de que muchos que no son religiosos también podrían relatar sensaciones de este tipo con situaciones trascendentales, tales como escuchar música, leer poesía o participar de ritos existenciales, sentarse a tomar un café mientras se habla o se camina al borde del mar celebrando la belleza, situaciones que pueden servir como vehículo generador de experiencias sublimes. Esta comunión con lo trascendente no es propiedad exclusiva de los religiosos.

La conexión con la esencia que nos hace ser quienes somos es un proceso dinámico que se realiza en cada momento, pero que a la vez se prolonga, a través de pequeñas insatisfacciones que catapultan hacia el próximo momento espiritual que vayamos a tener. La conexión espiritual siempre busca mayor profundidad y cercanía.

Por eso hay un deseo vigoroso del próximo momento espiritual, porque en el que se ha vivido se ha gozado una satisfacción parcial que ha dejado ver la grandeza del próximo. Y así se sigue construyendo una vida espiritual. Es decir, como

19 Eudes, J. *Obras escogidas*, Bogotá: Editorial Carrera 7.ª, 1990.

católico deseo los momentos de oración, porque ellos me hacen pleno en un instante y a la vez me muestran que hay más por encontrar, por vivir, por experimentar.

Sin esa constatación no hay deseo por esos momentos tan especiales, pues llevaría a la experiencia espiritual a caer en la monotonía propia de la rutina sin sentido que nos puede perseguir en muchos otros aspectos de la existencia.

Son muchos los momentos espirituales que he vivido en los que tengo la certeza de ser parte del infinito y he sentido la unión con esa inmensidad de amor. Pero, a la vez, con la certeza de que hay algo más que vale la pena seguir buscando.

Juntar las piezas

Ese movimiento hacia adentro del corazón humano lanza al sujeto que lo vive hacia la trascendencia que supera todos los límites de la materialidad, la inmediatez, la presión económica, la utilidad, etc.[20] En la medida en que profundizas en tu corazón, vas trascendiendo para tener una visión más completa de lo que eres y vives. Trascender no es negarse a la realidad, sino mirarla desde más arriba para poder percibirla en la completitud del todo y no en la suma de los actos. Se trata de mirar la vida desde el punto superior y comprensivo para verla de forma integral y comprometernos a vivir en ella.

20 Algunas veces es desde la experiencia de este trascender que se va hacia la conexión de la esencia, de lo más íntimo del ser humano. No se trata de un proceso rígido en el que estos movimientos tienen que darse de una manera determinada, sino que está dispuesto a la libertad del espíritu.

Me gusta expresar esta acción de trascender con el verbo otear[21], como la acción ejercida desde la atalaya, esa posición alta desde la cual se es capaz de escudriñar y registrar lo que está pasando abajo. Creo que la espiritualidad es exactamente eso: trascender en todos los sentidos lo que estoy viviendo, para poder otear la vida por completo. El verbo, con su matiz espacial, me permite expresar que la acción espiritual logra una visión más completa de lo que se está viviendo. Otear es la posibilidad de ver lo que a ras de tierra no se puede percibir. Es comprender las relaciones que se dan y que no se entienden cuando la inmediatez nos quita toda perspectiva. Es apropiarse de matices que solo se pueden encontrar cuando se ve el todo desde lo alto.

Esta imagen espacial no tiene nada que ver con nuestra cosmovisión de que Dios está en lo alto, sino que responde a esa posibilidad de no quedarnos con la visión parcial que, en el ejercicio de entender la realidad, vamos aprendiendo. Sabemos que nuestra mentalidad encuentra en la reducción la gran ventaja para entender, lo cual nos priva de la verdadera comprensión de una realidad compleja, llena de matices que se escurren del intento por atraparlo en su paradigma de la simplificación[22].

21 La RAE define "otear" como: Der. del ant. oto 'alto', y este del lat. *altus*. 1. tr. Registrar desde un lugar alto lo que está abajo. 2. tr. Escudriñar, registrar o mirar con cuidado.

22 El filósofo francés Edgar Morin lo expone bien en su introducción del pensamiento complejo: "Vivimos bajo el imperio de los principios de disyunción, reducción y abstracción, cuyo conjunto constituye el paradigma de la simplificación". Morin, E. *Introducción al pensamiento complejo*. Barcelona: Gedisa, 2003.

Trascender, dejar que el espíritu guíe nuestro pensamiento, atención y comprensión nos permite elevarnos sobre la dureza del presente, para entender su ubicación en el proceso completo de la vida y la función que tiene en el engranaje de la existencia misma. Es ser capaz de descubrir que somos más de lo que en ese momento estamos experimentando y que podemos asumir nuestras decisiones y acciones desde principios más complejos.

Esa visión de totalidad de la vida se explica en términos de tener conciencia de que tu ser va más allá de los límites de la corporeidad. También que tu potencial está unido al de tantas otras personas que se vinculan constantemente contigo, así no sea físicamente. Esto en el sentido de la comunidad les da muchas más posibilidades de construir y seguir adelante. Se trata de ser y estar con otros en función de una realización trascendente.

Ver la totalidad del panorama también se expresa en la certeza de que ese momento que vives pasará y tiene una función en el plan completo de la vida que estás construyendo libre y responsablemente. Se abren puertas para comprender que lo que allí se vive es un aprendizaje para la vida y te hace crecer. Este tipo de comprensiones no mengua el dolor ni el sufrimiento, que nunca se busca ni se quiere tener, pero sí le da un sentido desde la totalidad de la existencia como una posibilidad de crecimiento. Y claro, potencia las experiencias de alegría y gozo haciendo que impregnen los demás días con sus intensos colores.

Me da gusto volver a encontrarme con esas personas a las que he acompañado espiritualmente en momentos muy difíciles de sus vidas. Ver que han crecido integralmente y que ahora se sienten mejores seres humanos, pues esas duras experiencias se convirtieron en verdaderas lecciones de vida. Por ejemplo, me alegra el reencuentro con algunas parejas que, luego de una crisis, sienten que tienen una mejor relación, porque los problemas que tuvieron los han hecho entender y comprender las situaciones de una manera distinta.

Saber que no todo acaba en ese momento presente que estás viviendo genera unas emociones que te impulsan a dar lo mejor de ti, a producir tu mejor versión, a comprometerte con vivir ese momento tan preciso y a mirar hacia el infinito que siempre se presenta como una opción por alcanzar.

Una maestra y un maestro espiritual me han hecho consciente de cómo el otear la vida genera la paz y serenidad que se requiere para seguir creciendo y evolucionando en los procesos de la vida.

La primera fue Teresa de Jesús, una mujer mística del siglo XVI que a la vez fue una extraordinaria prosista. Ella entendía la experiencia espiritual desde el amor, tanto así que como dije en el capitulo pasado, definía la oración de una forma que no me cansaré de citar: "tratar a solas con quien sabemos [que] nos ama"[23]. En su poema *Nada te turbe* ella dice:

Nada te turbe, nada te espante, todo se pasa,
Dios no se muda, la paciencia todo lo alcanza,
quien a Dios tiene, nada le falta, solo Dios basta[24].

23 De Ávila, T. *Libro de la vida.* Cátedra Letras Hispanas. https://a.co/0yCxIpy (2006).

24 Del poema *Nada te turbe* de la santa nacida en Ávila el 28 de marzo de 1515 y muerta en Toledo el 15 de octubre de 1582.

Esta no es una invitación a la pasividad, sino la conclusión de alguien que ha entendido que todo tiene una razón de ser en la existencia, pues lo que ocurre ocasiona unos aprendizajes que llevan a la realización del propósito más profundo del ser humano, así tenga que atravesar los momentos más difíciles y dolorosos. Cuando leo este poema trato de encontrar esa acción espiritual que permite otear la vida y comprender que todos los momentos por complicados y tristes que sean pasarán y darán apertura a un crecimiento.

El otro maestro es Pablo de Tarso, un hombre del siglo primero de nuestra era que se caracterizó por su vehemencia pastoral y su profunda experiencia de oración. Él llega a decir en una misiva a los cristianos de la comunidad de Roma: "Por lo demás, sabemos que en todas las cosas interviene Dios para bien de los que le aman"[25]. Esta afirmación solo es posible hacerla desde la comprensión de la totalidad de la vida y en la cual las circunstancias que se viven en el presente ya tienen un sentido que, según él declara, es para el crecimiento y la realización.

Las dos expresiones son el resultado de trascender y no quedarse obnubilado por lo inmediato, sino descubrir que esto se desarrollará en otras acciones y situaciones en el futuro, lo cual genera la posibilidad de comprometerse, con todas las fuerzas del ser, con el presente, pero con el control de quien sabe que siempre desembocará en algo mejor, que no está hecho, sino que hará desde su libertad,

25 Romanos 8, 28.

conciencia, inteligencia y responsabilidad. Es una invitación a vivir cada situación de la vida —cualquiera que sea su característica y valoración— como parte de un gran todo, en donde lo que sea que pase siempre tendrá un sentido y un significado de crecimiento. Esto solo es posible desde la dimensión espiritual, desde ese acto de otear la existencia completa.

Las situaciones en las que más útil se hace esta comprensión es en los momentos de dolor, de enfermedad, de dificultad, cuando constatamos lo frágiles y débiles que somos. Es esta posibilidad de mirar más allá la que nos permite entender que la vida se va concatenando y organizando como un todo que tiene que ser leído en la amplitud de quien puede mirarlo desde arriba, con la actitud del que observa y medita. Esto no se puede descubrir si los hechos de la vida se leen parte por parte, sino en conjunto, pues este siempre es mucho más que solo todas las partes juntas. De ahí la importancia de la dimensión espiritual, pues es la que nos permite leer los hechos en clave de la totalidad.

Son muchas las experiencias que me han permitido comprender este momento trascendente y totalizador de la espiritualidad. Momentos en los que he estado ahogado por una situación complicada que no sé cómo resolver y luego, después de un momento sublime de oración, celebración sacramental, meditación o cualquiera de las prácticas espirituales que vivo, he logrado tener la certeza de que celebraré al finalizar esa prueba, sin importar su resultado, porque seré una mejor versión de mí.

Son esos momentos en los que se obtiene un *insight*[26], es decir, ese proceso de reflexión y meditación por el que súbitamente comprendemos un problema y así conseguimos la seguridad de que todo va a estar bien. Esto no se logra porque se tenga clara la solución, sino porque se es consciente de estar en solo un momento de un proceso general que no se detiene y sigue adelante al abrir posibilidades y manifestar capacidades que no teníamos antes, o incluso que no sabíamos que teníamos.

La experiencia de la muerte de mi papá, mi héroe, en diciembre del 2020, fue una de esas situaciones que solo he podido aceptar, asumir y hasta comprender desde la experiencia totalizante de la espiritualidad. Darle gracias por sus manifestaciones continuas de amor en mi vida, asegurarle que daría lo mejor de mí para que sus miedos —en este caso por el cuidado de mi madre— no se cumplieran, y poder orar por él y con él, de alguna manera me hacen comprender que la vida es un proceso en el que la muerte es un paso que tenemos que vivir muchas veces de manera indirecta y a través del duelo de un ser amado, y algún día de manera directa.

Pero también ha habido situaciones de alegría y gozo en las que, desde la espiritualidad, he asumido el sentido de mi existencia. No puedo olvidar algunos goles que anoté en un partido de fútbol importante de los torneos de aficionados en los que participé y que me hicieron vibrar desde lo más profundo, los cuales también viví desde la espiritualidad.

26 El significado de esta palabra en inglés es: un acto o instancia de percibir la verdadera naturaleza de una cosa a través de la comprensión intuitiva. (Tomado de WordReference).

Esa visión de totalidad permite creer que todo estará bien, no porque las piezas se vayan a juntar como lo hemos planeado previamente, sino porque pase lo que pase, así nos haga llorar, generará una evolución en la manera como nos entendemos y entendemos a los demás.

La seguridad que da poder comprender que la existencia es un proceso, que todo va más allá del suceso que vivimos y que siempre se encuentra una razón de ser.

Elegir cómo vivir

La pertinencia de este tipo de experiencias para ti y para mí, sin importar nuestra postura ante la religión, está en que es en ellas donde el ser humano encuentra sentido para su existencia. Es en ellas en las que puede experimentarse libre en cuanto es capaz de decidir la actitud con la que va a enfrentar los condicionamientos biológicos, físicos, psicológicos, que se le presenten en su contexto. A diferencia de los animales, que deben adaptarse al medio, el ser humano, por su libertad, puede adaptar el ambiente a sus posibilidades y necesidades.

Tengo certeza de que es en la dimensión espiritual en la que el ser humano mejor puede decidir cuáles serán las reacciones más adecuadas ante todos los estímulos que va a recibir, sabiendo que no puede controlarlos. Esta decisión siempre la hará desde su conciencia y voluntad. Esta libertad no es absoluta, pero sí suficiente para obtener el control sobre cómo queremos vivir la multiplicidad de las relaciones. Es en la conexión con nuestra alma, trascendiéndonos, como mejor entendemos que podemos liberarnos de nuestros instintos y tendencias interiores.

Entender la libertad en los términos en los que lo plantea el neurólogo, psiquiatra y filósofo austríaco —gestor de la logoterapia y del análisis existencial— Viktor Frankl:

> La libertad del hombre no es una libertad con respecto a todo condicionamiento, sino, más bien, la posibilidad de tomar posición ante cualquier condición que deba enfrentar… Según esta perspectiva, una persona es libre de moldear su propio carácter y el hombre es responsable por aquello que pueda hacer de sí mismo. Lo que importa no son los rasgos de nuestro carácter o las fuerzas o instintos *per se*, sino la posición que adoptamos ante ellos; es esa capacidad de posicionarnos la que nos constituye en seres humanos…, a sabiendas de que tomar distancia incluso de las peores condiciones es una capacidad exclusivamente humana[27].

Es en esta dimensión espiritual —que Viktor Frankl llama noética, para evitar las implicaciones religiosas— que entiendo el espíritu como esa capacidad humana de distanciarse de sus instintos, de alejarse de sus tendencias naturales, de darle una dirección y un valor de acuerdo con su proyecto de vida, guiado por los intereses que lo mueven.

El filósofo alemán Arnold Gehlen lo expresa en estos términos:

27 Frankl, V. *Fundamentos y aplicaciones de la logoterapia*. Trad. Claudio César García Pintos. Barcelona: Editorial Herder, 2012, p. 26.

> El principio específicamente humano que constituye la diferencia esencial (con los animales) sería más bien un principio en general opuesto a la vida, al que llamo espíritu. La esencia del espíritu se definía como su facultad de desligarse de la presión de lo biológico, de librarse de la dependencia de la vida. Un ser portador de espíritu ya no está encadenado a sus instintos, ya no se adapta a su medio ambiente como un animal, sino que es capaz de elevar el medio ambiente a la objetividad, de distanciarse de él[28].

En este sentido el ser humano no es un esclavo de sus instintos. Tiene la capacidad de actuar aun en contra de ellos o de diferir su influencia. Es más que una máquina que funciona por la acción de estímulos.

Es decir, en esa dimensión de conexión con lo más profundo del ser y de trascenderse a sí mismo está lo que hace al humano diferente al animal, lo que nos hace ser plenamente humanos. Lo afirma así Gehlen: "Lo específicamente humano sería esta objetividad, esta libertad de origen interno, esta posibilidad del conocimiento y la acción humanos de ser determinados por el valor de las cosas, tengan o no valor biológico"[29]. Eso que descubrimos en la Novena Sinfonía de Ludwig van Beethoven, en una pintura de Vincent van Gogh, en un salmo bíblico o en un momento profundo de meditación. Eso que tal vez no tiene un valor biológico determinando, pero llena de sentido la existencia en ese momento intenso que se vive.

28 Gehlen, A. *Antropología filosófica del encuentro y del descubrimiento del hombre por sí mismo*. Madrid: Paidós, 1993, p. 11.

29 *Ibíd.*, p. 32.

La espiritualidad es la realización de esa característica de trascendencia que está en el ser humano y que el filósofo alemán Max Scheller expresaba diciendo que "el hombre tiene al mundo, tiene una esfera abierta de cosas; el hombre está abierto al mundo"[30]. Lo que atestiguan las distintas experiencias existenciales del ser humano, como su manera particular de aproximarse a la comunicación, al amor, a la amistad y a la muerte misma.

El ser humano está siempre lanzado hacia fuera de sí mismo, en busca de su sentido más pleno, y en esos momentos sublimes logra alcanzarlo por instantes. Es un proyecto lanzado hacia el infinito, un estar siendo con ansias de absoluto. Es la espiritualidad el espacio en el que experimenta, contempla y entiende esta condición.

En este sentido, la espiritualidad es una dimensión superior, porque abarca más y es más inclusiva que las otras dos (la biológica y la psíquica). Además, sus reacciones se manifiestan en ellas de manera clara y medible. Estoy seguro de que quien vive una experiencia espiritual tiene mayor disponibilidad para una buena salud integral.

Se trata de una vivencia continua, de una actitud ante la vida y no de meros actos que se suman uno tras otro. Es una manera de estar en la existencia, tratando de captar la razón de ser y la dirección de la misma. El ser que vive lo espiritual lo hace en cada manifestación cotidiana y la intensifica de manera particular en momentos muy concretos.

30 *Ibídem.*

Lo que he vivido y descubierto en el trabajo académico es que las expresiones de auténtica espiritualidad son el contexto propicio para que el ser humano encuentre, elabore y devele el sentido de su vida. Es decir, la razón por la que quiere vivir, que es la que le dará argumentos y motivos para todo lo que realice a diario.

Se busca responder a las preguntas: ¿Por qué vivir? y ¿qué es lo que quiero lograr y construir en mi existencia? Aquí el sentido es una dirección, pues traza un objetivo concreto al que se quiere llegar. También es el que le da el significado a cada una de las acciones que realizamos y les asegura un valor a partir de la medida que desde él se puede establecer.

Ese propósito va más allá de la consecución de objetivos puntuales, aunque los puede implicar y acoger. Trasciende situaciones específicas, pero está presente en ellas. Se manifiesta como un ideal que jalona las fuerzas diarias y determina las actitudes y las acciones cotidianas. Se trata de encontrar un motivo que engloba la vida entera y le da un sabor especial. Viktor Frankl lo describe en estos términos: "Yo diría que lo que el hombre quiere realmente no es, al fin y al cabo, la felicidad en sí, sino un motivo para ser feliz. En cuanto lo encuentra, la felicidad y el placer surgen por sí mismos"[31].

Aunque es una búsqueda personal, no es individual. No cede a la tentación de creer que su realidad es producto de su única y propia creación, como si se tratara de un ser egoísta

31 Frankl, V. *El hombre en busca de sentido*. Barcelona: Editorial Herder, 2015, pp. 9-157.

que se esconde de los demás, pues, aunque la decisión del camino por recorrer es interior y singular a cada quien, siempre está relacionada con los demás con quienes se construye la vida en comunidad.

Es personal, porque responde a la unicidad de cada persona, que es irrepetible y tiene las características propias de la esencia de cada quien. No hay dos propósitos estrictamente iguales, siempre están las marcas de la esencia de cada uno de los seres que lo viven. No es individual, porque siempre se da en relación con los demás. No es fruto de la ausencia del otro, sino en la constatación de su propia originalidad. No se trata de aislarse de los demás, sino de construir con ellos. No niega la relación con las otras personas, sino que afirma su presencia en nuestra vida.

De alguna manera el propósito de la vida se ve afectado, pero no determinado, por las decisiones y acciones de los demás. Cada ser, desde su conciencia, voluntad y libertad lo encuentra, lo decide, lo elabora, pero siempre está como telón de fondo la relación que ha establecido con los demás, ya sea de amor o de indiferencia.

En la vivencia espiritual cristiana —que es la que más he experimentado—, el encuentro con el absoluto, con Dios que se nos revela como un ser personal, siempre me afirma en mi esencia, pero a la vez me impulsa a encontrar al otro como un hermano y un compañero de camino. Es un acontecimiento que se da en la intimidad, pero que fluye hacia el otro porque solo en él se confirma la originalidad de lo que se vive. Se da en la experiencia más cercana como un impulso para el encuentro de lo lejano, que siempre es el otro. De hecho, es en la comunión con el otro donde es posible el encuentro con la acción divina. El corazón del ser humano abierto y la relación real con el otro son los lugares de la manifestación y encuentro con Dios, más allá de cualquier lugar físico o tiempo especial.

Por ejemplo, la oración no termina en la concentración de mis necesidades, que se expresan en unas súplicas, sino que encuentran al otro como alguien con quien tengo que ser compasivo y por el cual intercedo. Sé que es en la comunión con él donde realmente se manifiesta la divinidad. Y es en ese encuentro con uno mismo y en el reconocimiento del otro desde el encuentro con Dios donde se establece ese propósito de vida que le da dirección, significado y valor a todo lo que decidimos y hacemos. El propósito de alguna manera queda patentado en la intersubjetividad. Así se evita el riesgo de quedarse en el capricho de una posible comprensión distorsionada de todo lo que se vive.

¿Qué característica deben tener las experiencias espirituales para que propicien esa posibilidad de perfilar el propósito de vida y tener clara una vida con sentido? ¿Cómo propiciar esos encuentros espirituales? ¿Cómo establecer los momentos personales y comunitarios de experiencias espirituales? Son preguntas que nos tenemos que hacer y desde las cuales tenemos que ir evaluando las opciones espirituales que estamos ejerciendo hoy en día. Cada uno, en su aventura diaria, tiene que encontrar esos espacios y evaluarlos desde la efectividad que tienen para su experiencia personal. No puede haber imposiciones, pues evitarían que fluya intensamente la acción espiritual.

Si la espiritualidad es un espacio que da sentido a la vida de cada ser humano, este encuentra en ella el significado último que impregna de valor cada acción y le da su razón de ser. En esos momentos de conexión con su esencia y de trascendencia, el ser humano descubre qué es lo que quiere hacer al otear su existencia.

Las experiencias espirituales no son momentos de alienación o de enajenación. Son espacios para asumir con seriedad los días que se van sumando en esa secuencia que llamamos vida, para entender hacia donde los queremos llevar. Es desde lo sublime como al ser humano se le devela el sentido de sus esfuerzos. Esto lo he experimentado muchas veces con personas que en un primer análisis están desprovistas de las herramientas que se requieren para enfrentar alguna situación dolorosa y triste que están viviendo y que encuentran en la experiencia espiritual la fuerza que les permite desarrollar las herramientas para enfrentar y superar la adversidad. Cuando ejercí el ministerio presbiteral encontré muchas experiencias en esta situación. Por eso, estoy seguro de que una sana experiencia espiritual compromete a las personas a superar las dificultades y adversidades que a diario tienen que enfrentar.

La espiritualidad entonces es una experiencia insoslayable en la cotidianidad de los seres humanos, porque todos necesitamos tener claro por qué vivimos, pues ese porqué decide el cómo. Viktor Frankl lo dice en estos términos: "El que tiene un porqué para vivir, puede soportar casi cualquier cómo"[32]. Tener claro el porqué de la vida nos determina con

32 *Ibídem.*

claridad y firmeza el cómo. Saber hacia dónde voy me propone con claridad el camino que debo seguir.

Definir qué quiero ser, hacia dónde quiero llevar mi vida, cuál es el punto de mi realización, es darle sentido al presente desde el futuro. Si el psicoanálisis escarba en mi pasado para entender las causas de mi comportamiento presente, la propuesta de Viktor Frankl es encontrar en el futuro la razón que provoca determinados comportamientos en mi vida hoy.

No me puedo ahogar en las situaciones del hoy, sino que tengo que visualizar lo que deseo y desde allí jalonar mis decisiones y acciones. Nada se realizará por arte de magia, todo será el resultado del esfuerzo que realice. Tener claro cómo me sueño en el mañana me precisa unas tareas concretas en mi hoy. Habría muchos ejemplos de esto. Pienso que en mi vida personal he creído que el sentido de mi existencia está en servir a los demás, en propiciar reflexiones, herramientas y acciones concretas a favor de los otros. Eso hace que hoy quiera seguir preparándome y desarrollando las habilidades necesarias para poder hacerlo con calidad.

Nadie puede decidir por mí cómo enfrento el presente. Esa es la mayor prueba de la libertad y de la originalidad de cada uno de nosotros. Nos pueden presionar de todas las maneras y quitarnos todo lo que somos, pero nadie puede quitarnos la libertad para decidir cómo enfrentar cada situación, por dolorosa y triste que sea. Esa actitud es consecuencia del sentido que le damos a la existencia, del lugar existencial al que queremos llegar, valga la redundancia.

Esta es una de las lecciones claras que Viktor Frankl nos comunica de su experiencia en los campos de concentración:

"Las fuerzas que escapan a tu control pueden quitarte todo lo que posees, excepto una cosa: tu libertad de elegir cómo vas a responder a la situación"[33].

Y respondes a esa situación desde el propósito que tienes en la vida, que te implica unos valores —unas fuerzas interiores— que te sostienen, impulsan y animan a continuar.

Encontrar el propósito de la vida

Tener claro el propósito de la propia existencia te permite entender el significado de lo que vives a diario y los valores con los que quieres existir. Entiendes por qué y para qué vives. Esto lo puedes lograr si eres capaz de revisar introspectiva y creativamente cada experiencia que estás viviendo para encontrar su verdadero significado y las lecciones que te deja. También cuando muestras cual es la fuerza que te impulsa y te sostiene, y la dejas en evidencia con claridad, y sobre todo al dilucidar qué hay detrás del dolor y el sufrimiento que puedas experimentar. Estos son caminos para encontrar significado en la vida.

Ahora, la fuerza para superar las situaciones difíciles que se viven en el presente también se puede obtener en lo que se quiere realizar. No se trata de adelantar el futuro, ni de generar emociones ansiosas, sino de tener claro qué es lo que se quiere para la vida y qué se tiene que hacer hoy para lograrlo.

33 *Ibídem.*

No quiero que llegue ya el futuro, quiero saber cuál es el futuro que estoy buscando y construyendo con la actitud que he decidido tener ahora. Es invertir la lógica común de mirar desde el presente el futuro, y dejar que sea el futuro el que provoque acciones concretas en mi vida diaria, la de hoy.

Ese ideal de ser humano permite encontrar un sentido en la existencia, que se puedan alinear las acciones diarias en función de algo, y que se pesen y midan con un rasero y una balanza muy precisas. Lo importante es tener claro ese propósito de vida y estar dispuesto a buscarlo con las mejores decisiones y acciones.

Sabiendo qué queremos ser mañana, tenemos claro qué hay que hacer hoy. Es el futuro que se vuelve un motor para el presente. Pero no solo eso, sino que también marca la manera como se quiere lograr ese ideal. Esos momentos sublimes en los que somos capaces de distanciarnos y de vernos como un todo son propicios para reafianzar ese objetivo último de la existencia. El teólogo alemán Paul Tillich llamaba a la espiritualidad la "preocupación última" de la existencia[34].

Es necesario tener claro que ese propósito no puede ser impuesto desde afuera. Hay que liberarse de toda visión heterónoma de la vida, es decir, esa visión que se impone desde afuera. Se llega al ideal por el análisis, la comprensión, la toma de conciencia y la decisión personal. Siempre es una elaboración que se hace desde la toma de conciencia de quién se es y cómo se quiere vivir, obviamente desde el diálogo que

34 Tillich, P. y R. Bertalot. *Teología sistemática* (vol. 2006). Turín: Editore Claudiana, 1996.

se plantea con los otros hermanos y con Dios. Acepto el ideal de una propuesta espiritual, porque al conocerlo siento que coincido con él.

Aquí hay una dificultad con muchas experiencias religiosas que quieren imponer ese ideal. Entiendo que se nos presente y se nos proponga, pero no puede ser una obligación. Esto no solo cercenaría la libertad humana, sino que además haría del propósito un aditamento que podría perderse en cualquier batalla de las que se viven a diario. Pero, además, ocasiona que las adhesiones que se realizan sean efímeras y estén expuestas a la deserción, no fruto de convicciones interiores y profundas.

Por eso tengo claro que el camino hacia esa apropiación es siempre de adentro hacia afuera, desde el corazón humano hacia el exterior y las relaciones. Todo ejercicio evangelizador, de cualquier religión, tiene que saber que la persona no puede perder su libertad al asumir un mensaje, pues hacerlo implicaría dejar de ser humano en el sentido más estricto de la expresión.

Alinear valores

Es en esos momentos sublimes de experiencia espiritual cuando mejor se puede visualizar el futuro que se quiere. Es allí donde se encuentra, se descubre, se construye y se devela el sentido de la vida. Además, cada escuela espiritual tiene una concepción de lo que ha de ser el ser humano y una visión de la vida que les ofrece a las personas que deciden vivir en esa enseñanza. Permite formar parte de esas experiencias y asumir ese ideal de ser humano como propio y trabajar para alcanzarlo. Ser un practicante de ese ejercicio de vida significa asumir los valores y las características que conforman el modelo de ser humano que allí se presenta.

Me gustan, por ejemplo, las tendencias espirituales que entienden el ser humano como alguien que vive en armonía y es capaz de gestionar de la mejor manera sus emociones para relacionarse con los demás. En el cristianismo, el ideal de ser humano es entendido desde quién es capaz de superar el mal en cualquiera de sus manifestaciones y vivir a plenitud. Así queda claro en el discurso de la felicidad (Mateo 5, 3-12[35]).

En el lenguaje religioso cristiano se habla de la santidad como el ideal. Esto es cierto, pero habría que entender desde el contexto del Nuevo Testamento qué es la santidad. A mi manera de ver, es estar saturados de amor y por lo mismo ser sacramento de Dios para los otros, lo cual abre las puertas para que la santidad no sea la propiedad de un determinado grupo de religiosos, sino de todos los seres humanos que al abrir su ser entero a la acción amorosa sean expresión de esta para los demás.

Estoy convencido de que ese ideal en el mundo espiritual no puede quedarse en la perfección de unas virtudes, sino en vivir sabiamente. Esto de por sí implica un énfasis distinto al que los griegos mencionaban desde el *areté*, que significa la excelencia y perfección. No creo que las

35 Es el llamado discurso de las bienaventuranzas, que realmente debiera llamarse el discurso de la felicidad, porque el término que se usa es *makarios* en griego, que significa feliz. Se afirma un camino para lograr la felicidad en la vida de los creyentes.

distintas corrientes espirituales busquen la perfección, sino la capacidad de saber vivir, entre otras cosas, porque la perfección siempre es una utopía que jalona la vida, pero que nadie tiene en realidad. En cambio, saber vivir deja evidencias concretas y reales en cada espacio de la vida. Hay que tener claro que saber vivir no es otra cosa que vivir llenos de amor, que por los poros de la piel se manifieste el amor como una acción dadora de sentido.

Cuestionar la experiencia

Si no podemos cuestionar, distanciarnos, desmenuzar las propuestas espirituales que nos hacen, tampoco las podremos asumir libremente. Por eso ninguna experiencia espiritual puede ser impuesta, por más buenas intenciones que tenga quien la conozca y la viva. Se requiere permitir que el otro, al que le proponemos este camino, tenga su propio proceso consciente para poder responder a él.

Todos los mitos religiosos que buscan responder a las preguntas fundamentales de la existencia y que se engranan en las diferentes propuestas espirituales tienen que ser asumidos como aproximaciones simbólicas de algo sublime, como un intento por explicar lo que apenas se atisba desde nuestra visión humana. Sin esa actitud corremos el riesgo de volvernos fanáticos y creer que esa manera de entendernos es absoluta.

De hecho, creo que el símbolo es el lenguaje propio de las experiencias sublimes que no caben en el espacio de un concepto ni en la estructura rígida de lo científico. Por ejemplo, cuando el ser humano no puede explicar esa experiencia emocionante e intensa llamada amor, echa mano de la figura del corazón para expresarla. Ahora, lo simbólico existe para ser interpretado y vivido, nunca para que lo asumamos de manera literal o lo entendamos como una descripción cartográfica de lo que ha pasado en esa vivencia.

Por eso también muchas veces mi vida espiritual se realiza a través de la lectura de poemas, al escuchar algunas piezas musicales o al contemplar la naturaleza, porque ahí está presente la simbología como vehículo para provocar emociones, sensaciones y comprensiones que escapan a los tubos de ensayo de un laboratorio científico.

Luego, los mitos religiosos en los que se proponen los ideales de ser humano y de sociedad tienen que ser pensados e interpretados para que puedan ser asumidos desde el mundo de la vida de cada persona. Lo bello de esto son las coincidencias que se dan en las diferentes interpretaciones, que son las que permiten comunión y acompañamiento en la vida.

Lo importante es que ninguna de las propuestas espirituales quiera someter la voluntad humana haciéndole asumir "verdades" y consecuencias que no ha entendido, comprendido y, mucho menos, vivido, entre otras cosas porque el propósito de la existencia es personal y eso implica partir de la propia esencia y trascender hacia los caminos propuestos espiritualmente.

Me gusta cómo entiende la escritora y editora Yun Sun Limet la relación entre la libertad y el sentido de la vida:

> He pensado mucho en las grandes etapas de mi existencia durante estos últimos días. Y sé que ha perseguido un objetivo

> sin alcanzarlo en realidad del todo, pero ¿acaso alguna vez se alcanza? Ser libre. Tú me dirás: pero ¿qué es ser libre? ¿Vivir sin ataduras ni obligaciones? No. Es poder responder a las necesidades interiores. Vivir según elecciones que le dan sentido a esta vida[36].

Tengo la certeza de que solo en un desarrollo espiritual se tiene esa conciencia de la que habla Yun Sun Limet. No creo que se pueda saber cuáles son las necesidades interiores si no es en esa conexión con la propia esencia que se realiza en las experiencias espirituales. Solo en el acercamiento consciente, reflexivo y libre que se realiza con uno mismo en los momentos de otear la propia historia, se puede tener claridad de qué es lo que fundamentalmente nos hace falta.

Debemos tener claro que también las personas que están a nuestro lado nos revelan esas mismas necesidades interiores, ya sea por la ley del espejo[37] o en las relaciones que se traban con los demás. Yun Sun Limet lo dice en estos términos: "Y a continuación llega esta constatación terrible: pasamos más tiempo de nuestra vida con personas que no nos importan nada o bastante poco, que no hemos elegido, que

36 Limet, Y. S. *Sobre el sentido de la vida en general y del trabajo en particular*. Madrid: Editorial Errata Naturae, 2016, p. 13.

37 "La llamada 'ley del espejo', acuñada hace unos años por el experto japonés en *coaching* y asesoramiento psicológico Yoshinori Noguchi, postula que nuestra percepción del mundo y de las relaciones humanas son un reflejo de nuestro mundo interior". Leído el 4 de agosto del 2022 en: https://www.biobiochile.cl/noticias/salud-y-bienestar/mente/2021/11/28/que-es-la-ley-del-espejo-y-por-que-deberias-respetarla.shtml

el sistema nos impone, que con aquellos que amamos, gracias a los cuales nuestra vida tiene sentido"[38].

Lo cual implica ser capaces de establecer tiempos reales para encontrarnos en esos espacios sublimes con aquellos que nos aman y amamos, que nos permiten encontrar sentido a este proyecto existencial que estamos construyendo. Los otros, los cercanos, son también acompañantes espirituales.

Mi experiencia personal con el cristianismo ha sido entender que incluso puedo decirle que no a la propuesta que el propio Jesús me hace. Así da testimonio el *relato del joven rico* que trae Marcos 10, 17-30. No estoy obligado a asumir su propuesta existencial como mi plan de vida. Es más, me emociona saberme respetado en mi libertad por aquel que proclamó Dios. La verdad es que mi temperamento no me permitiría sentir que me están imponiendo una verdad y que debo abdicar de mi capacidad de raciocinio y entendimiento.

Por eso creo que hay que tener mucho cuidado con el proselitismo espiritual. Pretender que otros asuman como verdadero y determinante para su vida lo que nosotros hemos concluido determinante para la nuestra es realmente soberbio y poco sensato. Creo que se trata de vivir la espiritualidad de forma personal y en comunión con los que tienen las mismas afirmaciones nuestras. Y así mismo, es el testimonio de vida la mejor manera de comunicar lo que se está viviendo.

Me ha pasado que he estado en momentos espirituales que para mí han sido la concreción misma de lo sublime y

38 Limet, *op. cit.*, p. 15.

me han llevado a instantes extáticos, preciosos, pero las personas que me han acompañado no han tenido ninguna experiencia especial. También me ha ocurrido lo contrario, porque realmente aquí hay una dimensión personal que no se puede programar ni generar. Los contextos y las estructuras personales son los que permiten también que las pedagogías espirituales generen la conexión que buscan.

Entonces, las experiencias espirituales tienen que propiciar que las personas se sientan amadas y a la vez que quieran amar a los que los acompañan en la aventura de existir, amor que llena de sentido, propósito, fuerza, resiliencia a todo aquel que las practica, porque es ese quehacer el que permite ir respondiendo las preguntas existenciales que nos vamos haciendo.

Al tener claro que la espiritualidad es un ejercicio que va más allá de algunos espacios rituales para incrustarse en la cotidianidad, a la que llena de unos colores vivos e intensos que la hacen fuente de placer y de mucho significado. Vuelvo a decirles: se trata de una actitud, de una manera de existir.

Superar los retos

La espiritualidad como posibilidad de encontrar el propósito de la vida genera unas fuerzas interiores capaces de ayudarnos a superar los momentos de dolor y de dificultad que vivimos en distintas etapas de la vida. Por eso no me extraña que muchos retiros espirituales o experiencias de meditación permitan que varias personas se sientan empoderadas para enfrentar las situaciones tristes y dolorosas que tienen que vivir.

Creo que la principal razón es que nos hace conscientes de nuestra condición, de nuestras limitaciones y carencias, lo cual nos permite aceptar que el dolor y las dificultades forman parte de nuestra existencia. No asumir esa realidad nos invalida para poder soportarlo y encontrar las soluciones necesarias. Nada que no se acepte se puede resolver. En la experiencia espiritual cada uno tiene la posibilidad de reconocer sus capacidades y limitaciones, posesiones y carencias, miedos y certezas, sueños y temores. Es decir, se sabe quién se es.

Cuando eres capaz de conectarte con tu propia esencia y, a la vez, te trasciendes, puedes darte cuenta de quién eres, qué quieres ser, qué tienes y qué te falta. Ese inventario existencial te hace reconocer que hay caminos de solución y que no todo está perdido, lo cual te permite saber que siempre es posible el dolor y que tienes con qué poder superarlo para seguir adelante en la realización de tu proyecto de vida.

La espiritualidad te ayuda a enfrentar tus dolores y pérdidas, no porque algo suceda mágicamente en tu interior mientras vives esos momentos de interiorización, sino porque te permite aceptar que esas experiencias no son excepcionales sino propias de tu condición y que siempre estás preparado para superarlas, con la claridad de que es necesario trabajar en ello.

Cuando he pasado por momentos de enfermedad nada me ha dado más serenidad y paz para entender que esa situación forma parte de mi vida, que no es extraña a mí, que soy débil y frágil. Aceptarme así en momentos espirituales me ha permitido asumir una actitud que luego se despliega en acciones concretas para enfrentar, batallar y superar, por ejemplo, la enfermedad que pueda tener.

Recuerdo haber estado en una cama de la Fundación Santa Fe, en Bogotá, dando gracias por ser quien soy y desde allí buscando en mi corazón las fuerzas que requería para lograr superar lo que en ese momento estaba viviendo, todo en aquel silencio en el que el corazón habla con locuacidad, en busca de ser escuchado por aquel que nos trasciende y en el que entendemos la vida. Para eso echaba mano de salmos aprendidos desde joven. Yo simplemente confiaba en la vida que está en mí pero que siempre me supera.

Es decir, no basta con saberse débil y frágil, sino que esa aceptación de la condición se tiene que manifestar en fuerzas que impulsen comportamientos concretos que permitan superar los dolores que se tienen. Somos débiles y frágiles, pero también somos fuertes y capaces de adaptarnos a todo. Hay carencias, pero también dones con los que podemos contar para no sucumbir ante lo que sufrimos.

Quiero subrayar que esos momentos espirituales provocan el descubrimiento de herramientas interiores que no sabíamos que teníamos y que por lo mismo no habíamos usado antes. Centrarte en ti para trascenderte con ilusión te hace capaz de saber que eres mucho más de lo que habías experimentado y descubierto a lo largo de tu vida. Esos descubrimientos son importantes en los momentos de dolor y dificultad.

Son muchos los relatos de personas que me han contado cómo, a partir del diagnóstico de un cáncer y de momentos espirituales intensos, han sentido una gran fuerza en su corazón que les permite creer que van a superarlo y que no pueden darse por vencidos. Tienen conciencia de una fuerza interior que los impulsa a creer que van a poder seguir. Esto no significa que se van a sanar mágicamente, pero sí que podrán atravesar ese desierto con seguridades que les harán encontrar sentido a todo lo que irán viviendo.

También en la experiencia espiritual los seres humanos pueden vivir los momentos de dolor y dificultad desde el propósito que tienen, y ese propósito se vuelve una provocación para querer seguir viviendo y dar lo mejor de sí en ese momento. Cuando se pierde de vista el propósito, se cree que todo está perdido y no hay cómo seguir emocionado por la vida. Tener claro el propósito de tu vida es como encontrar un pozo profundo de agua con el cual puedes saciar la sed que sientes en ese momento. Como diría el teólogo Gustavo Gutiérrez, "se trata de beber en su propio pozo"[39].

Sabes qué quieres ser y hacia dónde quieres llevar la vida, por lo cual no puedes dejar que esa gran dificultad te quite toda posibilidad y arruine todas las ganas. No sabes hasta dónde llegará la enfermedad o la dificultad, pero sí sabes que en este momento en el que estás quieres seguir adelante porque tienes un objetivo por conseguir y vas a dar lo mejor de ti para lograrlo.

No se trata de creer que todo se va a resolver espontáneamente, sino de tener la confianza de que todo tiene una

39 Gutiérrez, G. y J. Sobrino. *Beber en su propio pozo*. Buenos Aires: Latinoamérica Libros SRL, 1984.

razón de ser para tu proyecto de vida, para lo que estás buscando realizar, y saber que tienes que dar lo mejor de ti para lograrlo, aun cuando faltan las fuerzas o las lágrimas te ciegan.

Pero además hemos aprendido con Viktor Frankl que nadie puede imponernos con qué actitud vivir ese momento, que esa es nuestra más personal decisión. Nadie nos puede despojar de la posibilidad de asumir esa dura situación como una etapa en la consecución del propósito que tenemos y por eso lo viviremos con la mejor actitud posible. Se trata de no rendirse porque se cree que hay un mañana para vivir y gozar.

Viktor Frankl lo dice en estos términos: "Solo hay una cosa que hace al hombre capaz de soportar lo peor y realizar lo imposible. Y esto es precisamente el tener un deseo de sentido y el convencimiento de que el hombre es responsable de encontrar ese sentido a su vida"[40]. Y es en esa experiencia espiritual en la que se encuentra y se vive ese sentido de la vida, en esa dimensión que él llama noética, es decir, en la llamada al descubrimiento y realización de esos sentidos y valores que impulsan y sostienen la vida.

Es la decisión que emerge del propio corazón que trasciende sus límites y navega al infinito del amor. Tener una experiencia espiritual tiene que ser fuente de fuerzas para intentarlo. Sabiendo que nada nos impide creer que podemos; porque, aunque todos estén seguros por lo que la lógica y la ciencia dicen algunas veces, la vida juega con creatividad y encuentra soluciones que no entendemos hoy, pero que

40 Frankl, V. *El psicoanálisis y la psicología individual.* Conferencia Radiofónica en Viena, 2010, 32-37.

tienen sentido. Ese es mi concepto de milagro. Esas situaciones en las que la vida sonríe en momentos de profunda tristeza para darnos soluciones que no entendemos, pero que siempre tienen una explicación.

Esto lo entendí la noche en que conocí a Dairo[41], un niño de 11 años, con todas las razones para vivir una vida intranquila y perturbada: abandonado por sus padres biológicos, desnutrido y con todas las consecuencias físicas de esos días de hambre y desatención que vivió en las manos de su abuelo materno, un anciano sin fuerzas ni recursos para criarlo. Luego de ser adoptado por una familia y poder sentir el calor y el amor de los que en él se interesaban, fue diagnosticado con un tumor cerebral que le pisaba el nervio óptico y no lo dejaba ver.

Tenía dificultades al hablar y al caminar, y enfrentaba la fragilidad de su condición humana, pero con el corazón puesto en Dios a partir de la experiencia espiritual de sus padres adoptivos y con la actitud de quien cree que hay que agradecer el presente que se está viviendo. Recuerdo que cuando alguien le decía que se iba a morir, él sonreía y afirmaba: "Pero todavía estoy vivo y eso es lo más importante".

Sus oraciones y momentos espirituales estaban jalonados por un propósito que él había intuido, descubierto o decidido: animar a todos los que se acercaban a él. Murió y algunos creyeron que la crónica y decidida enfermedad le

41 Esta historia que viví al comienzo de mi ministerio presbiteral en Barranquilla la he contado mucho en las conferencias espirituales y la escribí: Linero, A. *Vivencias, orando y viviendo*. Barranquilla: Artes Gráficas Alumar, 2001, p. 25-34.

había ganado. Pero no. Él ya la había vencido muchos días atrás, cuando decidió que ninguno de esos dolores, de esas limitaciones, de esos momentos de angustia, le quitarían la capacidad de sonreír, de esperar en Dios y de confiar en él. Era un ser que vivía con la fuerza de la espiritualidad las batallas más duras contra la enfermedad.

Todo termina manifestándose en una confianza total en que la vida tiene un sentido y que no vamos al abismo sino a la plenitud. Cada posición religiosa lo explicará a su manera y con sus propias narrativas, pero en todos hay la certeza de que todo no acaba aquí, sin tener claro cómo se continua.

Saber que la vida tiene sentido te hace confiar en lo que eres capaz de lograr y en la vida misma. Te lleva a creer que la dinámica que la impulsa no te guía a la destrucción sino a una realización que no comprendes. Te lleva, diríamos los cristianos, al Padre Dios.

En este contexto me gusta una oración de un hombre bueno llamado Charles de Foucauld, que vivió entre 1858 y 1916, y que dice sencillamente:

Padre mío, me abandono a Ti.
Haz de mí lo que quieras.
Lo que hagas de mí te lo agradezco.
Estoy dispuesto a todo, lo acepto todo con tal que Tu
voluntad se haga en mí y en todas tus criaturas.
No deseo nada más, Dios mío.
Pongo mi vida en Tus manos.
Te la doy, Dios mío, con todo el amor de mi corazón,
porque te amo, y porque para mí amarte es darme,

entregarme en Tus manos sin medida, con infinita confianza, porque Tú eres mi Padre.

No es la actitud de un pusilánime sino de alguien que lo intenta, se esfuerza, da lo mejor que hay en sí, planea la vida, aprende y falla, reaprende y lo vuelve a intentar; que construye relaciones que lo hagan crecer en todas sus dimensiones, pero también sabe confiar y abandonarse. Esto porque estoy convencido, con el psicoterapeuta y escritor Thomas Moore, especialista en psicología arquetípica juniana, que fue sacerdote y trabaja temas de crecimiento espiritual, de que una experiencia espiritual auténtica no se entiende como un pastiche espiritual egoísta, egocéntrico, pergeñado de cualquier manera, sino como una vida valerosa, centrada, que persigue su destino, informada e inteligente, que posee una dimensión sublime y trascendente, y que termina en un acto diario de confianza y abandono. Aquí habría muchas razones para tener menos estrés y ansiedad, porque cuando logras asumir, desde esa habilidad de otear la vida, que todo tiene un sentido, puedes vivir sin el miedo del abismo y del absurdo como final de la vida. Trabajas, te esfuerzas y luchas con la confianza del que sabe que siempre logra encontrar o construir un sentido. Ahí la espiritualidad es muy útil en la cotidianidad.

Siempre sabiéndose unido a la comunidad, a los que nos han antecedido y los que nos seguirán, que siempre suman al sentido que vamos descubriendo y construyendo. El escritor cartagenero Roberto Burgos Cantor lo dice bellamente:

> Hilaba la historia de los míos con mi continuidad y recibía la fuerza que viene de las raíces, esa red que te ata a lo que perteneces y evita que los días y las noches sean una extrañeza sin fin, un buscar inútil de tierra, de sueños, de apegos para vivir los desprendimientos, de vidas vividas y sus muertes para rechazar o proseguir[42].

Eso solo se puede vivir en esos momentos de profunda conexión con la propia esencia y de trascender para otear la vida y comprender que hay más sentidos que los que podemos imaginar en este momento preciso. Que la vida no llega hasta dónde llega nuestra mirada, que siempre hay algo más.

Es en esos momentos espirituales cuando decides con qué actitud vas a vivir toda tu vida, en especial esos instantes desgarradores que todos experimentamos, pero también en los momentos jubilosos, porque la espiritualidad es fuente de alegría y gozo también. Encontrar un sentido se manifiesta en una explosión emocional agradable que reconcilia con la vida y pone tareas muy concretas, pero estos temas los ampliaremos más adelante.

¡La espiritualidad rompe todas las barreras físicas y mentales para provocar el encuentro de un propósito que permita una vida plena! ¡Una vida que se comprometa a encontrar condiciones de felicidad para cada individuo y todos los que lo rodean!

42 Burgos Cantor, R. A. (2009). *La ceiba de la memoria*. Bogotá: Seix Barral, p. 87.

Espiritualidad, fuente de alegría

Nací en el Caribe colombiano y para mí es fundamental vivir la vida con alegría. Mi contexto vital siempre se ha caracterizado por manifestaciones de gozo, que van desde la música que se cuela de forma constante y alborota todo a su alrededor y nos hace brincar como zarapicos, hasta una actitud descomplicada y esperanzadora ante cualquier situación de la existencia. Todo en el Caribe genera una sonrisa, un grito de júbilo, juntarse para celebrar o para acompañarse en los momentos difíciles. Estoy convencido de que sin alegría el trasegar en este mundo carece de sentido.

La experiencia espiritual la he vivido en ese plano físico y humano, con esos valores culturales. Mi abuela Cleotilde, que fue la primera que provocó en mí experiencias espirituales, era alegre y entendía que la presencia de Dios en la vida era la raíz primordial del gozo y el júbilo. Ella sospechaba mucho de alguien que dijera ser espiritual y no le gustara bailar. Decía que bailar era la manera de expresar las emociones más sublimes del espíritu humano.

Sus sencillas oraciones, que fueron las primeras que aprendí, eran expresiones sublimes de una gran confianza y un compromiso con su historia. Y las decía en cualquier momento y en medio de todas las actividades que realizaba, pero siempre con una sonrisa que brotaba de un corazón que se sentía amado.

Luego, los años de formación teológica y todas las investigaciones que realicé para distintos momentos académicos me dejaron claro que la espiritualidad, en cualquiera de sus manifestaciones concretas, debe ser una fuente generosa de alegría, que debe entenderse como una emoción de placer, bienestar y ánimo. Profundizar en el sentido de la vida desde la conexión más íntima con la propia esencia y la posibilidad de trascender ocasiona en el ser humano una emoción positiva y agradable.

Alegría no significa irresponsabilidad, ni mucho menos pérdida del sentido de lo solemne que es nuestra presencia en esta Tierra, sino al contrario, es una manera de tomarse la historia en serio y de entender lo sagrado que tiene cada momento.

Normalmente es fruto de un acontecimiento que realiza expectativas, de relaciones que satisfacen necesidades fundamentales, pero, sobre todo, de manifestaciones de amor, de sentirse amados o correspondidos en la decisión de amar.

En toda la existencia

Susurraba oraciones mientras trabajaba. Atendía a los enfermos con amor, con ternura y con todas las técnicas médicas necesarias. Sus ojos brillaban con la luz de quien está emocionado por lo que hace. Luego la vi en silencio en el oratorio, arrodillada frente al Santísimo, y su rostro expresaba paz y serenidad. Más tarde la encontré riendo alegremente, mientras compartía un café con una familia reunida en una casa. Les hablaba de Dios y de amor, pero con una alegría que contagiaba a los que estaban con ella. No recuerdo su nombre, pero esa religiosa que conocí en una misión pastoral, en el departamento del Meta cuando apenas tenía 21 años, me enseñó que la espiritualidad tiene que ver con la vida toda y que se vive en todas las dimensiones de la existencia. La sencillez de esa servidora de la comunidad me hizo mucho bien en mi búsqueda espiritual. Comprendí entonces que una espiritualidad que solo afecta unas partes de la vida no es espiritualidad.

Creo que la espiritualidad como dimensión que involucra a todo el ser humano en su condición integral debe propiciar alegría profunda. De hecho, el budismo se entiende como un camino de felicidad, no como el punto de llegada sino como el medio mismo. Es por esto que en esa religión se busca eliminar las emociones de insatisfacción que se generan por los apegos que ocasionan los deseos constantes y las ansiedades que derivan de ellos. Se trata de un camino hacia el desapego, pues es ahí donde habita la alegría del aquí y el ahora.

En nuestros contextos religiosos muchas veces se ha creído que debe existir un divorcio entre la espiritualidad y la alegría. Se piensa que el ambiente que genera júbilo no permite la profundidad de la interiorización y de la trascendencia espiritual. Se ha visto con sospecha toda manifestación de gozo, porque se considera, de manera errónea, que distrae del objetivo principal de los ritos y los momentos de piedad.

Creo que esta mirada proviene de la infiltración de la ética platónica de los griegos en la espiritualidad cristiana. Desde esa filosofía, se entiende al ser humano como un compuesto de alma y cuerpo, dos realidades distintas y yuxtapuestas en él[43]. De alguna manera aquí el sentido de la vida es que el alma —lo bueno de lo humano— se libere pronto del cuerpo —lo malo—, que la encarcela y no la deja desarrollarse plenamente[44].

Esta concepción ética es totalmente ajena a la concepción hebrea del ser humano, que es la que se entiende y está escrita y descrita en la Biblia. Por su desconocimiento del hebreo, Agustín de Hipona[45] —un personaje muy influyente en la espiritualidad cristiana— permeó su comprensión del neoplatonismo de Plotino[46] e interpretó desde ahí algunos textos

43 "Habiendo compuesto así con estos diversos elementos cuerpo particulares, colocaron los círculos del alma inmortal en estos cuerpos". Platón. El Timeo, en *Obras completas de Platón*. Edición de Patricio de Azcárate (tomo 5). Madrid: Medina y Navarro Editores, 1882, p. 184. Recuperado de: http://www.filosofia.org/cla/pla/img/azf06131.pdf.

44 "—¿Cuándo encuentra entonces el alma la verdad? Porque mientras la busca con el cuerpo, vemos claramente que este cuerpo la engaña y la induce al error. —Es cierto. ¿No es por medio del razonamiento como el alma descubre la verdad? —Sí.". *Ibíd*. El Fedón, p. 31.

45 Agustín de Hipona, también conocido como san Agustín, vivió sus primeros años de vida como pagano y después de un gran proceso de conversión fue el pensador más influyente del cristianismo durante el primer milenio de nuestra era. El tema sobre el que más teorizó fue el pecado como corruptor del alma, que solo puede ser salvada a través de la gracia divina, que es la relación del alma con Dios.

46 El neoplatonismo es una escuela filosófica que se extendió desde el siglo II con las enseñanzas de Plotino y que plantea una disyuntiva fuerte entre la materia y el espíritu, y elogia una vida marcada por la austeridad. Esta filosofía teológica permeó a varias religiones que tomaban impulso en ese momento, principalmente el cristianismo y el islam.

bíblicos, lo que lo llevó a construir una teología moral en la que se ve con cierta desconfianza el placer, porque desde su creencia la sexualidad tiene a la procreación como único fin.

Esto se desarrolló hasta llegar a unas prácticas espirituales en las que se tiene un cierto desprecio por el cuerpo y todo lo que le cause satisfacción. Por su parte, esto llevó a que la ascesis se convirtiera en el ejercicio espiritual que se creía podría permitir la perfección del ser humano. La ascesis tiene en las mortificaciones, privaciones, penitencias, abstinencias y ayunos extremos la mejor manera de crecer espiritualmente. La tesis es que en la medida en que el ser humano reprime más sus tendencias "carnales" puede ir liberando el alma y alcanzando mayores grados de perfección.

Tristemente, se creyó que este era el único y verdadero camino espiritual, y eso llevó a mirar con recelo toda manifestación de bienestar y placer como un obstáculo para el crecimiento espiritual; se entendía el ejercicio espiritual como el deber de apartarse de todo ese mundo pecaminoso y dañino del placer, lo que logró, también, que se miraran con sospecha todas las manifestaciones de alegría.

Estoy seguro de que esa visión ética no corresponde a la teología bíblica cristiana ni tiene asidero en las propuestas que hoy, desde la antropología filosófica, se hacen.

El ser humano es una unidad con múltiples dimensiones y ninguna de ellas es mejor que la otra, sino que están al servicio del proyecto de realización que cada uno se plantee.

Conceptos como carne (en hebreo *basar*, en griego *sarx*) y espíritu (en hebreo *ruah*, en griego *pneuma*) tienen que ser entendidos desde el pensamiento bíblico hebreo y no desde la dicotomía típica del planteamiento platónico. Es decir, no se trata de una parte del ser humano, sino de todo el ser humano en unas manifestaciones concretas[47]. Por eso, dejar que la influencia platónica nos haga creer que los relatos neotestamentarios desprecian el placer y todo lo que signifique complacer la dimensión corpórea es no haber entendido el mensaje que se quiere transmitir. La espiritualidad cristiana no tiene que ser origen de dolor, de sacrificio y de sufrimiento para liberar al "alma".

En las comidas y en las bebidas

Al contrario, creo que la propuesta de Jesús de Nazaret supone vivir a plenitud la existencia, amar e ir contra todas aquellas manifestaciones que quieran someter al ser humano, construir espacios sociales y culturales en los que vivamos dignamente. En Jesús declaramos que Dios asume la humanidad por completo, con lo cual se elimina cualquier afirmación religiosa que busque despreciar la condición humana.

El teólogo José María Castillo lo dice en estos términos: "Sin duda alguna, las comunidades primitivas comprendieron muy bien que el camino de Jesús no era el camino de la

47 Me gusta entender *sarx*, en el sentido bíblico, como todo el ser humano proclive a acciones que lo destruyen, y *pneuma*, en el sentido bíblico, como todo el ser humano abierto a la acción de Dios.

ascética sino el de la alegría y el gozo de la fiesta compartida, la fiesta de la vida que es una boda"[48]. Es decir, el cristianismo es la praxis del gozo. Tendríamos que buscar en la historia por qué terminó siendo una experiencia que ha hecho del sacrificio y del dolor su característica especial, ya que eso no solo contradice la biografía de Jesús, sino a la vez se vuelve inaceptable para el ser humano que habita este planeta en pleno siglo XXI.

De hecho, cuando se va al origen, que sin duda es la experiencia de las comunidades que están detrás de los evangelios, lo que se encuentra es una invitación a vivir la existencia a plenitud y hacer posible que todos los demás puedan hacerlo. El Jesús histórico es el Señor de las comidas y de las bebidas (Mateo 11, 16-19). Es el que está celebrando su quehacer constantemente, porque lo entiende como un don del Padre Dios y se vuelve su tarea ayudar a que todos puedan celebrarla plenamente.

Estoy convencido de que el objetivo fundamental del cristianismo —y creo que también de toda espiritualidad— es hacer que todos los que lo practiquen sean felices y disfruten de la existencia con alegría y responsabilidad.

Vencer todas las situaciones difíciles que se puedan generar en cada jornada es pilar de alegría, sin que eso signifique que

48 Castillo, J. M. *Espiritualidad para insatisfechos.* Madrid: Editorial Trotta, 2007, p. 37.

no debamos asumir los dolores y las tristezas que también sazonan la existencia.

En esos términos, me gusta entender la salvación como felicidad plena, como alegría infinita. Recuerdo que cuando mi primer sobrino se preparaba para la primera comunión me preguntó, con su pose de filósofo: "Tío, ¿qué es el cielo?". Sonreí y aprovechando su afición por el fútbol, le respondí: "Imagina que tu equipo necesita ganar el último partido para ser campeón y que ya casi se acaba el tiempo de juego y no ha podido anotar. De pronto, faltando un minuto para que se termine el partido, meten un centro y tú cabeceas y haces el gol con el que tu equipo se convierte en campeón. ¿Qué sentirías?". Sus ojos brillaron fulgurantes de alegría y me dijo: "Pues no sé cómo explicarte, pero mucha alegría". Entonces con una sonrisa le aseguré: "El cielo es eso que sientes en ese momento, pero eterno".

Lamento que muchos hayan creído que el cielo es solamente un estado del más allá y se olvidaran de que empieza aquí en cada movimiento cotidiano. Y que estén convencidos de que el único sentido de esta vida es sufrir con estoicismo y ojalá mucho más de lo suficiente para lograr entrar en él. Esta idea hace sospechar de todo aquel que sea muy feliz aquí, porque implicaría que está actuando en contra de las lógicas y los valores que lo podrían llevar al cielo. Ese estado de plenitud no tiene sentido sin que nos esforcemos por vivir felices en nuestro diario trasegar.

El sufrimiento lo entendemos desde nuestra condición y estructura antropológica, pero no lo deberíamos buscar como camino de redención, porque no tenemos nada que pagar, sino actuar en conciencia, con inteligencia y libertad, para realizar los objetivos y los planes que nos lleven a concretar nuestro propósito existencial. Por lo tanto, no es cierto que se deba buscar el sufrimiento aquí para ser premiado con la alegría eterna.

Lo que hay es que disfrutar la vida desde los valores del Reino, que coinciden mucho con los énfasis de una vida ética y moral, para poder trascender plenamente a la eternidad.

En el valle de sonrisas

Recuerdo a mi abuela Cleotilde exaltada cuando en alguna reunión espiritual en la que se encontraba rezaban la Salve[49], en la que se manifiesta que la existencia humana como la conocemos hoy es fruto del destierro del desierto, gritar siempre: "¡Ahhh, pué! Yo no vivo en un valle de lágrimas". La frase la acompañaba con sus hombros que se movían rítmicamente a los gritos de:

"*¡Aunque hay dolores, aquí vivo feliz y contenta!*".

49 Dios te salve, Reina y Madre de misericordia,
vida, dulzura y esperanza nuestra;
Dios te salve.
A Ti clamamos los desterrados hijos de Eva;
a Ti suspiramos, gimiendo y llorando,
en este valle de lágrimas.
Ea, pues, Señora, abogada nuestra,
vuelve a nosotros esos tus ojos misericordiosos,
y después de este destierro muéstranos a Jesús,
fruto bendito de tu vientre.

La idea de la vida como un destierro es una clara alusión a los mitos platónicos en los que el alma ha abandonado el mundo de las ideas para quedar encarcelada en el mundo de las cosas. Es también desde ahí que se ha intentado comprender la narración del pecado de Adán. Mi abuela no sabía eso, pues no había estudiado Antropología Filosófica ni Teología, pero aun así era un tema que no resonaba con su manera de entender la espiritualidad. Cuando revisamos ese relato de forma crítica desde las características literarias y teológicas, nos damos cuenta de que esta visión tampoco tiene nada que ver con las afirmaciones teológicas de la reflexión hebrea, que es la base del pensamiento cristiano.

Todo esto me hizo tener claro un criterio de discernimiento frente a las posiciones espirituales que me ofrecen: que, si no generan alegría en mi corazón, si no me invitan a vivir la vida desde el gozo y el júbilo, no son la fe que quiero confesar y practicar. Es importante entender que la alegría no es vivir de risas y aplausos todo el día, es tener la sensación de que se está disfrutando lo que se vive. Ya existen bastantes situaciones adversas y fuentes de sufrimiento en la vida diaria como para agregar a ellas una más.

Estoy seguro de que sería otra la reacción de las personas al mensaje cristiano si hicieran hincapié en mostrar que, cuando hacen esas comparaciones entre el cielo y la vida terrenal, la hacen para dejar claro que el cielo es un estado de mayor alegría y felicidad que toda la que estemos viviendo diariamente. En lugar de ser una contraposición, es una manera de mostrar que allá se confiesa la plenitud de todo lo bueno que se goza aquí.

En otear la cotidianidad

Cuando estoy en aprietos en mi vida, recuerdo la frase que un compañero de seminario siempre decía cuando estábamos en situaciones adversas: "¡Por esto celebraremos mañana!". Y sí, siempre es así. Esto es consecuencia de creer que la vida es un todo y no solamente la suma de partes. Hay un sentido mayor que a diario tenemos que descubrir, y eso solo es posible desde la experiencia espiritual. Siempre que estoy sufriendo por cualquier motivo, busco la manera de tener una mirada que pase por encima de la realidad. Trato siempre de no quedarme con el miedo y el dolor que me produce la adversidad que estoy viviendo.

Tengo un recuerdo muy claro. Mi padre estaba viajando, pues necesitábamos los recursos que ese viaje produciría, y yo a los 17 años me encontraba frente a una dura experiencia: tenían que operar a mi mamá, debían hacerle una histerectomía y tuve que organizar todo con mis hermanos. Estábamos los ocho solos frente al dolor y el miedo del diagnóstico. Todo fue tenso y duro. Recuerdo cuando recibí a mi madre al salir del quirófano y las dificultades que trajo esa noche. Sin embargo, lo que nunca olvidaré fue cuando recibí el resultado de la patología. Lo abrí mientras iba de camino a la clínica y vi que decía negativo. Lloré y lloré porque, desde mi nula experiencia en medicina, creí que eso significaba que ella tenía cáncer. Cerré el sobre y las lágrimas seguían saliendo, expresando con cada gota el dolor de mi corazón. Al final, entenderás la alegría que sentí cuando el médico nos felicitó por el buen resultado de la patología. Ese día aprendí no solo la necesidad de estar bien informado, sino también de tener una supramirada de la vida. Creo que eso lo da la espiritualidad.

Lo que vivimos en la espiritualidad, en ese silencio profundo que nos lleva a escuchar la voz interior con sus tonos más característicos, en esa contemplación que nos permite encontrar en los contextos vitales señas, rutas, provocaciones para comprendernos, en esos momentos de otear la vida, nos permite descubrir pequeños detalles que en realidad son inmensos mares en los que podemos encontrar sentido y razones para vivir.

Eso genera aquella emoción de bienestar que llamamos alegría y que caracteriza el estado de felicidad con el que se vive. Esa emoción que se expresa en sonrisas, en gritos de júbilo, en abrazos con aquellos que están a nuestro lado y que es una gran motivación para vivir con el más fiel compromiso cada una de las opciones que tenemos.

El contacto con lo sublime provoca deseos de seguir adelante en las situaciones diarias con fuerza y dedicación. Trascender empuja al ser humano a comprometerse con la actividad diaria, y lo hace desde la alegría que quiere ser constante en la búsqueda de esas acciones. No aliena ni distrae, sino que permite que se asuma con mayor atención y dedicación cada situación, porque se descubre en ella un posible fundamento de felicidad. Es por eso que el espacio en el que se debe dar el ejercicio espiritual es la cotidianidad. No es en otra dimensión, sino en la cotidianidad pensada, reflexionada, orada y trascendida.

Otear la existencia nos hace conscientes de que la cotidianidad es dinámica y que todos los días estamos construyéndonos, a través de las decisiones, actitudes y acciones que ejecutamos. Esto implica disfrutar cada momento mientras nos orientamos hacia la dirección a la que queremos y buscamos ir, en una dinámica relacional con los demás y con Dios, porque es junto a ellos que el ser humano encuentra la plenitud. No estamos hechos, no estamos terminados, estamos en construcción, y llegar al punto de realización que buscamos depende también de la alegría y la actitud con la que vivamos cada uno de los instantes de nuestra historia. Y eso es lo que descubrimos en nuestro trascender, en la conexión más profunda que tenemos con nuestra esencia.

Cuando tenemos esa certeza en la vivencia espiritual, la vida se llena de los colores de la alegría, no porque esté alcanzando tal o cual objetivo, sino porque tengo la oportunidad de vivir sin haberlo pedido ni merecido.

Al otear la vida entendemos que debemos agradecerlo todo y eso nos hace ser más felices.

En dar gracias por la existencia

Esos momentos de contacto con lo sublime permiten entender que la existencia no es fruto de una decisión personal autónoma, sino que siempre es el resultado de una decisión que toman otros. Otros decidieron que yo existiera. Esto implica que la existencia es un don, un regalo, una bella imposición. Algo que no merecimos, pero recibimos. No la buscamos, sino que nos encontró. No nos esforzamos por existir, sino que hubo un momento en que, por la acción de otros, aparecimos. Esa conciencia nos lleva a una experiencia de agradecimiento.

Entender la existencia no desde el merecimiento sino desde el agradecimiento le quita el gran peso de tener que andar justificando cada situación para liberarla y hacerla disfrutar, porque cada cosa que sucede es un regalo en sí mismo. Puedes hacer todo lo que quieras, pero nunca podrás justificar que mereces existir. La existencia te fue dada sin ninguna razón que tú puedas sostener. Las razones están en el amor de otros, en la decisión de placer de otros.

Se trata de entender que el sentido de la vida no es justificar en cada acción que merecemos existir, que todo sacrificio tiene sentido en función de gozar aquí —en esta dimensión— el don dado. El propósito de la vida, como ya insistimos en el capítulo anterior, se debe encontrar en responder con alegría a ese don recibido y vivido. La vocación fundamental es vivir plenamente, con alegría y gozo en la realización del propósito que nos hemos planteado.

Muchas de las personas que sufren y viven amargadas cada jornada de su historia es porque están seguras de que la vida les debe mucho, que no han recibido todo lo que merecen y que el universo se ha confabulado para no darles el reconocimiento que requieren.

No niego que trabajamos mucho para ganarnos bastante de lo que tenemos y con lo que satisfacemos nuestras necesidades, ni olvido que debemos hacer lo posible para que nuestros derechos fundamentales sean satisfechos, pero considero que lo que permite la experiencia espiritual es que descubramos el poder de la gratitud.

Poder que se activa cuando reconocemos que la existencia misma es un regalo por el que podemos dar gracias todos los días.

Vivir desde la gratitud permite una vida más plena y serena. Enfocarnos en lo bueno y positivo que pasa en la vida diaria genera una armonía interior, descubrir que tenemos muchas herramientas para vivir y que detrás de ese don siempre hay un donante, alguien que trasciende lo inmediato.

En el camino hacia la felicidad

Entendí lo que es la felicidad cuando conocí a hombres y mujeres que no sonreían siempre, pero gozaban la vida. No era la emoción de un logro conseguido, sino la decisión de vivir con la mejor actitud. Vienen a mi memoria tantos humanos felices, aun en medio de las vicisitudes de la existencia. Por ejemplo, esos curas que me formaron y cuya fuente de vida no era el hedonismo, pero que gozaban al saber que la vida tenía sentido. En sus sonrisas, en sus palabras, en sus lágrimas y en sus relaciones estaba siempre presente esa actitud llamada felicidad.

Estoy seguro de que la alegría es una de las características de la felicidad. No es la única, ni la determinante, pero sí influye en esa actitud de vida que permite encontrar bienestar en las experiencias diarias y entender que siempre se pueden resolver los conflictos y problemas que se tienen. La espiritualidad nos permite encontrarle un sentido a la vida y en esa medida nos da mucha alegría, pero sobre todo nos permite entender la felicidad, porque lo importante de la alegría es que sea un condimento de la vida feliz, que pueda agregarle sabores que nos ayuden a distinguir cada experiencia. También que nos motive a seguir buscándola, cuando no esté presente de manera explícita.

Estoy seguro de que ser feliz va mucho más allá de estar siempre alegre, pero sé que la alegría como una emoción constante en la vida nos prepara para entender que no estamos cargando la existencia sino disfrutándola. Jennifer Moss, en su artículo “La felicidad no es la ausencia de sentimientos negativos”, cita a la investigadora posdoctoral en psicología social Vanessa Buote y nos recuerda:

> Un concepto erróneo de la felicidad es pensar que consiste en estar alegres, de buen humor y contentos todo el tiempo, siempre con una sonrisa en la cara. No es así; ser feliz y llevar una vida plena consiste en asumir lo bueno y lo malo, en aprender a reformular lo malo[50].

Creo que desde la experiencia espiritual entendemos que no podemos estar alegres todo el tiempo, pero que aun así podemos ser felices. La espiritualidad es fuente de alegría porque nos permite entender la fuerza renovadora y sanadora de esta emoción. A la vez, porque nos hace descubrir que la felicidad es una manera de estar, de viajar, de relacionarse con otros, de ser.

50 Moss, J., La felicidad no es la ausencia de sentimientos negativos, en *Felicidad*. Barcelona: Reverte-Management, 2018, p. 9.

> Algunas veces tendemos a ver el "ser felices" como el objetivo final, pero nos olvidamos de que lo realmente importante es el viaje; descubrir qué nos hace felices y comprometernos con esas actividades de forma habitual nos ayudará a llevar una vida más satisfactoria[51].

La alegría de la espiritualidad nos lanza a entender que la felicidad no es la consecución de unos deseos, sino el sentido de la vida misma. La alegría que ocasiona el encuentro con nuestra esencia y trascender a lo inmediato y material no es un gozo por conseguir algo sino por entender que la vida tiene un valor inmenso y que nos la dieron gratis.

En este sentido, la experiencia espiritual permite que cada ser humano entienda que la felicidad es un derecho y una obligación: un derecho en cuanto a que es una garantía para vivir la existencia de manera consciente a partir de unas categorías muy concretas de bienestar, satisfacción y gestión emocional; una obligación, porque nadie en su sano juicio optaría por algo diferente a buscar ese estado de armonía que permite tener una salud integral. No hay otra forma de existir que no parta de ser feliz, tomar las decisiones acertadas y gestionar actitudes que nos permitan vivir así. La felicidad no es una meta o un punto de llegada, es un camino por el que viajamos cada día, por el que somos, estamos y nos relacionamos con los demás.

51 *Ibíd.*, p. 11.

Al trascender

Creo firmemente que el ejercicio espiritual permite que los seres humanos descubramos la vida como un proyecto. Nada en nosotros está completamente hecho y terminado. Todo está en proceso de hacerse desde la dinámica biológica y desde la conciencia que nos permite tomar decisiones y actuar. La vida se experimenta también como una fuerza intensa e inatrapable que impulsa y sacude, lanzándolo todo hacia adelante. Es un dinamismo que no solo empuja, sino que quiere transformarse.

Lograr conectar con la esencia íntima y desde allí trascender permite descubrir la dinámica integral del ser humano, una fuerza intensa expresada en manifestaciones biológicas y mentales que busca un propósito, una meta, un objetivo infinito.

Saber que ese propósito existe, que hay razones que lo justifican, que hay sensaciones que lo aseguran, es ya un motivo de alegría, porque es entender que el paso por el mundo tiene un sentido, un significado, un valor, una dirección, que no se es una casualidad o una realización de las estadísticas probabilísticas, sino que lo sostiene una razón. Y esa razón se encuentra desde la espiritualidad, se construye, se revela o simplemente se apuesta por ella. Eso hace que los actos, por más pequeños que sean, se acerquen o se alejen de ese objetivo último.

Saber que la vida no es una suma irracional de días ni una hilera de jornadas que no conducen a nada genera alegría, porque permite encontrar motivos trascendentales para todas las decisiones y acciones que emprendemos, motivos que no caen del cielo, sino que se encuentran en la comprensión de la propia esencia y de las dinámicas que nos impulsan.

Saber que hay algo más allá de nuestros miedos e intereses, sueños y frustraciones, razones y decepciones llena la vida con la alegría de quien sabe que el futuro trae posibilidades de que todo sea mejor, o por lo menos que sea de otra forma. Es la alegría de saber que todo no termina en este momento, sino que tiene un mañana.

Karen Armstrong, escritora e historiadora de las religiones, nos recuerda que la experiencia espiritual está presente en la condición humana:

> El estudio sobre la historia de la religión me ha mostrado que los seres humanos son animales espirituales. Y se puede decir con razón que el *Homo sapiens* es también *Homo religiosus.* Tan pronto como pudieron ser reconocidos como humanos, varones y mujeres comenzaron a adorar a los dioses; creaban religiones al mismo tiempo que creaban obras de arte. Y lo hacían no solamente para que las fuerzas poderosas les fueran propicias; estas religiones primitivas expresaban la admiración y el misterio que, al parecer, han sido siempre un componente esencial de la experiencia humana de este mundo hermoso, pero aterrador. Al igual que el arte, la religión ha sido un intento de encontrar sentido y valor a la vida[52].

52 Armstrong, K. *Una historia de Dios*. Trad. Ramón Alfonso Díez Aragón. Barcelona: Ediciones Paidós Ibérica, 1995, p. 21.

Es claro que, sin importar el tipo de práctica religiosa —y aun si no se tiene una—, todo ser humano, con mayor o menor frecuencia, se cuestiona por el sentido y el propósito de su vida y toma acciones para realizarlo.

Esa dimensión que llamamos espiritualidad está presente en todas las culturas. En su base está el intento de resolver el misterio de cómo ser humano y se plantean preguntas fundamentales: ¿De dónde vengo y para dónde voy? Son las preguntas por el origen y por el final de la existencia misma, preguntas que permiten una comprensión también del presente y el futuro personal, y una ubicación en el pasado colectivo, en la comunidad a la que pertenecemos. Estoy convencido de que estas respuestas siempre tienen la posibilidad de ser causa de alegría y también de felicidad para el ser humano, porque revelan un itinerario de existencia y una manera de construir la vida diaria.

Al entender los mitos

En el plano de la espiritualidad no religiosa se trata de la constatación de que la vida fluye, viene, es dada y se va, se comunica, se transforma. Esto implica que su sentido total trasciende a la vida misma y está más allá de ella. Es decir, por mucho que todas las investigaciones científicas expliquen el origen de la existencia en sus propios términos, hay una seguridad de que su razón de ser está más allá de los datos, los conceptos y los argumentos.

Esto se expresa en todas esas realidades sublimes que no caben en las categorías de las ciencias exactas. Es aquello que se atisba en la poesía, en la música, en la pintura y en otras expresiones elevadas de la vida cotidiana. Es lo que está en el silencio de la contemplación de la naturaleza o lo frenético de algunos rituales existenciales. Es lo que nos hace comprender que no todo tiene su explicación y su fin aquí.

Toda experiencia religiosa tiene un mito para responder a estas preguntas y, desde allí, trazar un sentido a la vida misma. Estas aproximaciones míticas siempre son una afirmación de que el sentido de la existencia es extrahistórico, es decir que está más allá de la inmediatez en la que vivimos. En cada construcción mitológica se expresan los valores y la originalidad con la que se trata de comprender el misterio de la vida y su relación con Dios.

En el contexto cristiano, que es mi experiencia espiritual, los relatos de la Creación[53] tienen una afirmación contundente: Dios es el creador de todo lo que existe. Si revisamos con detenimiento estas narraciones, encontramos que su intención fundamental no es explicar cómo fue, sino dejar claro que la existencia del universo y del ser humano es una

53 "En el Antiguo Testamento solo encontramos dos declaraciones explícitamente teológicas sobre la Creación, en forma de complejos literarios de una cierta extensión: Las historias de la creación del documento sacerdotal (Génesis 1, 1-2,4ª) y en el yahvista (Génesis 2, 4b-25). Entre ellas existe la diversidad mayor que se puede imaginar, tanto en el lenguaje como en su mentalidad y en sus concepciones". Von Rad, G. *Teología del Antiguo Testamento I*. Salamanca: Ediciones Sígueme, 1972. p. 189.

decisión de Dios[54]. Es una confesión de fe que no implica una demostración acerca de cómo fue el proceso de creación, de aparición, del universo.

Lo que tenemos ante nuestros ojos cuando leemos la Biblia no es una descripción de un científico histórico, sino la confesión de fe de un creyente que está tratando de entender su propia vida y la historia del pueblo al que pertenece. El teólogo alemán Gerard von Rad lo dice en estos términos:

> [Los textos como los tenemos hoy] deben considerarse con el estadio final de una continua interpretación de la historia primitiva de Israel. Aquí todo está configurado por la fe: la misma combinación de los acontecimientos en un largo camino de salvación no es un relato histórico[55].

Por estos días, mientras escribo este libro, mi sobrino Thiago se prepara para hacer su primera comunión. He conversado con él desde estos ángulos y me encuentro con que entiende perfectamente que estos textos son reales, en cuanto confiesan un sentido especial de la vida desde la relación con Dios, pero que no son descripciones fenomenológicas de lo que realmente sucedió. Entiende que, así como muchos de los

54 "El mundo y cuanto él contiene no encuentran su unidad y cohesión interna en un primer principio de orden cosmológico, como el que buscaban los filósofos jónicos de la naturaleza, sino en la voluntad creadora y absolutamente personal de Yahvé. El mundo tampoco proviene de la lucha creadora entre dos principios mitológicos personificados como ocurre en tantos mitos de la creación". *Ibíd.*, p. 191.

55 *Ibíd.*, p. 27.

textos y crónicas que ha leído en medio del contexto macondiano en el que vivimos, solo quieren enseñarnos una verdad que se escapa a la acción y expresión de los métodos de la ciencia exacta.

Captar esto nos hace ver que no hay ninguna contradicción entre las afirmaciones míticas del Génesis y las explicaciones que da la ciencia, ya que responden a dos intenciones totalmente distintas.

Siguiendo con nuestra búsqueda de por qué la espiritualidad es fuente de alegría, nos damos cuenta de que confesar al ser humano como criatura de Dios lo lleva a una actitud de gratitud hacia la vida y a un compromiso con vivirla de la mejor manera posible para responder a esa decisión creadora.

El "literalismo" y el fundamentalismo con el que se han leído estos textos termina olvidando el mensaje esencial por concentrarse en las afirmaciones tributarias del momento histórico-social y de las comprensiones científicas de ese instante de la historia. Suponen que los relatos son unas descripciones científicas del origen del cosmos o una crónica histórica de lo que hizo Dios, paso a paso, para crear el ser humano y todo lo que lo rodea, cuando en realidad lo que hay es una certeza existencial que invita a descubrir la razón de ser de la vida misma, desde la certeza de que su existencia es una decisión de amor.

Lo que más me gusta de la espiritualidad que se desprende de la comprensión de estos relatos míticos, presentes en el judaísmo y en el cristianismo, es que se entiende el absoluto, a Dios, como un ser personal. Es decir, como alguien con quien se puede establecer una relación. No es un concepto, no es un ente cualquiera, sino un ser con quien nos podemos relacionar, alguien a quien se le descubre como una alteridad. Esa comprensión de ser consciente me emociona y me anima en mi búsqueda personal, porque de alguna manera solo me puedo comprender en mi identidad frente a un tú, y en este caso podría suceder en la eternidad.

El relato usa la antropomorfización para comprenderlo, lo cual es extraño, porque, por ejemplo,

> los hindúes nunca describieron a Brahman como un gran rey porque su Dios no podía ser descrito en esos términos humanos… Más allá de las imágenes mitológicas, sin embargo, en Israel comenzaba a surgir una concepción muy distinta de la realidad última: la experiencia que se tiene de este Dios es un encuentro con una persona[56].

Tanto la espiritualidad no religiosa como la religiosa son fuentes de alegría en la vida de los seres humanos que la practican, porque encuentra la satisfacción —que nunca es absoluta— de obtener respuestas a sus preguntas más agudas e intensas y, a la vez, encuentran caminos y valores que les permiten construir la vida. Y eso es el germen para vivir en y hacia la alegría, el gozo, el júbilo, que son manifestaciones de lo que llamamos felicidad.

56 Armstrong, K., *op. cit.*, p. 71.

Después de la muerte

El tema del final de la vida genera todo tipo de preocupaciones y en algunos casos incluso fobias. En todas las experiencias espirituales se trata de dar una respuesta a esa pregunta fundamental. Se hace también desde relatos míticos y/o narraciones teológicas. Todas buscan llenar de sentido la vida de los seres humanos, es decir, obtienen de ellos una dirección y un significado de lo que están haciendo o deben hacer. Por eso, todos estos escritos tienen que ser interpretados y nunca leídos de manera literal.

La experiencia espiritual aquí es fuente de alegría porque le concede un sentido a la vida que va más allá del límite físico que conocemos como muerte. Le da un sentido a la muerte sabiendo que, si esta no tiene sentido, la vida misma no lo tiene. No vivimos para el absurdo, sino que hay un proceso de transformación, de plenitud, que no podemos explicar científicamente, pero que atisbamos por las distintas dinámicas de la existencia humana.

Algunos amigos ateos pero espirituales me dicen que creen que la vida consciente simplemente termina con la muerte y que luego la energía que somos se transforma y sigue su camino por el cosmos. Que sus experiencias espirituales les hacen entender que el sentido sublime de las cosas es una manera de comprender la existencia, pero nada más. A mí no me alcanza a llenar esa manera de entender el final, pero lo acepto y respeto,

porque creo que lo importante es que cada uno comprenda cómo puede vivir de mejor manera su presente, al tener las hipótesis del final de la vida.

Tú sabes que soy católico y que creo en la resurrección. Creo que hay "algo" más detrás de la muerte. No sé exactamente qué es lo que hay. Tengo claro que todas las explicaciones que se hacen son expresiones simbólicas y míticas de esa realidad que nos desborda en todas nuestras posibilidades de comprensión y entendimiento. Espero que haya vida consciente y que pueda reencontrarme con los seres que he amado y ya se fueron. Vivo para eso, para volver a sentir presente la originalidad de Cleotilde, a mi tío Toño y a mi papá Carlos Alfonso, que son los difuntos más míos que tengo, pero también apuesto a la conversación con otros más. Eso lo creo. Es decir, es una apuesta de vida, no una certeza demostrada en los laboratorios de las ciencias exactas. No es conocimiento, es fe. No tengo la seguridad, sino que vivo como si así fuera, esperando que sea una realidad que estoy seguro desbordará todos mis esquemas de comprensión.

El teólogo Hans Küng lo dice en estos términos:

> ¿Cómo debe uno imaginarse la resucitación? Respuesta: ¡De ninguna manera! "Resucitación" y "resurrección" son términos metafóricos, figurados, tomados del "despertar" y "levantarse" del sueño, solo que en el despertar y levantarse de la muerte no se trata de un retorno al anterior estado de vigilia de la vida cotidiana, sino de una radical transformación a un estado completamente distinto, inusitadamente nuevo, definitivo: la vida eterna. Y ahí no hay nada que imaginar, representar, objetivar. No sería una vida completamente distinta, si pudiéramos representarla con conceptos e imágenes de nuestra vida diaria, algo así como la ampliación y superación de los deseos y anhelos de

> cada día en un cielo de tonos paradisíacos. "Lo que ojo nunca vio, ni oído oyó, ni hombre alguno ha imaginado" (1 Cor 2,9). De nada nos sirven aquí nuestros ojos y oídos, ni nuestra fantasía, que solo pueden extraviarnos. La nueva vida es para nosotros susceptible de esperanza, pero enteramente inaccesible a la intuición y a la representación[57].

Creo que Jesús de Nazaret está vivo, pero entiendo que no está vivo como lo estamos tú y yo, está vivo a la manera de Dios, que es bien distinta a la nuestra. Es un acto de fe. Lo creo. No tengo conocimiento científico de ello, por eso insisto en que es una apuesta. Una apuesta que llena de alegría, ánimo, fuerza y significado en mi vida diaria, mi cotidianidad.

Hans Küng, teólogo suizo, prefiere hablar de

> "resucitación", porque este término sitúa plenamente la acción de Dios en Jesús, solo mediante la acción vivificante de Dios se transforma en actividad viviente, la pasividad mortal de Jesús. Solo en cuanto suscitado (por Dios) es Jesús (el mismo) resucitado[58].

Es decir, es Dios quien actúa en Jesús de Nazaret. Más que centrarnos en la acción de Jesús es descubrir la acción de Dios en él. Es la comunidad que experimenta, vive, confiesa el final último de Jesús como una acción poderosa de Dios que lo hace estar vivo.

57 Küng, H. *¿Vida eterna?* Madrid: Ediciones Cristiandad, 1983, p. 185.

58 Küng, H. *El desafío cristiano.* Madrid: Ediciones Cristiandad. 1982, p. 260.

Tal vez lo que más nos deja claro que es una opción de fe son estas precisas palabras:

> Según la fe neotestamentaria, en la resucitación se trata de una obra de Dios en las dimensiones propias de Dios, por eso no puede tratarse de un hecho histórico en sentido estricto, es decir, de un hecho comprobable con el método experimental de la ciencia histórica. Resucitación no significa un milagro que interrumpe las leyes de la naturaleza, comprobable intramundanamente, ni se refiere a una intervención sobrenatural localizable y "datable" en el espacio y en el tiempo. No pasó nada que pudiera fotografiarse y registrarse. Solo la muerte de Jesús y luego la fe y el mensaje pascual de los discípulos son históricamente comprobables…porque la fe neotestamentaria ve en la resucitación una acción de Dios, se trata de un *acontecimiento real* en el sentido más profundo, y no de un mero acontecimiento ficticio e imaginario; no es que no ha pasado nada, sino que lo acaecido trasciende y desborda los límites de la historia[59].

Es decir, creo que es "real" aunque no pueda ser comprobado por la ciencia. Es real como el amor que siento por tantos y que sigue siendo un misterio sublime. No dudo de que Jesús está vivo, pero sé que lo está en un modo de existir absolutamente nuevo dentro del completamente distinto modo de existir de Dios. Hay vida tras la muerte[60]. Esa es la

59 *Ibíd.*, p. 261.

60 Me gustan estas palabras precisas de Hans Küng: "Indica más bien una vida nueva que rompe las categorías del espacio y del tiempo y se desarrolla en el ámbito invisible, imperecedero, incomprensible de Dios. No es

confesión de mi fe, la que me permite una comprensión espiritual de la vida toda. No hay una definición precisa, científica, contrastada en los tubos de ensayo que la define y la caracteriza plenamente. Celebramos la vida que desborda todas nuestras estructuras de comprensión, pero que se hace presente en nuestra existencia como fuerza personal transformadora.

Entiendo todas las dificultades que este tipo de afirmaciones nos pueden generar a nosotros, que duramente escuchamos y leímos discursos que entendieron estos textos como descripciones exactas de cómo era esa experiencia que llamamos "vida eterna", que creemos que es real, buscamos y confiamos vivir, siempre como una consecuencia de la vida digna que tratamos de tener aquí. Ahora, estoy seguro de que, si queremos seguir afirmando esos relatos como crónicas exactas, como una descripción cartográfica y fenomenológica de esas realidades, habrá cada vez menos gente que pueda confesar estos hechos como verdaderos por las preguntas y contradicciones que les generan en la vida. Pero, además, creo que en la literalidad de estos relatos se pierde la densidad y la maravilla, que es lo cualitativamente nuevo que tiene esa experiencia.

---

simplemente un 'seguir' (viviendo, actuando, caminando), sino algo definitivamente 'nuevo': un nuevo Hombre y un nuevo mundo. Algo que definitivamente interrumpe el retorno del siempre igual 'morir y devenir' de la naturaleza y quiebra el mito característico del pensamiento indio. Estar definitivamente junto a Dios y tener así la vida definitiva: ¡esto es lo que se quiere decir!". Küng, H., *¿Vida eterna?*, p. 192.

Según el presbítero jesuita Roger Lenaers,

> las expresiones teológicas presentes en el Nuevo Testamento sobre el fin de Jesús: "Dios le ha glorificado", "Dios le ha dado nombre sobre todo nombre", o más sencillamente: "Jesús vive", o como se ha dicho gráficamente: "está sentado a la diestra de Dios Padre", lo que indica que se ha vuelto uno con el amor sin límites que es Dios, o bien "se ha cumplido", tras lo pasajero e incompleto que fue su vida, o "vida eterna", si por "eterno" no se entiende "duración sin fin", sino vida con una profundidad sin fin. Se ve, pues, que resurrección es solo uno de los muchos conceptos que usa la Escritura para nombrar lo inconcebible que sucedió en la muerte de Jesús[61].

En este sentido, todas las imágenes que usan los autores para expresar ese dato de fe tienen que ser interpretadas. Me refiero a la tumba vacía, a las apariciones, a la ascensión. No pueden ser entendidas de manera literal, porque eso les quitaría toda la dimensión trascendental y las volvería a ubicar dentro de un espacio y tiempo determinado, que siempre se vive como una limitación. Creo que todas esas imágenes buscan dejar claro que está vivo y que es el primogénito de todos los demás seres humanos (Colosenses 1, 18; Romanos 8, 29). Es decir, lo que decimos de su final glorioso, exaltado por el Padre Dios, esperamos que sea el nuestro.

61 Lenaers, R. *Jesús un hombre como nosotros*. Quito: Editorial Abya Yala, 2020, pp. 132-133.

Dos conceptos fundamentales aquí son el del cielo y el infierno. No se pueden entender como lugares físicos, ni caer en las bellas o tormentosas maneras como el genio literario humano los ha tratado de describir y explicar (por ejemplo, en los escritos del gran Dante Alighieri en su *Divina comedia*), al fin y al cabo, todas son aproximaciones simbólicas. En ambos casos creo que estamos hablando de estados, de maneras de ser: de plenitud total en Dios y de separación total de él. Son maneras de entender el final.

Como he dicho anteriormente, si fuéramos capaces de evidenciar desde la experiencia espiritual el final como un estado de éxtasis y de felicidad absoluta, desde una vida vivida con principios y valores constructivos, con seguridad las prácticas espirituales serían buscadas con mayor ahínco.

La vida feliz después de la muerte solo puede ser consecuencia de las opciones por vivir con felicidad cada una de las acciones de hoy desde opciones profundas y fundamentales.

Una buena espiritualidad religiosa es aquella que te permite vivir la existencia felizmente, que la confesión de fe en un más allá sea criterio para vivir una vida con sentido en el aquí y en el ahora. El compromiso con el cielo se expresa en buscar que este sea, en la cotidianidad, un buen cielo para todos. Creo que esa es la opción de Jesús.

He sido testigo de la efectividad de las sanas experiencias espirituales en aquellos momentos tan difíciles en que la muerte de las personas amadas nos pone frente a los límites de la existencia. No quita el dolor de la pérdida de quienes amamos, pero si nos da fuerza para seguir adelante y armonizar las situaciones en la realización de su proyecto de vida.

Ahora, cada experiencia religiosa tiene su manera de declarar esta certeza y todas son igual de respetables. Por ejemplo, el experto en budismo tibetano, Arnaud Maitland, dice en una entrevista:

> Las enseñanzas del budismo señalan el camino del *dharma*, de lo "verdadero". El objetivo es conocerse uno mismo y la naturaleza de la realidad. Una verdad, por ejemplo, es que nuestro tiempo es limitado: vamos a morir. Si se consigue vivenciar esa verdad mientras se está vivo, la vida puede cobrar mucho más sentido…[62].

No se trata de huirle a la realidad de la muerte, sino de vivirla con toda conciencia, de tal manera que cada acontecimiento recobre un sentido más fuerte.

Claro, a mí me representa la fe católica, pero entiendo las otras posibilidades desde sus autonomías argumentativas y experienciales. Igual lo que quiero es dejar claro que esa respuesta que da la espiritualidad —religiosa o no— al final es motivo de alegría para el ser humano.

De hecho, Matthew Alper, en su libro *Dios está en el cerebro*[63], afirma que la espiritualidad es una función cerebral

62 Entrevista recuperada el 28 de junio del 2022 en https://www.cuerpomente.com/nos-inspiran/no-te-aferres-a-culpa-y-vive-sin-arrepentimiento-arnaud-maitland-entrevista_7971.

63 Alper, M. *Dios está en el cerebro*. Bogotá: Editorial Norma, 2008.

para enfrentar el miedo a la muerte. El ser humano es el único animal que tiene conciencia de su muerte y, para poder vivir con las emociones que esto le genera, la evolución desarrolló la función espiritual, que permite creer que lo que somos interiormente es eterno y trasciende la vida física.

Siempre me ha parecido interesante esta afirmación, pero creo que responde el cómo y el dónde, pero no el porqué, que para mí sigue siendo la presencia de Dios, como alteridad. Es decir, aceptando que sea una función cerebral y que tengan una misión muy concreta, pero eso no significa que no pueda ser la decisión del creador. Que haya una función cerebral que permita la comprensión de Dios no significa exactamente que este no exista.

Al decir adiós a la culpa

Un esfuerzo que hice en el ejercicio de mi ministerio presbiteral fue liberar a las personas de la culpa enfermiza y destructiva a partir de la experiencia espiritual. Estaba convencido de que la culpa genera más acciones dañinas al no permitir que el ser humano se reconozca como un individuo fuerte, válido, capaz y amado. Creo que un buen ejercicio espiritual nos permite entender la culpa no como un ancla y una mancha que destruye la autoestima, sino como una oportunidad para crecer y realizarnos como personas. La espiritualidad es fuente de alegría porque nos permite gestionar de manera adecuada y productiva la culpa.

Una de las emociones básicas del ser humano es la culpa. Es la reacción fisicoquímica que tenemos cuando hacemos daño a alguien, rompemos o creemos romper algunos acuerdos, normas o compromisos con las demás personas. Tiene una función clara y es la de permitirnos reparar y generar aprendizajes sobre lo que no debemos hacer o decir, por las consecuencias que genera. ¿Cómo se relaciona la espiritualidad con esta emoción básica?

En el budismo, el taoísmo y el confucionismo, la moralidad no está sujeta ni se explica a partir de la presencia de culpa. Se entiende que el sufrimiento que ella causa es inútil y genera escisión en el ser en lugar de la unidad del mismo. Cuando se vive desde la actitud de adaptarse a la realidad y no controlarla, las emociones que se promueven son las de la humildad, la moderación y la compasión. De alguna manera cuando no tienes el deseo de controlar no hay una culpa constante, sino una actitud de aceptación de lo que se es. En este sentido el poder que tiene la actitud de aceptar es infinito, ya que da posibilidades para enfrentar y asumir cada situación que se tiene en el diario vivir.

En el contexto judeocristiano la culpa cumple un papel intenso y directo. Muchas situaciones cotidianas de la vida del pueblo bíblico son explicadas a partir del pecado, buscando que se genere culpa, para que esta motive a no volver a fallar[64].

64 Hay que tener presente que ellos comprenden todas las dimensiones de la vida desde su relación con Dios. Entonces, cualquier suceso que acontece, individual o comunitariamente, tiene que ser explicado desde la Alianza que han establecido con Dios. Eso explica que una tragedia nacional como la destrucción de Jerusalén y el Templo por parte del Imperio babilónico (586 a. C.) y el posterior exilio al país de los caldeos sea entendido por la obra deuteronomista como consecuencia del pecado, de la desobediencia de los gobernantes a Dios. Noth, M. *The deuteronomistic history*. UNKNO, 1981.

Con la insistencia en el pecado se fortalece la pedagogía de la culpa.

La vida misma de todos los seres humanos se ha entendido mucho desde la influencia de la culpa. Creo que aquí radica una de las causas de que la espiritualidad cristiana no haya hecho de la alegría su mejor característica y que muchas veces se presente como un obstáculo para una vida feliz.

Hay que vivir con alegría y la espiritualidad tiene que ayudar a que se pueda vivir así. La influencia de la espiritualidad en el manejo de la culpa tiene que ser de liberación y de fuerza para aprender de lo vivido y seguir adelante. El sentido de la vida no es dejar que la culpa sea el motor de nuestras acciones. Eso implicaría una vida triste, angustiante y dependiente.

> *Creo que el principal problema —como en muchos otros casos— nace de una perversa lectura e interpretación de los relatos bíblicos; de un desconocimiento de los géneros literarios*[65]*, de los procesos de elaboración, de los contextos histórico-existenciales en los que se dan los textos.*

Se termina "literalizando" y aferrándose a imágenes, expresiones, situaciones que buscan comunicar un mensaje, eso sumado al sincretismo con otras formas de entender la

65 Hay grandes falencias en la comprensión de conceptos como el de *revelación* e *inspiración*, que son los pernos de los que pende toda la confesión de fe de que estos textos son sagrados, Palabra de Dios, o que en ellos encontramos el sentido salvífico que orienta a los seres humanos en sus relaciones. Aquí la constitución dogmática del Vaticano *II, Dei Verbum*, puede ser muy útil.

realidad que desconocen el sentido original del escrito. Todo esto generando unas comprensiones distorsionadas del significado y del valor que los textos proponen para la vida de cualquier lector, de cualquier época, y que es lo que confesamos nosotros los creyentes como verdad de salvación.

Aquí hay que dejar claro que son los valores sublimes expresados en los textos los que conforman lo que declaramos verdad de salvación y consideramos universal y válida para todos los pueblos que la conozcan y la quieran comprender, valores que están expresados en relatos míticos y, otras veces, en acontecimientos históricos concretos. Pero no podemos quedarnos pegados a las circunstancias y a las maneras literarias e históricas, sino trascender al sentido mismo.

Por ejemplo, muchos se aproximan al relato del pecado de Adán y Eva (Génesis 3) creyendo que se trata de un recuento histórico, cuando hoy se tiene claro que se trata de una construcción mítica. Al creer que es histórico se entiende todo de manera literal y no se capta el mensaje fundamental. Se olvida que allí se está tratando de entender uno de los misterios del actuar humano y no describiendo un acontecimiento histórico fundacional. Lo que mueve este mito es la pregunta por el mal que siempre se hace presente en el acontecer humano. Comprender esa dimensión del actuar del ser humano no es una intención científica sino antropológica.

El contexto en el que sucede continuamente lo que ese relato expone es el corazón del ser humano, es en su interioridad donde él decide enfrentarse a los dinamismos propios de su condición y no un lugar descrito como el deseo más preciado de quien vive en un desierto. Desde niño sospeché que el paraíso no podía tener esas condiciones tan propias de un oasis, cuando para nosotros, los nacidos entre el mar y la Sierra Nevada de Santa Marta, el edén tiene que estar adornado por la arena blanca y salpicado por el agua marina.

El relato tiene rasgos de fábula, ya que hasta un animal toma la palabra para representar esa voz de la interioridad humana que lo invita constantemente a vivir por fuera de los límites que los valores que profesa le generan. Es el ser humano expresado en su integralidad. No son dos seres humanos, distintos e irrepetibles, sino dos maneras de expresar la misma originalidad. Adán y Eva son el ser humano en su expresión masculina y femenina presentes en cada ser humano, sin importar su sexo. Si esto lo tuviéramos claro no se habría culpado a las mujeres de lo que es una decisión de cualquier humano. No pecamos por invitación de la mujer, sino por la decisión que tomamos luego del proceso que se da en nuestro corazón. Eva también me representa a mí que soy varón.

Se busca comprender y expresar esa tendencia de los seres humanos a buscar y hacer lo que les destruye y también daña a los demás, haciéndole sujeto del mal, dejando claro que el mal no es obra de Dios, sino del ejercicio de libertad del ser humano. Es decir, se es proclive a hacer lo que destruye no por una mácula de un predecesor, sino por nuestra propia condición. Debemos ser claros. Dios, el libérrimo como lo entendemos en la fe, solo puede crear al hombre libre y nunca como una marioneta y, al ser libre, este puede actuar en contra de los valores propuestos por el creador.

Al leerse de manera literal el relato, se asume que el inicio de la vida consciente del ser humano es una acción que lo daña y lo saca del espacio armónico e idílico en el que ha sido creado, y que el sentido de la vida es intentar volver a ese estado a partir de decisiones muy concretas. No solo es muy difícil de explicar, sino contraevidente con las experiencias que tenemos a diario los seres humanos, en las que entrecruzamos las decisiones que nos hacen sufrir y las que nos dan placer, en donde destruimos y juntamos, desde nuestras limitaciones, para construir, en aquello que se nos permite descubrir el infinito y toparnos con las paredes de la limitación.

El ser humano no puede entender su existencia desde la falla, la desobediencia y la libertad frente a una voluntad que se impone desde afuera. Ser humano no nace con una culpa injusta que se hereda de quien no conocimos ni sabemos por qué o cómo vivía. Ser humano implica asumir esa constante encrucijada de no saber qué camino seguir ante la bifurcación.

El teólogo José María Castillo lo explica en estos términos:

> El relato del pecado de Adán se ha leído en la Iglesia como un relato histórico y no como lo que realmente es, un relato mítico. Según esta manera de entender el relato, los teólogos le han enseñado (durante siglos) a la gente que Adán fue un hombre al que Dios le concedió dones sobrenaturales (la gracia y la vida divina) y sobrehumanos (la felicidad del paraíso y la inmortalidad). Pero Adán, seducido por la mujer, Eva, desobedeció a Dios, pecó contra él. Lo que le acarreó a él y a todos sus descendientes (la humanidad entera), no solo perder los dones sobrenaturales y los dones sobrehumanos, sino algo peor todavía: el

> pecado de Adán (denominado pecado original) supuso una perversión tal, que por eso la condición humana esta degradada y se ve arrastrada por la concupiscencia a todas las maldades y a todas las desgracias que han convertido este mundo en un auténtico valle de lágrimas[66].

Si se entiende como un relato mítico, no se desprecia la naturaleza humana, ni se ve su inicio en el pecado, sino que se trata de comprender que esa narración es la respuesta que se da a la pregunta por el mal. La respuesta es fuerte y clara: el mal es fruto de la libertad humana. Somos los seres humanos quienes con nuestras decisiones hacemos que la convivencia sea difícil, que encontremos la violencia como respuesta a los conflictos que tenemos, que creamos que eliminar al otro es solucionar las dificultades, que depredemos el planeta y con ello nos hagamos daño a nosotros mismos.

En la caída y el error

No nacemos debiéndole nada a nadie. No somos fruto del error y de la desobediencia de un padre atávico, ni el sentido de la vida es buscar cómo deshumanizarnos. La experiencia espiritual es fuente de alegría, porque nos hace reconciliarnos con nuestra condición, asumirla y entenderla como una oportunidad de crecimiento, de aprendizaje, de placer, de felicidad. No se trata de liberarnos de una mancha del ayer. Se trata de amar y trascender en cada acción.

66 Castillo, *op. cit.*, p.43.

La sana experiencia espiritual nos hace experimentar que, detrás de cada error, hay un aprendizaje. El error, el dolor y la tristeza son maestros de la vida. La culpa no es para que esté constantemente apretándonos sin dejarnos vivir, sino para ayudarnos a comprender las razones y las consecuencias de lo que hicimos, asumir actitudes de no repetición y concentrarnos en seguir realizando el proyecto de vida. Otear la existencia nos ayuda a saber que en esas duras situaciones hubo lecciones que nos permitieron ser quienes somos.

Los momentos del encuentro con lo sublime no son para recalcar la culpa, sino para liberarnos de ella, encontrando el sentido que tiene. Orar, meditar, rezar, contemplar, escuchar música y disfrutar la belleza del arte son ocasiones para vivir intensamente y tomar conciencia de que siempre hay una nueva oportunidad que podemos asumir, con una mejor preparación, por las experiencias de vulnerabilidad que hemos vivido.

Somos Adán y Eva, no para sentirnos deudores, sino para reconocer que somos libres y podemos elegir cómo vivir. No estamos programados ni tenemos un destino preestablecido para seguir. Nadie nos expulsa del paraíso de nuestra propia conciencia. La llevamos a donde vamos y la disfrutamos como una de las grandes posibilidades que tenemos para ser y hacer. Eso lo experimentamos en las acciones espirituales.

No estamos exiliados en la vida, sino que la recibimos como un don que nos precisa unas tareas concretas para ser felices, y en la espiritualidad encontramos herramientas concretas para hacerlas. El silencio, la interiorización, la desconexión con algunas raudas dinámicas de vida, la contemplación, nos permiten entender que la vida está en nuestras manos y que podemos construirla desde los valores y los principios que tenemos, y eso siempre es causal de alegría y regocijo.

La serpiente no está afuera, sino que está adentro, en el corazón. En la mayoría de los lenguajes semíticos, Eva significa serpiente o incluso serpiente hembra. El nombre de la primera mujer de la Biblia conserva vestigios de las creencias animistas antiguas, las cuales le daban facultades como el habla a los animales o las plantas. Cuando el libro del Génesis dice que la serpiente habló con la mujer, en realidad lo que está expresando es el diálogo interior de la mujer. Es ella hablando consigo misma, es su animalidad negando el poder y la autoridad de Dios, pues en el texto bíblico Dios solo se comunica con los humanos[67].

Por tanto, somos la serpiente cuando perdemos la capacidad de trascender, cuando nos dejamos seducir por situaciones que nos llevan a decisiones que ponen en peligro nuestra vida, la estabilidad de nuestras relaciones, la solidaridad con la que necesitamos vivir y que nos hace construir contextos infernales para todos.

En la espiritualidad entendemos que el trabajo no es un castigo por nuestro pecado, sino una oportunidad de seguir participando del proceso creativo que ha iniciado Dios.

67 Harari, Y. N. *Homo Deus*. Bogotá: Debate, 2016, p. 94.

El trabajo como realización de nuestras fuerzas mentales, físicas y emocionales es una oportunidad de plenitud y no precisamente una desgracia. Quien ahonda en su propio interior descubre que en la praxis laboral expresa su singularidad y creatividad. Por eso, el trabajo siempre tiene que ser digno y dignificante.

Hacer de la culpa un motor espiritual no solo es despreciar lo humano y tratar de oponerlo a lo divino, sino desconocer que ella nos paraliza o nos empuja a seguir, desde la esclavitud, a continuar en dinámicas destructivas. Vivir a plenitud la humanidad implica asumir la función de la culpa, pero no exagerarla hasta que nos paralice. Al experimentarla dejamos que nos mueva hacia las correcciones necesarias y nos liberamos de ella en la experiencia espiritual.

En esta línea, la espiritualidad nos ayuda a perder el miedo al error que muchas veces nos paraliza y no nos permite explorar la vida y tener nuevos aprendizajes.

Quien busca la verdad, el crecimiento, la bondad y hacerle el bien a los demás, no puede dejar que el temor a fallar le presente obstáculos insalvables.

Fallar no te hace inferior ni te quita el valor que tienes; al contrario, te permite unas lecciones de vida que son necesarias para la realización de tu propósito.

Por mi formación familiar y académica he tenido dificultades con el error. Soy duro conmigo mismo cuando fallo y algunas veces me cuesta liberarme de sentirme tonto por haberme equivocado en algo simple. Eso tiene dos consecuencias muy claras en mi vida: la disciplina y la prudencia con la que trato de actuar, pero también el temor me ha privado de nuevos conocimientos y aprendizajes por evitar equivocarme. Trascender en momentos espirituales me ha hecho consciente de que el error no es solamente origen de tristezas y dolores, sino que también se comporta como un maestro de vida. Entender que, desde mi fe, Dios no me destruye por mi error, sino que me da siempre nuevas oportunidades, me anima a explorar con conciencia, preparación y esforzándome por no fallar.

En mis nuevas experiencias de vida esto se ha visto catalizado por la presencia de mi pareja que, contrario a lo que yo soy, es exploradora nata y no teme a ningún error, y tiene claro que se tiene que aprender rápidamente para seguir. Esto implica que me abra a experimentar nuevas posibilidades y allí la espiritualidad ha sido un empujón muy grande. Quien sabe que la vida tiene un propósito no tiene miedo a equivocarse, pero, eso sí, se esfuerza por no hacerlo.

En esa medida la espiritualidad es fuente de alegría porque permite vivir con la opción y la actitud de ser felices, aun a pesar de todas las dificultades que se presenten y ocasionen nuestros errores.

En la cotidianidad

La espiritualidad no garantiza que siempre estemos riendo, pero sí que seamos capaces de encontrarle el sentido a la hilera de decisiones y acciones que tenemos a diario. No nos permite creer que todo está bien, pero sí que tenemos las fuerzas, habilidades y capacidades para lograrlo.

Esto nos conecta con lo que considero más característico de la acción espiritual y es la capacidad de actuar rectamente, desde nuestra conciencia, desde los valores y principios que hemos definido como los nuestros. Fallar no es lo fundamental, lo fundamental es dejarnos impulsar por lo que creemos. Esto implica entender que:

la espiritualidad no está determinada por si creemos o no en Dios, por si confesamos o no una religión, por si asistimos o no a un grupo confesional, sino por la conciencia de quiénes somos, qué queremos, cómo queremos lograrlo y con quiénes queremos estar acompañados en el camino hacia ese objetivo.

Se trata de descubrir con qué tenemos que alinear nuestras palabras, actitudes y acciones.

Tengo que decir que esta experiencia de conciencia la he tenido gracias a los momentos espirituales que he vivido en mis experiencias confesionales. Fueron los diálogos con mi abuela Cleotilde, las preguntas que surgían de los libros que leía de niño, las ocurrencias que se me iban dando en la comprensión de la cotidianidad, pero sobre todo el momento especial de encuentro, en una experiencia de oración con Jesús de Nazaret, lo que me permitió poco a poco tomar conciencia de lo que soy y quiero ser. Esa misma experiencia la han tenido otros en diferentes espacios, tan válidos y legítimos como los míos.

Luego, los estudios filosóficos y teológicos —en especial los estudios bíblicos— me permitieron comprender que a Dios solo se le encuentra en la cotidianidad, en la única vida que hay, la ordinaria; en los descansos, en los paseos, en los bailes, en las lecturas de todo tipo y en las preguntas misteriosas que nos atrapan en los momentos menos esperados. Dios acontece en la historia, a veces, sin que nos demos cuenta de que es Dios. Acontece como amor que ilumina y da sentido a la vida. Acontece como lucidez en los hilos que juntan momentos que parecen muy diferentes unos de otros. Acontece en las relaciones que extasían y permiten amar en medio de la conciencia de la limitación que somos.

Soy feliz de tener una fe religiosa y trato con mi vida y mis palabras de provocar en otros esa experiencia, porque para mí es motivo de una alegría profunda que me hace vivir a plenitud, pero no quiero imponérsela a nadie y tengo claro que otros encuentran esas experiencias espirituales en espacios que no son religiosos, como los ha definido la sociedad, pero que sí son religiosos en cuanto a que son sagrados, porque en ellos se encuentran en su interior con quien es su creador, aunque, a veces, no lo sepan.

Por eso la espiritualidad abarca la vida toda. Ninguna dimensión se escapa a ella. Ilumina todos los entresijos de nuestra existencia, fortalece todos los músculos físicos, emocionales y mentales de nuestro ser.

No hay espacios para la espiritualidad.
La vida es el espacio de la espiritualidad.

No tengo que evadirme para trascender, sino, al contrario, tengo que encontrarme en lo profundo de mi ser para hacerlo.

Por todo eso la espiritualidad es fuente de alegría, porque le da sentido a la vida toda. No se queda en los límites de cada dimensión, sino que los junta para recordarnos que somos uno solo. Sin ninguna vergüenza ni miedo de serlo. Me gusta la imagen de una espiritualidad que pinta del intenso y deslumbrante color de la alegría todo lo que somos y hacemos. No podemos dejar que haya espacios vedados para la alegría de la espiritualidad. Todo lo humano es el espacio de la espiritualidad. Al fin y al cabo, la única conciencia directa que tenemos es sobre lo humano.

Vivo una espiritualidad que me hace libre, porque me hace entender que mi destino lo estoy construyendo con lo que decido y hago, que nadie lo ha planeado por mí, que no soy un actor que tiene que realizar lo que otro pensó y escribió, que no necesito consuetas que me soplen lo que debo hacer, sino que, desde la propia autonomía y en la comprensión de lo que quiero y me conviene, vivo.

No sé si a ti te pasa lo mismo, pero para mí eso también es razón de júbilo. Soy libre y eso me hace alegre. Libre en medio de mis limitaciones, pero libre. Nadie decide por mí cómo debo vivir y eso me hace temblar de emoción y me impulsa a vivir de una manera concreta. En mi caso, desde lo que comprendo de la vida de Jesús de Nazaret, nadie puede evitar que decida actuar movido por el amor, el perdón y el servicio, aunque eso cueste dolor y tristezas. Al fin y al cabo, el final de quienes viven así siempre será unirse al que es el amor y vivir plenos en él.

Todavía hoy algunos me enrostran que haya dicho que dejaba de ejercer el ministerio presbiteral porque me sentía solo. Por ejemplo, un caricaturista se burlaba mostrando a Dios en el cielo preguntándose si con él no bastaba. Lo lamento, porque eso implica que no han entendido la experiencia espiritual. Tengo que decir que fue desde la práctica espiritual que me di cuenta de que no podía seguir viviendo de esa manera, en la que estaba con todos y a la vez con nadie, en la que les interesaba a todos, pero tenía que estar solo en una cama de una clínica porque nadie en concreto estaba interesado en mí.

Fue la presencia de Dios la que me impulsó a entender que siempre tenemos que estar con otros, conectados con ellos, interesados e importándoles a los demás. Eso implica una conexión que solo da la espiritualidad, porque trasciende el contacto físico y las disposiciones del placer humano. No es cierto que a Dios solo se le encuentra en el silencio; a veces, está gritando con los que gritan reclamando mejores situaciones y solo un ser espiritual lo podrá comprender.

¡Imagínate si eso no me va a llenar de alegría! Saberme empujado por Jesús de Nazaret a vivir con los otros en la celebración constante de la vida y en el trabajo, porque los otros tengan las mejores condiciones de vida para existir. Amar implica siempre hacer que el otro exista dignamente.

Ser espiritual significa ser un militante de la praxis del amor que se concreta en que nadie se sienta marginado, discriminado, empobrecido.

José María Castillo lo dice en estos términos: "Tener fe es dedicar la vida a hacer más soportable la existencia de los que más sufren y, en general, de todos los que tienen la vida amenazada, limitada, empobrecida o atropellada, por el motivo que sea"[68]. Estoy seguro de que vivir para buscar que los otros sean felices no solo debe generar mucha alegría en el corazón de quien lo ha decidido así, sino que a la vez debe ser más duro y difícil que cumplir todas las leyes religiosas que nos proponen.

Todas las veces que hablo con mis sobrinos y sobrinas, en especial con Thiago, trato de hacerle comprender que la espiritualidad le puede ayudar a ser más feliz porque no le limitará sus posibilidades, sino que las ampliará; que no le quitará ni le negará el placer, sino que le dará mucho sentido; que no lo hará quedarse quieto, sino que lo impulsará a encontrar a Dios en el mundo; que no lo circunscribirá al lugar sagrado del templo sino que le mostrará que todo lo que sus pies pisen es sagrado, porque su vida está presente allí.

68 Castillo, *op. cit.*, p.102.

La espiritualidad y el mal

Un grupo inmenso de personas corría despavorida hacia la carrera 23 en Santa Marta. Nosotros vivíamos en la calle 12, entre la 21 y la 22, así que la puerta de nuestra casa se convirtió en espectadora impávida de esa angustiosa peregrinación. Yo, a pesar de estar tan cerca del tumulto, no entendía su origen. Era una multitud afanosa y asombrada, pero especialmente miedosa, que irracionalmente se dirigía a la fuente de lo que yo suponía debía ser una desgracia.

Mi abuela, Cleotilde, se llenó de valor para explicarme lo sucedido. La ciudad se encontraba en medio de una batalla entre dos familias guajiras que habían jurado acabar la una con la otra, y lo estaban cumpliendo a cabalidad. Acababan de asesinar a cuatro hombres de una de estas familias, allí a metros de mi casa, en la desembocadura de la carrera 23 con la Avenida del Libertador. Los esperaron y los masacraron. Lo que yo imaginaba de la escena, que por fortuna no presencié, se vio alimentado por las narraciones de las vecinas que estaban plagadas de adjetivos y descripciones minuciosas acerca de cómo habían quedado los cadáveres. Aun sin haberlas visto, el recuento de esas imágenes lo recuerdo aún hoy de manera tan vívida como la convulsión que causó ese suceso en el barrio.

Esa fue la primera vez en mi vida que tomé conciencia del impacto arrasador que tenía la violencia ejercida entre humanos. Solo atiné a preguntarle a mi abuela: "¿Por qué?". Ella, acostumbrada a responder con frases sazonadas con la gracia propia de los nacidos en el Caribe, esa vez solo dijo: "Son personas malas que dejaron que el mal en su corazón se hiciera violencia". Asustado, inconforme con su respuesta, grité: "¡Pero... ¿por qué? ¿Por qué tenían eso en su corazón?!". Ella me abrazó como queriéndome responder con el lenguaje de la ternura y no musitó una sola palabra más. Aún insatisfecho con su reacción me dejé abrazar para calmarme un poco, mientras la oí decir: "Que la vida nos vea con ojos de piedad".

Recuerdo que esa noche hicimos un momento de oración en busca de consuelo y serenidad en la espiritualidad, por todo el sobresalto que causó esa dolorosa situación que yo no alcanzaba a comprender muy bien. Lo que sí vislumbré y viví es que la espiritualidad puede ser una herramienta fundamental para enfrentar las emociones turbulentas que ocasiona el mal en nuestra existencia humana.

Nació ahí mi recurrente pregunta por el mal, que es parte de mis reflexiones personales y de las lecturas teológicas que he realizado. Las primeras respuestas las encontré en la tragedia griega, donde:

> La concepción del mundo y de la vida humana pende en ellos —los trágicos— de un orden común que se asienta en leyes dadas por los dioses y por cuyo cumplimiento velan ellos mismos. La trasgresión de estas leyes es castigada implacablemente,

> por ellos, en una secreta conducción de los destinos humanos, a través de las Moiras… el mal en el mundo tiene siempre su origen en la acción del hombre[69].

¿Por qué Dios permite el mal?

Siempre se ha establecido una relación entre la experiencia del mal y la experiencia espiritual y religiosa. Se recurre a la esfera de lo metafísico para entender las razones de su presencia en nuestra vida y también para comprender cómo enfrentarlo y seguir adelante. De alguna manera el ser humano experimenta que el mal lo desborda y no lo puede controlar.

Desde mi experiencia espiritual y el estudio teológico creo que el mal debe entenderse desde las acciones humanas. Los griegos tenían razón, es en el ámbito de las decisiones y en los actos ejecutados por los hombres en los que el mal tiene una explicación, solo que no se trata de un contraste entre lo que somos como individuos contra la voluntad de los dioses, sino del sentido y el significado que esas acciones tienen en la realidad humana. El mal no existe por una razón externa, sino por la manera como el ser humano asume y le da sentido a su proyecto de vida en relación con los demás. El mal es consecuencia de la decisión del ser humano de dañar al otro. "Es el resultado necesario de la dialéctica, de la voluntad humana, tratando de superar sus

69 Carmona, A. O. El mal y el hado en la tragedia griega. *Helmántica: Revista de filología clásica y hebrea*, 1985;36(110):211-224, p. 215.

errores y equivocaciones a lo largo de un proceso histórico de avances y caídas"[70].

Para una persona atea esto no causa ningún conflicto, porque cree que todo debe explicarse desde las acciones humanas en el aquí y el ahora de la historia. Para los creyentes, la experiencia del mal ha generado siempre muchos problemas a la hora de comprender su existencia. Genera preguntas cómo: ¿Dios ocasiona el mal? ¿Dios permite el mal? ¿Cómo entender la acción de Dios en medio de las situaciones monstruosas de la humanidad, por ejemplo, el Holocausto durante la Segunda Guerra Mundial?

El tema no es fácil de resolver y ha generado muchas páginas teológicas e intentos por entender esa relación. Para mí, la explicación del mal es que siempre ha pertenecido a la esfera humana. El ser humano es libre y Dios, que es libérrimo, respeta esa libertad y las acciones que él genere con ella.

Dios no puede evitar el mal sin perder sus atributos de Dios creador de seres libres y responsables.

Esto se puede entender mejor cuando asumimos que la creación es relativamente autónoma, es decir, depende de Dios, quien le ha dado el ser y la sostiene en la existencia, pero ella funciona desde sus propias leyes y dinámicas. En el Concilio Vaticano II, la constitución pastoral *Gaudium et Spes* expone la autonomía relativa de la creación en estos términos:

70 De Plaza Arteaga, H. Nota: Carlos Bravo L., SJ y su presentación del problema del mal. *Theologica Xaveriana*, 1993:108.

> Si por autonomía de la realidad se quiere decir que las cosas creadas y la sociedad misma gozan de propias leyes y valores, que el hombre ha de descubrir, emplear y ordenar poco a poco, es absolutamente legítima esta exigencia de autonomía. No es solo que la reclamen imperiosamente los hombres de nuestro tiempo. Es que además responde a la voluntad del Creador, pues, por la propia naturaleza de la creación, todas las cosas están dotadas de consistencia, verdad y bondad propias y de un propio orden regulado, que el hombre debe respetar con el reconocimiento de la metodología particular de cada ciencia o arte. Por ello, la investigación metódica en todos los campos del saber, si está realizada de una forma auténticamente científica y conforme a las normas morales, nunca será en realidad contraria a la fe, porque las realidades profanas y las de la fe tienen su origen en un mismo Dios[71].

Es decir, el mal pertenece a esa autonomía relativa de la creación y es una consecuencia de la libertad humana ejercida desde la conciencia y los valores de vida. Es la relación entre la creencia en Dios y la libertad. Los humanos no son marionetas que Dios dirige a su antojo, sino seres libres que deciden qué y cómo vivir[72].

71 Constitución pastoral *Gaudium et Spes* N.º 36, consultada el 6 de julio del 2022 en https://www.vatican.va/archive/hist_councils/ii_vatican_council/documents/vat-ii_const_19651207_gaudium-et-spes_sp.html.

72 Surgen algunos temas que no son centrales en nuestro ensayo, pero que son importantes para los creyentes: voluntad de Dios, sentido de la oración, destino, etc. Todos tienen que ser reflexionados y comprendidos desde la condición humana y la decisión de Dios de hacer una realidad relativamente autónoma.

En este sentido, Dios no puede evitar el mal, porque esto implicaría hacerle perder a su creación su propia autonomía. La bondad de Dios no se manifiesta en función del mal, sino en la decisión amorosa de crear una realidad relativamente autónoma[73], y en especial un ser humano libre. El mal es una realidad que pertenece al espacio de las criaturas y no puede entenderse fuera de esta condición.

Es la manera como desde la teología entiendo el silencio de Dios en tantas situaciones en las que esperaríamos que su acción evitara la maldad y el sufrimiento de los seres humanos. Si actúa, si rompe las leyes naturales, si violenta la libertad humana, estaría negando su propio ser libérrimo que respeta la libertad. Si actúa, estaría volviendo al ser humano una marioneta, y creo que la vida de una marioneta no tiene sentido consciente.

Este tipo de comprensiones me permitieron entender que el sentido de mi existencia es mi responsabilidad y es fruto de las decisiones que yo tomo. No puedo culpar a otro de las consecuencias de mis propias afirmaciones o negaciones. A la vez me ayuda a comprender que no lo puedo controlar todo, porque, así como mis decisiones impactan la vida de los demás, las de ellos también afectan la mía. Eso hace que seamos capaces de establecer unos principios éticos que nos permitan convivir con los menores daños posibles a nosotros mismos y al planeta, que es la casa común en la que vivimos todos.

73 Relativamente autónoma, entendiendo que no se explica a sí misma, siempre tiene que trascenderse, siempre depende del haber sido creada por Dios. Siempre la entendemos desde el cristal de haber sigo generada por Él.

Hoy, cuando vuelvo a recordar la escena de los asesinados cerca de mi casa en esa guerra fratricida, entiendo que Dios no es responsable de la violencia que el ser humano es capaz de producir y ejercer. La explicación de esos asesinatos no trasciende el campo de las decisiones humanas tomadas desde unos valores y unas dinámicas culturales que ven en la venganza una manera de hacer justicia y que creen que la sangre se paga con sangre. Esa historia terminó muy mal y fue para mí siempre un ejemplo de hasta donde podía llegar la negación del ser humano a valorar al otro como alguien que merece el mismo respeto que el que se pide para uno mismo.

¿Por qué Dios permite el sufrimiento?

Lo que he aprendido y vivido es que la experiencia espiritual tiene que hacerme más dueño de mi propio destino, de los valores con los que elijo vivir y del tipo de relaciones que establezco con los que están a mi lado. La conexión con mi esencia, que me lleva a trascender y a otear la vida, me debe permitir entender que es la actitud con la que he decidido enfrentar la vida la que define el éxito o el fracaso de la misma. Los momentos espirituales son ocasión para asumir todas las características de la condición humana y una de ellas es ser libre y responsable de lo que quiero con mi existencia.

Ahora, el mal siempre ocasiona sufrimiento. Por eso, la pregunta por el misterio del mal nos lleva a proponer maneras de enfrentar el sufrimiento cotidiano. Es decir, la pregunta por el mal no es simplemente una curiosidad racional o académica, sino la intención de asumir una realidad constante en la existencia humana. ¿Cómo asumimos desde la espiritualidad el sufrimiento? ¿Cuáles son las actitudes espirituales para enfrentar el dolor, la tristeza y la frustración? ¿Cómo se entiende desde la experiencia de fe el sufrimiento?

Mi primera gran experiencia de sufrimiento, en la que tuve muchas dudas acerca de lo que me habían enseñado sobre Dios, fue cuando murió mi abuela Cleotilde. Era una mujer joven, tenía menos años de los que yo tengo hoy. No podía entender que Dios, omnipotente, omnisciente, omnipresente, permitiera que alguien tan bueno y lleno de cualidades muriera así. No me satisfacían las respuestas que escuchaba de que Dios siempre sabe qué es lo mejor para los seres humanos, que Dios se la había llevado por amor y que él nos quitaría el dolor. No entendía un Dios que es amor y que me hace sufrir.

Afortunadamente era un niño y la cotidianidad, con sus sucesivas lecciones, juegos y descubrimientos, aplacó la herida profunda en mi corazón creyente, que solo encontró respuestas en las sillas del viejo Colegio Máximo, en donde la Universidad Javeriana tenía sus facultades eclesiásticas. Fue allí, durante la formación teológica, donde volví a preguntarme sobre la relación entre Dios y el sufrimiento.

Hoy tengo claro que Dios no quiso que Cleotilde muriera. La muerte y la enfermedad forman parte de la condición humana. Siempre es posible que nos enfermemos y muramos. Dios no lo puede evitar, porque eso sería quitarnos las características fundamentales de nuestro ser. Su cáncer tenía una explicación en la ciencia y no en la experiencia religiosa, porque "la ciencia estudia hechos, la religión habla de valores, y las dos nunca se encontrarán"[74]. Ella no se enfermó por castigo divino, ni porque estuviera predestinada a esa cruel enfermedad. Se enfermó por sus características genéticas y la manera como ella desarrolló su vida. Al dolor no le podía agregar la decepción por la falta de acción de Dios. Afortunadamente entendí que poner en Dios esas expectativas no solo es negarse al control, sino poner el sentido fuera de nuestras posibilidades y responsabilidad.

Así como entendí que Dios ni había "matado" a Cleotilde ni había permitido su muerte al no querer hacer algo, también entendí que la experiencia espiritual me debía ayudar a asumir todas las dinámicas de mi condición humana y que mi fe en Dios me debía brindar la fuerza para enfrentar esa realidad. Entendí que la fe no era un burladero para impedir que el toro del dolor me corneara más de lo que ya lo había hecho.

La última gran experiencia de sufrimiento que viví fue la muerte de mi papá y la tuve que asumir en un momento más maduro de mi camino espiritual. Debí entender que la explicación a todo su sufrimiento, no solo por el dolor y la incomodidad de la enfermedad, sino porque seguía enamorado y aferrado a la vida, se encontraba en su constitución genética, su manera de vivir, sus opciones de vida, más no en un trascender metafísico.

74 Harari, *op. cit.*, p. 213.

Entenderlo no me quita el dolor, pero me hace comprender que mi responsabilidad es lidiar con él y tratar de superarlo. Es allí donde la espiritualidad como capacidad de trascender es una herramienta que nos debe ayudar a sanar y crecer en la construcción de nuestro proyecto de vida.

Hay que entender el origen del sufrimiento. El ser humano sufre porque es limitado, débil, vulnerable, y porque lo que genera tiene esas mismas características. El hombre no es absoluto, es un ser finito que está expuesto a las afecciones de sus limitaciones. Su sufrimiento no es un castigo divino, ni tiene una explicación mítica, sino que es fruto de su dimensión corporal y su propensión a no acertar plenamente en sus decisiones y acciones. Su estructura física, mental y emocional es la fuente de su sufrimiento. Sufre porque es temporal, envejece y tiene un final en esta historia, porque es de constitución frágil y eso le causa lesiones dolorosas, porque la distancia entre su poder de deseo y su capacidad de consecución es gigante, y eso ocasiona frustraciones, porque sus fuerzas a veces son menores a los desafíos y adversidades y, por eso, sucumbe y es derrotado.

Es decir, Dios no es el que ocasiona el sufrimiento del ser humano, ni mucho menos se abstiene de participar en su vida para que sufra, porque "toda vida creada, y más en concreto, toda forma de vida terrena es limitada. Y esa limitación lleva consigo el enfermar, el envejecer y el morir"[75]. Lo único

75 Castillo, *op. cit.*, p. 23.

absoluto es Dios y todo lo que él pueda crear es limitado, porque si lo creara absoluto estaría creándose a sí mismo. La felicidad no implica no sufrir, sino darle un sentido a esa experiencia dentro de la realización del proyecto de vida.

Si no entendemos el sufrimiento en la esfera de lo humano, sino que lo hacemos depender de fuerzas metafísicas, perdemos el control de la vida y quedamos a expensas de elementos que están por fuera de nuestra voluntad. Esto no solo nos aumenta las posibilidades de sufrimiento, sino que, además, deja sin mucho sentido los esfuerzos diarios que hacemos. Soy dueño de mi destino y está en mí generar las actitudes que me permitan evitar sufrir o que me permitan asumirlo con inteligencia.

Ni siquiera el sufrimiento puede ser controlado por la bondad de nuestras acciones, ya que muchas veces a pesar de todo lo bueno que hacemos nos enfermamos o sufrimos traiciones y agresiones que no merecíamos. La vida esta cundida de experiencias de este tipo, en las que personas que actúan bondadosamente y de acuerdo con los valores más sublimes terminan sufriendo los peores dolores y las situaciones más difíciles. No se puede controlar el sufrimiento, porque además de nuestras propias decisiones,

> el sufrimiento humano (así como el temor a sufrir, el ejemplo de sufrimiento más irritante e insoportable) proviene de la supremacía de la naturaleza, de la caducidad de nuestro propio cuerpo y de la insuficiencia de nuestros métodos para regular las relaciones humanas en la familia, el Estado y la sociedad[76].

76 Bauman, Z. *Tiempos líquidos. Vivir en una época de incertidumbre.* México: Tusquets Editores, 2007, p. 82.

Ese es uno de los grandes cuestionamientos que le hacen, desde la realidad diaria, a la doctrina de la retribución, muy trabajada en el Antiguo Testamento, que podría resumirse en la frase: "Haz el bien y Dios hará que te vaya bien en tu vida; haz el mal y recibirás el castigo de Dios"[77]. En tiempos de Jesús esta doctrina era muy común, lo triste es que sigue estando vigente en la manera de pensar de muchos creyentes en el siglo XXI. Esa doctrina sostiene que las acciones son una manera de asegurar que todo lo que me suceda será bueno para mí y los míos. Es una afirmación contrafáctica, que niegan a diario distintas experiencias.

La pregunta que resuena en la vida de los hombres del Antiguo Testamento y que es bien trabajada en los libros sapienciales es: ¿Por qué sufre el justo? ¿Por qué sufre la gente buena? De hecho, este es el tema de la narración didáctica de Job, un relato lleno de hipérboles para tratar de responder por qué sufre el justo. Y aunque se recurre a imágenes míticas para explicar el mal que sufre el justo, la pregunta sigue trascendiendo e incrustándose en el corazón de todos los que habitamos la tierra en pleno siglo XXI.

Bíblicamente el problema del origen del sufrimiento ha sido enfrentado desde distintas perspectivas. Al principio se creía que Dios era el mismo que hacia el bien y el mal. Al fin y al cabo, es omnipotente. Y que si alguien sufría era porque Dios mismo lo había decidido así. En este contexto se cree, por ejemplo, que el espíritu malo que atormenta a Saúl

77 Es lo que quiere decir Proverbios 28.

—una manera de decir que está enfermo y no puede controlarse— es enviado por Dios (1 Samuel 16, 14-16).

Luego, por la influencia persa aparecen los "seres intermedios" (ángeles y demonios), que no están al inicio de la comprensión teológica judeocristiana. A ellos se le usa para tratar de explicar el origen del mal, haciendo malabares para que estas situaciones no afecten la omnipotencia de Dios y no se determine poniendo a otro ser al mismo nivel de él. Esto no solo traería muchas contradicciones teológicas, sino que eliminaría la responsabilidad del ser humano sobre las acciones malvadas que comete.

No creo que la explicación que recurre a un ser paranormal que ocasiona el mal en medio de la vida de los seres humanos —que es el camino que usa la narración didáctica de Job— sea coherente con el desarrollo del proceso de Revelación de Dios. Endilgarle a un ser metafísico la razón de nuestras acciones malvadas, que ocasionan sufrimiento a otros, es hacer al ser humano irresponsable de sus decisiones y convertirlo en víctima de algo que no puede controlar de forma racional.

Como he dicho, el sufrimiento humano tiene que comprenderse y enfrentarse desde nuestras decisiones y acciones como seres contingentes. En muchas ocasiones somos responsables de nuestro propio sufrimiento y del que padecen los demás; y otras veces no son más que las consecuencias de la corporeidad que somos y que nos hace humanos.

La vida no se define desde la doctrina de la retribución. No creo que hagamos un negocio pueril con Dios de que si nos portamos bien recibiremos recompensas y si nos portamos mal, el castigo. No creo que esa pueda ser la razón por la que tratamos de ser seres éticos y bondadosos. Como he afirmado anteriormente, hacemos el bien porque creemos que es lo mejor para nosotros y los demás, pero eso no nos exonera de enfermarnos, envejecer y morir, o de que eso mismo ocurra con nuestros seres amados. Nuestra bondad no está impulsada por el interés pragmático de querer que nada malo nos suceda, sino por la certeza de que en la medida en que creamos contextos de bondad, solidaridad y amor, se generan mejores posibilidades para que podamos enfrentar las vicisitudes de una forma más asertiva.

Tampoco creo en castigos venidos del más allá, no solo porque eso me dejaría una distorsionada imagen del Dios que se ha revelado como Amor, sino porque implicaría que el sentido de la vida estaría en llevar a cabo actos que pueden ir en contra de nuestro proyecto de vida, para cumplir con unos intereses superiores. Esto le restaría el sentido a nuestra existencia, pues ya no dependería de nuestra libertad, sino de nuestra capacidad de obedecer cosas que muchas veces ni siquiera entendemos.

¿Y el pecado?

Aquí vale la pena entender el concepto de pecado[78] como esas palabras, acciones u omisiones que me causan daño a mí o a otra persona, y en esa medida rompen la relación con Dios. Debe quedar claro que el pecado no es una acción que perjudique a Dios. Creo que el pecado causa sufrimiento por su propia estructura. Son acciones cotidianas que generan maldad. El dolor que causa no es consecuencia de la acción de Dios, sino de la acción desordenada, malintencionada y dañina de los hombres.

Evitar el pecado no busca mantener contento a Dios, sino construir unas relaciones que permitan crecimiento, plenitud, amor y todo aquello que genere un contexto para la realización del ser humano. Cuando hablamos de pecado, hablamos de una realidad que va más allá del delito y del crimen, porque implica a la ética y la moral.

En este sentido, todos los humanos debemos construir una vida desde la decisión consciente de evitar dañar a los demás. Y esa decisión no parte de que tengamos miedo a un castigo, sino porque sabemos que solo así podremos lograr las condiciones idóneas para ser felices. La espiritualidad, al permitirnos conocer el valor sublime de cada ser humano, nos provoca querer actuar con bondad y solidaridad hacia todos los seres con los que compartimos la vida.

78 En hebreo, חָטָא (pecado) es la imagen del arquero que lanza la flecha, pero no da en el blanco, pues la flecha se desvía en el camino. En griego se usa ἀνομια (anomia), que apunta a vivir sin ley, sin normas, desde el desorden de las pasiones.

La espiritualidad nos hace entender que la compasión es el sentimiento humano por excelencia. Cuidar al otro nos hace cada vez más humanos.

¿Cómo vivo ante tanto sufrimiento?

A lo largo del ejercicio ministerial fui testigo de mucho sufrimiento: personas que agonizaban y luego de una bendición morían; padres que perdieron a sus hijos de manera violenta e inexplicable; accidentes que ponían a prueba toda lógica humana; personas empobrecidas que carecían de lo mínimo para vivir, porque alguien desde sus intereses corruptos y acaparadores les habían quitado todo; hombres y mujeres discriminados por su opción sexual que se sentían recluidos en el rincón del agravio; humanos que vieron como todos sus recursos se evaporaban por una mala decisión; hombres y mujeres destruidos por una adicción que no les dejaba espacio para decidir qué hacer con sus vidas; relatos de las peores expresiones de la violencia fratricida que hemos vivido en mi país.

Fueron muchas experiencias de lo frágiles y débiles que somos los humanos. Varias veces no pude hacer nada más que llorar por ellos; otras, buscaba provocar en ellos una chispa de tranquilidad que les permitiera animarse para seguir adelante, armado solo con palabras de consuelo, y no pocas veces trabajé para acopiar recursos que les permitieran tener oportunidades y así seguir adelante. Entendía que de esa manera podía hacer presente a Dios en sus vidas y que, en cambio, no hacía una buena labor si trataba de justificar su sufrimiento desde sus malas acciones, ni mucho menos acusarlos de pecadores y responsables de lo que estaban viviendo —en algunos casos ser conscientes de sus responsabilidades los hacía sufrir más—. Mi trabajo era hacer presente el amor y saber que este no quita el sufrimiento, pero le da unas nuevas perspectivas a quien sufre.

Mujeres y hombres sufren, por ser humanos. Sufrir no es una opción, es una consecuencia de existir y tenemos que asumirlo. La felicidad no es la ausencia de sufrimiento, sino vivir en armonía a pesar de las experiencias que nos hacen doler y llorar. Creo que la única manera de poder enfrentar el sufrimiento es el amor, amar como una praxis de patentizar al otro como alguien digno, válido y merecedor de las mejores actitudes y acciones.

La lógica de la vida no es tan lineal y previsible como quisiéramos, y a cada causa no le corresponde siempre el mismo efecto. Es mucho más compleja. Hay causas que son efectos al mismo tiempo y viceversa. Lo que necesitamos no es buscar fórmulas mágicas para vivir, sino argumentos, valores, comprensiones e inspiración para asumir todo lo que acontezca en esa urdimbre de relaciones que es la vida. Y es allí donde creo que la espiritualidad es una gran bodega de herramientas para poder enfrentar esas situaciones.

Por eso es que experimentamos tantos conflictos, derrotas, frustraciones y tristezas. Lo que planeamos y ejecutamos con tanto esfuerzo no siempre obtiene el objetivo buscado. Las respuestas que recibimos a veces están muy lejos de las intenciones que nos movieron a actuar. Muchas veces debemos soportar que aquello que hacemos desde la bondad y el amor encuentre respuestas desde la violencia y el odio. A lo largo de mi historia personal es lo que más he comprobado: la vida en su complejidad no nos permite soslayar tan fácilmente las experiencias del sufrimiento.

Ejerciendo el ministerio presbiteral muchas veces vi cómo el sufrimiento parecía desbordar la bondad del corazón humano y cómo la violencia asumía la fuerza de un tsunami existencial para desbaratar a su paso los territorios que con bondad y solidaridad se habían construido. La experiencia espiritual siempre me servía como herramienta para enfrentar estas situaciones, así no lograra en muchas oportunidades entender por qué se dan esas situaciones dolorosas e hiciera el esfuerzo por comprender la función de esas experiencias en la existencia de quienes las vivían. La espiritualidad no evitaba el dolor, ni lo quitaba mágicamente, pero sí permitía encontrar un sentido dentro de la realización del propósito de vida que cada uno podía tener.

Confieso que muchas veces me sentí inútil, porque las personas que sufrían iban hasta el templo en busca de una solución que les arrancara el dolor que tenían en su ser o para que les proporcionara unas palabras mágicas que les restituyera la paz que habían perdido. Muchas veces lo único que hice —y que creo que es lo único que se puede hacer en muchos casos— fue estar ahí, al lado de esas personas, llorar con ellas y orar con ellas y por ellas. No fueron pocos los días en los que me fui a descansar con la seguridad de que la oración —como acción espiritual— era capaz de transmitir serenidad y armonía a pesar de la herida abierta y del dolor devastador. Aquella respuesta a la oración era la acción trascendental de la espiritualidad. Gestos como un abrazo o la imposición de manos también ayudaban mucho a propiciar estas respuestas de paz.

Tratar de entender qué pasa y por qué duele tanto es fundamental, y creo que la espiritualidad lo posibilita. Me gusta la visión del filósofo indio Jiddu Krishnamurti[79] a este respecto, ya que pone énfasis en no entender por qué hay sufrimiento, sino en qué es realmente lo que sucede:

> No se trata de saber por qué hay sufrimiento, ni cuál es la causa del sufrimiento, sino qué es lo que realmente ocurre. No sé si veis la diferencia. Simplemente capto el sufrimiento no como cosa distinta de mí, no como un observador que observa el sufrimiento, sino que este forma parte de "mí mismo", es decir, la totalidad de mí mismo sufre. Entonces puedo seguir su movimiento, ver adónde conduce. Si hago esto, es seguro que el dolor me revela su sentido, ¿no es así? Entonces veo que he puesto énfasis en "mí mismo", no en la persona a quien amo. Esa persona servía para ocultarme de mi propia miseria, mi vacío, mi soledad, mi infortunio. Como yo no soy "algo", esperaba que él lo fuese. Eso ya terminó; estoy abandonado, perdido, vacío, solo.

79 Místico indio. Nacido en el seno de una familia de brahmanes, la casta líder de la Sociedad Teosófica. Aunque algunas veces tengo diferencias con su comprensión de la vida, me fascina su decisión de "[recorrer] el mundo con la pretensión de liberar a los hombres de todo temor y de toda limitación, de toda religión y de toda doctrina mediante la introspección individual, en busca de capas inexploradas de la conciencia". https://www.biografiasyvidas.com/biografia/k/krishnamurti.htm. Recuperado el 10 de agosto del 2022.

> Sin él o ella, nada soy. Por eso lloro. No es que se haya ido; es que estoy abandonado, estoy vacío, solo[80].

En este contexto, el sufrimiento es la constatación de una necesidad, de una pérdida, de un abandono, de insatisfacción. Es la expresión de una limitación. Asumirla y tratar de entenderla será una manera de enfrentarla y seguro superarla. Eso implica tener claro el propósito de la vida y reconocer las habilidades que se tienen para poder seguir adelante.

La espiritualidad como fuente de gestión del sufrimiento

Cuando nos aproximamos a las corrientes espirituales más conocidas, nos encontramos con que todas en su intención de darle sentido a la existencia humana enfrentan el sufrimiento y proponen caminos para superarlo. Al fin y al cabo, en cualquiera de las manifestaciones místicas de las corrientes espirituales, el objetivo último es la felicidad, ya sea expresada en términos de salvación, vida virtuosa o de alcanzar el nirvana.

La espiritualidad plantea un camino, un proceso para que el ser humano asuma su responsabilidad y enfrente las situaciones que le hacen sufrir y genere actitudes de superación. Cualquiera que sea la manera de comprender la causa del sufrimiento, en ello siempre está la intención de

80 Recuperado el 6 de julio del 2022 en: https://jiddu-krishnamurti.net/es/la-libertad-primera-y-ultima/la-libertad-primera-y-ultima-29.

superarlo. El ejercicio espiritual debe ser un entrenamiento para asumir el mal como parte de la condición humana, pero como una palanca para el crecimiento. Se trata de desarrollar las habilidades espirituales que permitan entender el sufrimiento como una posibilidad de generar aprendizajes que nos acerquen a nuestro propósito de vida.

En el budismo, por ejemplo, el sufrimiento es consecuencia del deseo humano, lo cual hace que el sufrimiento sea constante porque el deseo es el motor de la existencia. Su función es mostrarnos que no somos conscientes de quiénes somos y cómo las apariencias del yo nos están arrastrando hacia esas frustraciones. En este sentido tiene la función de permitir que el ser humano se desprenda de todos los apegos que lo privan de vivir libremente. La vida de la persona budista es terminar con el *dukkha* (que es el sufrimiento en sus manifestaciones) y el *samsara* (ese círculo de nacimiento, vida, muerte, reencarnación). Acabar con el sufrimiento de alguna manera es acabar con el deseo.

Buda propone el óctuple sendero como el itinerario para poder superar toda manifestación de sufrimiento. Se trata de indicaciones muy precisas para que los humanos sean capaces de romper con el *samsara*:

1. Conocimiento recto: que implica asumir la realidad tal cual es, sin exagerar ni empequeñecer las experiencias, al asumir las leyes que la rigen, entre ellas la ley del karma.
2. Actitud recta: ser libres de los prejuicios que nos predisponen en nuestras relaciones.

3. Palabra recta: usar palabras que expresen lo mejor de nosotros y construyan al otro, sin dobles intenciones.

4. Acción recta: ser responsables y consecuentes con nuestras decisiones y acciones, evitando hacer sufrir a los otros.

5. Vida recta: que nuestro actuar sea una realización de nuestra esencia y a la vez evitar dañar a alguien.

6. Esfuerzo recto: tener una mente capaz de producir pensamientos rectos que impulsen la vida.

7. Pensamiento recto: que la mente este llena de amor y de no violencia, para que pueda ser el motor de una vida sin deseos y sin apegos.

8. Concentración recta de espíritu: desde la fijación unificadora de la mente encontrar pensamientos rectos y ecuanimidad en la vida, buscando que haya armonía interior que se exprese en todas las relaciones[81].

Por su parte, Confucio[82] insistía en la virtud de la bondad como aquella que permitía que el ser humano tuviera la paz

81 Serrano, G. R. El budismo como respuesta al sufrimiento. *Temas*, 2007;(1):135-142.

82 "(Kung Fu-Tse; Lu, actual Shantung, China, *circa* 551-479 a. C.) Pensador chino. Procedente de una familia noble arruinada, a lo largo de su vida alternó períodos en los que ejerció como maestro con otros en los que sirvió como funcionario del pequeño estado de Lu, en el nordeste de China, durante la época de fragmentación del poder bajo la dinastía Chu". Recuperado el 10 de agosto del 2022 de https://www.biografiasyvidas.com/biografia/c/confucio.htm.

y la alegría que le ocasionaran una actuación justa. Centrado en la responsabilidad humana y en el deber de vivir éticamente de acuerdo con su naturaleza buena. Por eso, insistía en la necesidad de actuar bajo los principios morales que le garantizaran una vida sabia: "Dedicarse apasionadamente al deber que uno tiene con la humanidad y respetar a los espíritus mientras se mantiene distante de ellos puede denominarse sabiduría"[83], a sabiendas de que en la vida el dolor es natural pero no el permanecer en él en actitud de sufrimiento: "Debemos sentir dolor, pero no hundirnos bajo su opresión"[84].

En el judaísmo, el sufrimiento es consecuencia de la tendencia humana de ir en contra de los principios de Dios para la vida. La fuente de dolor está en hacer todo lo contrario al designio por el cual el ser humano ha sido creado. No se trata de una decisión deliberada de Dios, sino de una consecuencia de la acción humana que rompe con la armonía propuesta por él en su plan de creación. Más que castigos divinos, lo que hay son consecuencias de una acción desequilibrada con la propuesta de Dios. Se puede entender como si esa fuera la manera en que Dios, el padre, disciplina a sus hijos. La superación para cualquier desvío de ese camino está en vivir desde el orden de Dios.

Karen Armstrong, exponiendo ideas básicas del judaísmo después del exilio de Babilonia, que se inició en el 586 a. C.

83 Analectas 6, 20.

84 Rubín, A. Las 150 mejores frases de Confucio [con imágenes]. *Lifeder*. Recuperado el 3 de junio del 2019 de https://www.lifeder.com/frases-de-confucio/.

y terminó con el Edicto de Ciro, el Persa, en el 538[85], con la caída de Jerusalén, dice que "la importancia fundamental de la idea de Dios consistía en su eficacia para hacer sentir el misterio y la admiración de la vida, y no tanto en la aportación de soluciones claras"[86]. En el contexto de nuestra reflexión, la acción de Dios no es responder a cada sufrimiento sino permitir que el ser humano entienda su función y su rol en la creación, sabiendo que esta siempre tiene una gran connotación subjetiva.

> Los rabinos no construyeron ninguna doctrina formal sobre Dios. Por el contrario, tenían experiencia de él como de una presencia casi tangible. Se ha calificado su espiritualidad como un estado de misticismo normal… Su sentido de la presencia de Dios era tan fuerte que cualquier doctrina oficial y objetiva hubiera estado fuera de lugar… Por así decirlo Dios se ha adaptado a cada persona de acuerdo con la capacidad de comprensión de cada uno[87].

Es evidente que por mi formación y por mi continua vivencia espiritual, la postura espiritual que más conozco, y en la que creo firmemente, es la del cristianismo. Les he contado que me fascina la figura de Jesús que reflejan los testimonios expresados en los relatos de los evangelios. Su personalidad, de palabras sencillas y de acciones valientes y elocuentes,

85 Soggin J. Alberto (1997) *Nueva Historia de Israel*, Bilbao: Desclée De Brouwer, pp. 455-456.

86 Armstrong, *op. cit.*, p. 109.

87 *Ibíd.*, p. 108.

aún me emociona. Es mi referente de vida, tanto que en el espacio religioso lo confieso como Mi Señor.

Me gusta su libertad para enfrentar los paradigmas religiosos y aun espirituales con los que se vivía en ese momento. Libertad que es manifestada en fortaleza. Los relatos evangélicos lo muestran capaz de cuestionarlo todo, con la claridad y la firmeza de quien conoce el propósito y el sentido de su vida. Me motiva encontrarlo como un ser espiritual capaz de conectarse con su Padre Dios en las distintas situaciones cotidianas de su vida, teniendo unos prolongados ejercicios de oración que entiendo, también, como entrenamiento espiritual —en Lucas 6, 12: "En esos días Él se fue al monte a orar, y pasó toda la noche en oración a Dios"—. Lo veo como alguien que lleva a plenitud esa intuición manifestada en los profetas de que la verdadera actitud espiritual se realiza en la cotidianidad cuando se es misericordioso y compasivo con los hermanos[88], más que en los espacios de culto. Entiende que la manera de generar el vínculo con Dios está en relacionarnos desde el amor con los demás seres con los que compartimos nuestra historia.

Cuando reviso cuál es su actitud ante el sufrimiento, me encuentro con la decisión de luchar contra todo lo que lo genere, a partir de la capacidad de las personas de asumir las limitaciones propias que la coherencia de vida les imponga. No es un adorador del sufrimiento. Se pasa la vida sanando y rompiendo todo lo que ocasione dolor a los seres

88 Creo que lo esencial de la experiencia de Dios desde la comprensión del pueblo bíblico está expresada en esa sentencia: "Misericordia quiero, no sacrificio" (Mateo 9, 12-13. Oseas 6, 6).

humanos. Creo que su actitud ante el mal y el sufrimiento es merecedora de toda nuestra atención, comprensión y acogida, para que sea fuente de nuestras acciones diarias en circunstancias tan humanas.

Jesús entiende que el sufrimiento no es castigo de Dios. Lo deja claro en el encuentro con el ciego de nacimiento (Juan 9, 1-2). Según la doctrina de la retribución, alguien nace ciego como consecuencia del mal realizado por sus padres. Ya que en ese concepto de justicia Dios no puede dejar sin castigo al que ha obrado mal, si no se la cobra a esa persona en vida lo hace a su descendencia. De ahí la pregunta de los que se acercan a Jesús:

—Maestro, ¿por qué nació ciego este hombre? ¿Por el pecado de sus padres, o por su propio pecado?

Imagino que detrás de la pregunta —de la cual ellos conocen la respuesta que da la tradición— está la intención de cuestionar el mensaje de misericordia y de amor que Jesús pregona con sus palabras y acciones. La respuesta de Jesús es contundente: las enfermedades no son consecuencia de un castigo divino, Dios no lleva la contabilidad de las fallas y errores de los humanos para generar el recibo de cobro y ocasionarles sufrimiento a ellos o a su descendencia:

—Ni por su propio pecado ni por el de sus padres; fue más bien para que en él se demuestre lo que Dios puede hacer.

Lástima que este mensaje, a lo largo de la historia y a partir de una lectura equivocada del Antiguo Testamento, no haya permanecido claro en todos los corazones de los creyentes. Dios no causa el dolor de los hombres. Dios no es un vengador que persigue el mal de los padres haciendo sufrir a sus hijos. El sufrimiento es consecuencia de la condición humana, no una realidad añadida desde afuera por algún desacierto.

El mal y el sufrimiento tienen que encontrar una respuesta en la historia misma del ser humano, en la manera como actúa y vive desde su condición. No se trata de hacer a Dios responsable de todo lo que acaba con la armonía en la matriz de relaciones de los seres humanos. Se trata de entender toda situación por dolorosa que sea y asumirla en función del proyecto de vida que estamos realizando, desde las dinámicas de la condición humana.

Por eso las catástrofes naturales tienen que ser explicadas por la ciencia y no por la espiritualidad. No suceden como castigo o venganza de Dios, sino por las leyes naturales. Recordemos la autonomía relativa de la creación. Esa visión sacral que entiende a Dios como un titiritero que mueve la creación a su antojo no solo revelaría algo de crueldad, sino que volvería absurda la vida de los humanos y su libertad solo aparente, pues siempre tendrían que escoger lo que Dios ha determinado.

La manera como se desarrolla la condición humana posibilita accidentes o situaciones en las que sucede lo inesperado, para lo que no hay preparación. Jesús entiende que también son posibles los accidentes y que perecer en uno de ellos no hace a nadie más culpable que aquellos que sobreviven al mismo. Así lo deja claro en Lucas 13, 4-5. En ese texto unas personas son aplastadas por una torre en una de las calles de Jerusalén. Lástima que no conocemos este accidente en testimonios extrabíblicos, pero queda claro que los accidentes tampoco se pueden explicar desde la acción de Dios. Pasan y, muchas veces, aunque tienen una explicación lógica, carecen de verdadero sentido.

Recuerdo mucho una experiencia que me sumió en una crisis de fe durante un tiempo. Unas familias estaban de paseo en un río. Dos niñas jugaban en la orilla. De pronto el río se creció y arrastró a una de las niñas. Ella se ahogó, mientras la otra logró salvarse. Recuerdo los rostros de las dos mamás, el día que fueron a la celebración del funeral. Una me decía: "Bendito Dios, que me salvó a mi hija. Es que él es bueno". Y la otra solo me miraba con el corazón roto y profirió un grito desgarrador.

Estoy seguro de que Dios no hizo ni una cosa ni la otra. Ni permitió que una se ahogara, ni movió las cuerdas que supuestamente lo unen al mundo para salvar a la otra. Ese accidente tiene que ser explicado desde nuestras precarias condiciones humanas. La razón de la muerte de una de las niñas y la de la supervivencia de la otra responde a las limitaciones en las que vivimos los humanos. Recuerdo que no pude decir nada esa vez. Solo fui capaz de abrazar con el alma a esos padres que perdieron a su hija y tratar de ayudar a menguar en algo ese dolor inmenso con el calor de mi corazón. Sería muy cruel imaginar a Dios salvando solo a una. No lo acepto así. Los humanos somos los responsables.

Tengo la certeza de que la experiencia espiritual, en este caso preciso, la religiosa, puede servir como fuente de algo de paz y serenidad en medio del dolor. Creo que la oración y otear la vida pueden generar herramientas para enfrentar la tristeza, que seguro nunca se irá del corazón. Es fuerza desde adentro impulsada por la seguridad de un sentido y un propósito, que surfea por encima de las olas de dolor.

¿Y los milagros?

En este sentido también hay que tener claro el concepto de milagro, porque, así como dejamos claro que Dios no causa el sufrimiento —por lo menos así nos lo da a entender Jesús en su ministerio—, tampoco podemos creer que lo bueno, excepcional y algunas veces inexplicable es acción de Dios. Es decir, si comprendemos que lo malo no es obra de Dios, tenemos que entender que lo bueno tampoco es una acción directa de él.

Que quede claro que creo en los milagros, pero no como acciones que suspenden o contradicen las leyes naturales para favorecer a un ser humano.

Creo que un milagro es una de esas situaciones humanas en las que descubro bondad, alegría, sentido y fuerza cuando todo estaba perdido o no había muchas posibilidades de comprensión. Algunas veces son situaciones muy sencillas y lógicas que hacen estallar en el corazón la certeza de que la vida vale la pena y tiene sentido. Otras veces son manifestaciones que no alcanzo ni a entender ni a explicar en ese momento —lo cual no significa que carezcan de una explicación, así sea que en ese momento no sea clara—, que me permiten seguir adelante con paso firme, con buena salud, con júbilo en los ojos y en el corazón, con certeza de que todo va estar bien.

Creo que se requiere una dimensión espiritual para apreciar los milagros, que seguro son más cotidianos de lo que creemos, ya que solo al trascender lo inmediato se puede descubrir el sentido iluminador de algunos acontecimientos. Cuando releo mi historia personal veo que han ocurrido muchos milagros y que solo los he percibido con el paso del tiempo.

Se requiere otear la vida para entender cómo algunas situaciones que no percibimos como extraordinarias en verdad lo fueron porque nos permitieron sentir lo valiosos que somos.

Estoy seguro de que en todas las experiencias espirituales hay este tipo de manifestaciones que llamamos milagrosas y que no son otra cosa que encontrar la fuerza inatajable de la vida que trasciende todo y nos permite descubrir su sentido. A veces nos deja perplejos, porque no entendemos nada, pero sabemos que tiene alguna explicación. Y esta explicación siempre tenemos que buscarla en el contexto histórico en el que vivimos. La magia no es la que hace lo imposible, sino la que es capaz de descubrir que si algo sucede es porque es posible y eso hay que celebrarlo.

Asistí a muchos momentos espirituales en los que mi lógica se estrellaba con acontecimientos inexplicables. Nunca dudé de que eran milagros, pero siempre estuve seguro de que tenían alguna explicación lógica y razonable. Muchas veces levanté mi mano celebrando el amor de Dios en esas experiencias y sintiendo que ese amor perfecto y personal que confieso como Dios estaba allí para atestiguarnos que la vida tiene un sentido y que vale la pena vivirla. También puedo dar testimonio de que muchas veces oré por personas que vivían situaciones muy difíciles y encontraron manifestación del amor de Dios.

¿Vencer el mal con oración?

Al fin y al cabo, la oración tiene el poder de revelar el sentido oculto en los miedos, dolores y desaciertos de la vida. Deriva del poder humano que descubre el poder del infinito. No es un poder mágico que hace lo imposible, sino uno que hace constatar que todo es posible si vivimos desde el corazón.

Como decía el teólogo Johann B. Metz[89], orar no es desplazar o doblegar la angustia, sino ante todo tolerarla; asumir la culpa en la conciencia de nuestra responsabilidad por las acciones y la resistencia a la pérdida de la esperanza ante las grandes dificultades y absurdas situaciones que vivimos. Es dejar correr el júbilo ante la conciencia de que se está viviendo correctamente o se acaba de atinar en el proceso diario de ir contra el azar. Es ser solidarios con quienes nos necesitan y no podemos ayudar directamente como

89 Metz, J. B. y K. Rahner. *Invitación a la oración: Solidaridad en el dolor y el compromiso*. Bilbao: SalTerrae, 1979.

queremos, y recurrimos a generar, desde la espiritualidad, una fuerza que les ayude a vivir digna y sanamente.

Cuando la entiendo así, comprendo por qué también los ateos pueden orar, pueden tener momentos especiales en los que conscientes de su finitud trascienden y dejan que el sentido los arrope. Recuerdo a un amigo ateo que dice que su oración es leer poesía y sentir que los versos le ayudan a quebrarle la fuerza a realidades que amenazan con llevarlo al sinsentido. Es decir, la oración siempre será una experiencia que nos ayude a enfrentar el sufrimiento.

En este sentido, creo con Gianfranco Ravasi que "el rezar no es una cuestión religiosa sino humana, como había cantado Baudelaire, para quien la mejor prueba de nuestra dignidad es el ardiente sollozo que rebota de edad en edad para estrellarse a los bordes de la eternidad"[90], experiencia que todos podemos vivir en los momentos de sufrimiento en los que necesitamos trascender el presente y buscar esperanza que nos ayude a enfrentar el dolor que padecemos.

También comparto una de las primeras definiciones que desde las opciones del no creyente —tanto ateo como agnóstico[91]— plantea el profesor Mario Trevi:

90 Martini, C. M., Trevi, M., De Monticelli, R. y S. Minegishi. *La oración de los que no creen: ¿Se puede rezar sin fe?* Madrid: Temas de Hoy, 2002, p. 13.

91 Entiendo el ateísmo como la negación de la existencia de Dios. Los ateos son quienes afirman que Dios no existe y que construyen su vida desde esa negativa. El agnosticismo se refiera a quien no está interesado en el tema, ni afirma ni niega la existencia de Dios; está concentrado en otras dimensiones de la vida.

> ...la oración como un diálogo interior en el que el tú no puedes ser identificado en ningún caso con un duplicado del yo, ni con un aspecto de la inmanencia, aunque sea indefinido y no precisable. Así, circunscrita, la oración implica solo el sacrificio del concepto de finitud y de fidelidad a la finitud, dos condiciones por las que nosotros los modernos estamos indudablemente fascinados. La oración implica evidentemente la referencia a una ulterioridad y alteridad[92].

En todas las experiencias espirituales hay momentos para la conexión con la esencia o la trascendencia que podríamos llamar oración o meditación, y que tiene distintos rituales y formas, pero siempre la misma función de experimentar en lo finito de la vida la inmensidad de toda la existencia, esa que se nos descubre en un universo infinito y que nos invita a ir más allá de donde nuestros ojos pueden ver y nuestros oídos escuchar.

En el contexto cristiano la experiencia de la pasión de Jesús ha permitido que algunas personas "adoren" el sufrimiento como el máximo camino de conexión con Dios. No son pocos los que a lo largo de la historia se han sometido a los peores tormentos buscando conectarse plenamente con su Dios, prácticas que tienen su razón de ser en la influencia neoplatónica como ya señalé algunas páginas atrás y en una distorsionada manera de entender el ministerio de Jesús de Nazaret.

Estoy convencido de que no es sano buscar el sufrimiento. El objetivo de la vida no puede ser sufrir. La

92 Martini *et al.*, *op. cit.*, p. 35.

espiritualidad no puede asumirse como una invitación a encontrar en el dolor, la tristeza y el padecimiento una forma de realización del ser humano. Entiendo la función que en alguna circunstancia pueda cumplir la ascética, pero no creo que sea la única ni la mejor manera de trascender. Somos nuestro cuerpo y debemos cuidarlo. Quien no cuida su cuerpo no se ama y no puede ser feliz. El ser que ha descubierto la espiritualidad como un camino de realización entiende que solo es posible si hay una actitud responsable consigo mismo y con todas las dimensiones de su ser.

No creo que Jesús haya buscado el sufrimiento. No era ese el sentido de su vida. Si así fuera, no se entendería la oración del Getsemaní[93] en la que le pide a Dios que lo aparte de ese tormento que va a vivir. Su plan no era ser crucificado. Su plan era mostrarse como el camino, la verdad y la vida (Juan 14, 6) que conduce a la plenitud. La cruz es consecuencia del rechazo que los miembros de la religión oficial de ese momento tienen hacia la propuesta existencial de Jesús (Hechos 4, 8-32). Ellos asumen a Jesús como un hereje, un blasfemo que merece la muerte (Mt 27, 30-31).

La muerte en la cruz de Jesús debió ser un gran cuestionamiento para sus discípulos y seguidores. Un fin tan cruento y bárbaro para quien se pasó haciendo el bien con palabras

93 "Jesús llevó consigo a Pedro y a los dos hijos de Zebedeo, y comenzó a ponerse triste y muy angustiado. Entonces les dijo: —Quédense aquí, y velen conmigo, porque siento en el alma una tristeza de muerte—. Unos pasos más adelante, inclinó su rostro y comenzó a orar. Y dijo: —Padre mío, si es posible, haz que pase de mí esta copa, pero que no sea como yo lo quiero, sino como lo quieres tú". Mateo 26, 37-39. También está en: Marcos 14, 32-42 y Lucas 22, 39-46.

y acciones no parece lógico. El trauma que causó esta experiencia debió destrozar todas las apuestas de los discípulos, tanto así que lo abandonaron y lo dejaron solo en esa situación (Marcos 14, 50). Tuvieron que recurrir a los cánticos del Siervo Sufriente de Isaías[94] (42, 1-4; 49, 1-6; 50, 4-9; y 52, 13-53, 12) para interpretar, desde su relación con Dios, todo lo que había sucedido con Jesús.

Lástima que al leer los textos olvidemos los procesos literarios que allí están presentes y creamos que estamos ante crónicas históricas, y no ante interpretaciones teológicas que buscan develar el sentido salvífico de acontecimientos muy difíciles de comprender. La cruz significó una gran frustración para los discípulos. Sintieron que todas sus esperanzas quedaban derrotadas una vez más.

Tenemos que dejar de romantizar la cruz. Fue una barbarie. Una demostración de lo perversos que pueden ser los seres humanos en nombre de cualquier razón que los anime, aun hasta por cuestiones de fe. Si logramos entender que Jesús no

94 "Los llamados cánticos del Siervo son unos poemas presentados por el 'segundo Isaías', un profeta que habló a mediados del siglo VI antes de Cristo, durante el destierro de Babilonia, añadiendo al libro original de Isaías los capítulos 40-55, llamados 'el libro de la consolación'. Este Siervo de Yahvé que anunciará la salvación, que será luz para las naciones, que se ofrecerá él mismo a la muerte para salvar a todos y que finalmente será glorificado por Dios, había sido identificado con el pueblo entero de Israel, al que también se le llama 'siervo', y que cumpliría así una función intercesora por toda la humanidad. Sin embargo, los mismos judíos lo interpretaron pronto como el anuncio de un personaje concreto, que asumiría en su propia vida la historia de su pueblo. En el Nuevo Testamento se aplicó claramente esta figura a la persona de Jesús de Nazaret, mediador de la salvación para todas las naciones". Recuperado el 10 de agosto del 2022 en https://mercaba.org/DIESDOMINI/SS/cantos_del_siervo.htm.

buscó la cruz y que esta fue la consecuencia de su fidelidad y coherencia con lo que había descubierto como la manera para vivir a plenitud, seguro seremos capaces de entender que el sufrimiento no puede ser el objetivo del creyente.

Es verdad que Jesús asume voluntariamente (Juan 10, 18) esa consecuencia por ser fiel a sus opciones de vida, pero no era su plan terminar colgado, desnudo, abandonado y torturado en un madero. La única razón del ministerio de Jesús es aliviar el sufrimiento de todos los que sufren. Por eso su predicación es un evangelio, una buena noticia. No tiene sentido que aquel que tiene como plan de vida hacer que los que sufren puedan vencer su sufrimiento[95] anhele la cruz como su final.

La felicidad por encima del sufrimiento

En el cristianismo se hace necesario vivir la espiritualidad como fuente de alegría y de fuerza para realizar el proyecto de vida. Es necesario apartar todas esas miradas que asumen que la razón de ser del creyente es sufrir. La espiritualidad tiene que ser un motivo para hacer de la vida una grata experiencia en la que se disfruta de tener opciones y posibilidades todos los días.

95 Si se revisa el programa de su ministerio, consiste en ser buena noticia para todos aquellos que sufren: "El Espíritu del Señor está sobre mí. Por cuanto me ha ungido para dar buenas nuevas a los pobres; me ha enviado a sanar a los quebrantados de corazón; a pregonar libertad a los cautivos y vista a los ciegos; a poner en libertad a los oprimidos; a predicar el año agradable del Señor. Y enrollando el libro, lo dio al ministro, y se sentó, y los ojos de todos en la sinagoga estaban fijos en él. Y comenzó a decirles: 'Hoy se ha cumplido esta Escritura delante de vosotros'". (Lucas 4, 18-21)

Se entiende que hay opciones que podrán causar sufrimiento y se acepten como expresión de la condición humana, pero nunca será el objetivo buscarlas. No tenemos miedo a sufrir como consecuencia de ser fieles a nuestros principios, pero tampoco podemos hacer de la vida un viacrucis completo. La vida es para celebrarla con todas las fuerzas.

El ser humano espiritual tiene que ser un valiente que busca que todos tengan condiciones de vida dignas. La espiritualidad es una opción por la vida digna. Nadie a nuestro lado puede padecer la vida sin que nosotros hagamos algo por evitarlo. Quien no defiende la vida digna no ha entendido qué es la espiritualidad. Tenemos que ser cuidadosos y denunciar todo discurso religioso que busque justificar el sufrimiento y que termine alienando a los seres humanos.

Recuerdo la primera gran critica que recibí por mi predicación. Apenas comenzaban a ponerse de moda los *emails*. Recibí uno muy bien escrito y con buenos argumentos escolásticos que me acusaba de "exitólogo". Con palabras duras y descalificadoras me enrostraba que yo quería despreciar la cruz de Cristo. Me recordaba que el cristianismo es la religión de la cruz y que tenía que invitar a los seres humanos a evitar todo placer y concentrarse en una vida ascética. Que mis conferencias y predicaciones desvirtuaban la cruz y guiaban hacia el infierno a quienes me escuchaban. Me aseguraba que solo el cumplimiento estricto de la Ley Religiosa ocasionaba felicidad en la eternidad, en el encuentro con Dios.

No estaba acostumbrado a esas críticas feroces y destructivas. Al principio me dolió y no sabía bien cómo entender esa furia que despedían esas palabras. Luego, desde la oración, el análisis y la reafirmación de la teología que había estudiado y que sigo estudiando, entendí que ese era el precio por no quedarme con un discurso que olvidaba la resurrección, que no hacía análisis de los contextos históricos y literarios de los relatos, que suponía que la historia de Jesús era el cumplimiento de un libreto preestablecido por el Padre Dios y del cual él (Jesús) no era más que un fiel intérprete. Suponer que el plan de Dios era la tortura de la cruz nos hace entenderlo como alguien cruel y con un gusto morboso por la sangre. Creer que el único camino de felicidad es torturarnos en el presente, para disfrutar en el futuro eterno, tiene visos serios de enfermedad mental.

Hoy con tantos estudios que se hacen del Jesús Histórico[96], que tratan de comprender mejor las dinámicas sociales y personales que movieron su ministerio, no es posible sostener ese tipo de visión teológica, la cual es sin duda culpable de mucho sufrimiento entre los creyentes que no solo lo buscan impulsados por sus teorías, sino que no superan esa visión creyendo que están siendo bendecidos por él, lo cual,

96 Los autores que más he leído y trabajado al respecto: Theissen, G. y A. Merz. *O Jesus historico: Um manual* (vol. 33). Ipiranga (Brasil): Ediçoes Loyola, 2002; Crossan, J. D. *El Jesús de la Historia: Vida de un campesino mediterráneo judío*. Barcelona: Editorial Crítica (Planeta), 1994; Meier, J. P. *Un judío marginal. Nueva visión del Jesús histórico* (tomo I): *Las raíces del problema y la persona*. Estella (España): Verbo Divino, 2009; Meier, J. P. *Un judío marginal: Nueva visión del Jesús histórico* (tomo II). Estella (España): Verbo Divino, 2008; Pagola, J. A. *Jesús, aproximación histórica*. Boadilla del Monte, España: PPC Editorial, 2007; Luciani, R. El Jesús histórico como norma hermenéutica para la teología y criterio para ser testigos en el seguimiento. *ITER: revista de teología* (Universidad Católica Andrés Bello, Venezuela), 2005;37:17-116.

además, sirve para adormecer a las personas para que no luchen por vivir dignamente.

Entiendo que tenemos que asumir nuestra condición humana y desde ella dar las batallas existenciales que corresponden, pero siempre buscando ser felices. No estamos para ser condescendientes y hacer que la gente se regocije en una actitud de víctima, sino que estamos para lograr que todos puedan vivir en dignidad, sanos, libres y responsables, sin miedo y con la certeza que solo desde la solidaridad podemos ser más felices. El Jesús que celebraba la vida en la mesa con todas las personas —sobre todo con los despreciados— es una continua invitación a enamorarnos de la vida, siempre con la actitud de favorecer al otro. Se trata de proexistir.

Entiendo la expresión "Si alguno quiere venir en pos de mí, niéguese a sí mismo, y tome su cruz y sígame" (Mateo 16, 24) como que la verdadera espiritualidad siempre nos lanza más allá del terreno del egoísmo y hace que queramos ser solidarios con quien necesita ayuda y nos esforcemos por generar contextos para una vida digna. Negarse a sí mismo no es una actuación masoquista; es la decisión de que no solo me interese lo que soy y tengo, sino que los otros, con sus limitaciones y posibilidades, también estén presentes en el rango de mis intereses. Negarse a sí mismo es la opción de no pensar en nuestra felicidad como un hecho individual sino entender que es siempre una realidad interpersonal, social, colectiva, comunitaria. Negarse a sí mismo no es asumir el sufrimiento como una bandera, sino militar firmemente en la batalla en contra de él.

Tomar la cruz me parece una imagen para entender que la experiencia espiritual no se realiza al negar la propia humanidad. Es tomar la propia humanidad y entender que solo desde ella se puede realizar un proyecto de plenitud. La humanidad es la crucificada, tomar la cruz es entender que la praxis espiritual siempre se hace desde nuestras posibilidades y no desde la negación de estas.

No son invitaciones al sufrimiento. Son invitaciones a entender que la felicidad supone asumir el sufrimiento que generan las opciones, aunque se haya hecho todo lo posible por esquivarlo. La vida espiritual no es la negación de lo humano, sino su afirmación plena en cada situación que se asume.

La espiritualidad frente al sufrimiento tiene que generar esperanza y resiliencia.

Estos son temas que trabajaremos más adelante. No tener miedo a actuar, haciendo lo correcto a pesar del temor, es una de las consecuencias de las acciones espirituales. Entender que siempre es posible alcanzar mejores situaciones es un aporte que la espiritualidad nos hace a la manera de relacionarnos con el presente.

Este es un trabajo de toda acción y corriente espiritual. El crecimiento espiritual siempre se notará en las distintas relaciones de los seres humanos, en sus posiciones frente al trabajo existencial, en su decisión de actuar con firmeza en la transformación del mundo en un espacio más seguro y acogedor para todos. La espiritualidad es una experiencia interior que se proyecta en cada acción externa.

Creo que la espiritualidad de Jesús es la que me ha impulsado como una fuente de alegría, de felicidad, que me hace tener la firme decisión de vencer las dificultades que me generan dolor y sufrimiento. Es el Señor de la Alegría el que me hace actuar para que nadie sufra. Entendiendo que ese desafío me puede ocasionar sufrimientos que asumiré como consecuencia de mi libre decisión de vivir de esa manera determinada. Amar implica querer hacer feliz al otro. Amar implica trascender. Esa es la tarea de todos los días.

Tengo en gran estima existencial y teológica una triple afirmación del teólogo José María Castillo, cuando se pregunta por las decisiones urgentes que debe tomar el cristianismo si quiere responder a los desafíos de los seres humanos de hoy:

> Abandonar para siempre el Dios violento y amenazante del Antiguo Testamento. Y poner, en su lugar el Dios que se nos reveló en el hombre Jesús de Nazaret. Abandonar para siempre la ética del deber y las obligaciones. Y poner, en su lugar, la ética de la necesidad o, más exactamente, la ética de las necesidades fundamentales y básicas que tiene la gente. Abandonar para siempre la espiritualidad del dolor, del sacrificio. Y poner, en su lugar, la espiritualidad de la felicidad, es decir, la espiritualidad que se plantea como proyecto de vida para hacer felices a las personas que están a nuestro alcance[97].

Esto es lo que pienso de la experiencia cristiana, que es la mía, pero también de toda experiencia espiritual: siempre tiene que ser un motivo de felicidad para quienes la viven.

97 Castillo, *op. cit.*, p. 73.

Todas las explicaciones míticas tienen que ser asumidas para comprender la necesidad de ser feliz en el presente y no como una invitación a esperar que suceda en un futuro lo que no somos capaces de vivir hoy.

Me emociona leer el discurso de la felicidad (Mateo 5, 1-12) y descubrir en él las maneras como se debe construir esa actitud ante la vida. No es una imposición ni un criterio de discriminación, sino la invitación a hacer de la vida fuente de felicidad en cuanto realiza el propósito de ayudar a los otros a ser felices. Felicidad como manera de existir desde unos valores que no se concentran ni se absolutizan en uno mismo, sino que se hacen praxis de amor hacia los demás. Felicidad que implica entender que vivir con dignidad es el sentido de la existencia. Felicidad que se trasparenta en opciones concretas por el otro, siempre desde el respeto, el autocuidado y la autocompasión. Felicidad que implica entender que el sufrimiento no se busca, pero se asume para superarlo y aprender todo lo que nos trae. Felicidad que implica realizarla hoy en cada situación, sin dejarse obnubilar por el peso de su definición más estruendosa.

Pero, tal vez lo que para mí hace más presente el sentido de la espiritualidad cristiana como una experiencia contra el sufrimiento es Mateo 25, 31-46, porque es un discurso de corte escatológico[98]. El autor del texto propone los criterios de discernimiento para los que estarán a la derecha o a la izquierda del Hijo del Hombre glorificado —una preciosa

98 Este término se utiliza en teología para hacer referencia a un conjunto de creencias y doctrinas referentes a la vida de ultratumba, el más allá y la muerte.

imagen de la plenitud o del cielo, diríamos en lenguaje coloquial hoy— y solo encuentro acciones que hacen que la vida de aquel que sufre sea más digna.

Es decir, los criterios no se quedan en las acciones espirituales típicas —oración, meditación, lectura de los textos sagrados, etc.—, sino que trascienden al terreno de lo práctico. Lo que define a un creyente es su praxis diaria. ¿Es praxis de amor? ¿Es praxis de egoísmo? Esa es la cuestión.

Cuando leo este texto me emociono porque entiendo que la espiritualidad se mide en términos de compasión, de misericordia por el otro y no en todas las parafernalias que a veces creamos —al creer que la teatralidad asegura un mayor éxito— para las puestas en escena de experiencias espirituales. La espiritualidad es expresión del amor que siempre quiere vencer el sufrimiento.

He vivido muchas experiencias en las que he entendido esta certeza de que la espiritualidad llena de alegría y de fuerza ante el sufrimiento y el dolor. Momentos de oración, de misión, de diálogo espiritual con otros hermanos y sobre todo momentos de trabajo por el otro.

Tal vez las personas que más me han impactado por su espiritualidad y que puedo considerar maestras en esa área han sido seres humanos sin títulos eclesiásticos, que no se caracterizan por una gran capacidad al hablar, ni por las brillantes ideas que pueden tener frente a textos bíblicos, ni las ocurrencias con las que tratan de presentarnos los misterios de lo sublime. Las personas que he considerado maestras espirituales las he encontrado en medio de la nada, de la pobreza y de las peores condiciones de vida, dando testimonio de Dios y de su fuerza que sostiene y anima.

Recuerdo a tres religiosas que encontré en Docordó, al sur del Chocó, la cabecera municipal de Litoral de San Juan, un pueblo empobrecido y con todas las dificultades posibles. Allí estaban esas tres maestras, enseñando a leer y a escribir, compartiendo sus conocimientos, pero sobre todo compartiendo su vida con esas personas. Con la paz, la serenidad, la profundidad de vida, y las palabras oportunas de unas mujeres que han entendido que el sentido de la existencia está más allá de lo que se ve, se toca y se puede comprar o vender. Ellas, con su alegría y su fuerza, con sus miedos y valentías, con sus poquísimas posesiones y grandes carencias, le enseñaban a esa comunidad mucho más que conocimientos: le enseñaban que vale la pena vivir en pro de una vida digna y que eso es lo que quiere Dios.

No recuerdo sus nombres, porque sé que ellas quieren vivir siempre en el anonimato de quienes dan la vida sin esperar recompensas de honores y aplausos. Cuando volví a esa zona de misión unos años más tarde, ya solo encontré a dos de ellas, la otra había partido a una experiencia de aun mayor pobreza para seguir dando ejemplo de que ser espiritual es acompañar al que sufre, aliviar su dolor y batallar por generar contextos sociales en los que no haya razón para sufrir.

Así como ellas he encontrado a muchos seres humanos a los que he mirado a los ojos y he sentido que son maestros espirituales de verdad. A veces hay que trascender hasta los paradigmas más arraigados para vivir la libertad espiritual.

Estoy convencido que ahí es donde la fuerza espiritual se hace imparable, cuando es presentada en la vitalidad de seres humanos que han decidido amar con todas las fibras de su ser.

Espiritualidad que provoca esperanza

Ahí estaba la mujer que había pedido hablar conmigo y que me reconocía como su acompañante espiritual. Por eso fui a verla con toda la disposición de mi alma. Su vida estaba hecha jirones: con la salud destruida, abandonada por su familia y sin muchos recursos materiales para seguir adelante. Yo había preparado un gran arsenal de palabras y frases espirituales para buscar encender la llama de la esperanza en su corazón. La imaginaba sumida en un charco de lágrimas y envuelta por las quejas de quien ha comprobado que todo está mal.

Sabía que ella no podía darse por vencida: era joven, tenía dos hijos y esperábamos que tuviera fuerza para seguir adelante. Tenía que provocar ánimo en su vida. Cuando llegué ante ella y me miró con sus ojos grandes y alegres, supe que estaba ante una guerrera en pie de lucha. No sé si era una amazona como esas de las que había leído en los cuentos, lo que sí sabía es que era una de esas mujeres que no daban su brazo a torcer fácilmente. Qué sorpresa me llevé. Apenas nos reunimos, sus primeras palabras me comunicaron mucha ilusión. Ella aseguró que todo iba a estar bien, que estaba haciendo todo lo posible para ganarle a esa situación.

Sus frases venían del corazón, en donde había tomado la decisión de vivir con esperanza, con anhelos, confiando en que podría superar todos los golpes que buscaban destruirla. La movía la decisión de seguir adelante, dignamente. No importaba cuánto tiempo iba a habitar este mundo; lo que importaba era que cada momento fuera vivido con dignidad y sentido, eso me dijo. Tomó la decisión interior de hacer de cada día de su existencia una gran celebración de lo sencillo y lo cotidiano. Aferrada a la vida que tenía hoy, sin pensar en más, pero con la seguridad de que todo siempre iba a ser mejor.

Nunca la olvidé. Casi puedo escuchar su voz aguda compartiéndome su esperanza en medio de su precaria situación.

Su mirada de guerrera armada de ilusiones quedó tatuada en ese momento con la tinta indeleble de la admiración. Su actitud dulce no escondía la fiereza con la que estaba dando la batalla.

A lo largo de mi vida me he encontrado con muchas personas que comparten esa misma decisión de vivir con esperanza en medio de todo. Las he encontrado en tantos lugares y situaciones, que podría decir que son una constante en mi vida. Las he visto en las esquinas de mi viejo barrio, en el transporte público cuando viajo hacia el trabajo, en los grupos de oración que me han animado, en las celebraciones litúrgicas y existenciales en las que he participado y las que he presidido, en el confesionario como espacio de perdón y como bodega en la que se queda la culpa y la maldad vencidas por el arrepentimiento. Sí, en todos esos lugares las he visto.

Cuando he trabado relación con estas personas me encuentro con que hay un denominador común: la experiencia espiritual. Algunas con profundas creencias religiosas y confesionalmente activistas. Otras con esa espiritualidad no religiosa que les hace descubrir el sentido de la vida más allá de lo inmediato, de lo útil, de lo material y de lo que decidimos que es más valioso por ser oro. La propia Cleotilde, mi abuela materna, era una de ellas. Con una fe profunda y sencilla, con amor decidido y concreto, con la esperanza que nacía de su constante trascender a lo diario e inmediato.

Para mí estas son las manifestaciones firmes de la esperanza. Las experiencias que he compartido con este tipo de personas me han hecho sentir que no puedo ceder a la tentación de creer que mañana me espera solo el absurdo, el dolor y la tristeza; que por muy duras que estén las circunstancias, siempre tengo que levantar la mirada y encontrar algo que me jalone con optimismo y alegría.

Durante muchos años entendí mi ministerio de predicación itinerante, por casi todos los países de habla hispana, como un ejercicio para provocar esperanza. Había renunciado a dar clases de teología a personas que solo buscaban ánimo para vivir, luces para entender lo que estaban pasando y fuerza para no dejarse de las situaciones duras. Recuerdo que así lo experimentaba en Canadá o en Estados Unidos cuando visitaba las colonias de hispanos que se juntaban para celebrar la fe. Estaba seguro de que mi misión era con las palabras y de que las emociones que estas ocasionaban serían una fuente de inspiración para que quienes me oyeran pudieran creer en sí mismos, en las personas que habían demostrado que los amaban y en Dios mismo.

Creo firmemente que la esperanza es una consecuencia de sentirse amado.

En mi intimidad, cuando no tengo motivos para creer que todo va a estar bien, pienso en las personas que con sus actitudes y acciones me han demostrado que me aman, y siempre encuentro en ellas las fuerzas que me lanzan hacia adelante con confianza.

Entiendo la esperanza como la certeza existencial de que todo estará bien, que el momento que sigue será mejor que el anterior, que el futuro se presenta como la realización de mis deseos.

La búsqueda por ser mejores en el tiempo

La esperanza es una certeza que me moviliza a crear, a planear, a trabajar, a gozarme los recorridos para concretar los deseos y sueños. Me impulsa desde adentro de mi ser para dar lo mejor e ir en busca de lo que creo que es lo mejor.

Estoy convencido de que la espiritualidad es una experiencia que provoca esa certeza existencial y que los ejercicios espirituales nos dan la oportunidad de encontrar cómo desarrollarla. Es el encuentro más íntimo con nuestra propia esencia la que nos permite trascendernos, el espacio pertinente para la esperanza, que es una emoción necesaria para todos los humanos, sobre todo en esta época en que el hastío parece ganar espacio en medio del confort que generan la tecnología con sus nuevas formas de ser y estar.

La esperanza en principio es una emoción. Es decir, una reacción ante los estímulos que recibimos. El trabajo espiritual debe ocasionar que sea una actitud permanente y constante. La descarga emocional se expresa en palabras, actitudes y acciones que jalonan la vida y la hacen tener mucho sentido. La esperanza también hace que valga la pena vivir la vida, porque siempre estamos en camino hacia lo mejor.

También es una construcción mental, pues es pensar y tratar de objetivar algo que estamos soñando y cavilando. Es dejar que nuestro lenguaje interior, con su fantasía y sin perder su lógica y coherencia, presente un futuro posible, alegre y entusiasta. Allí el trabajo espiritual tiene que ser un polo a tierra para que no termine en autoengaños, sino que posibilite la atención, la conciencia y la rigurosidad necesaria para que no saltemos a la irrealidad.

La esperanza es una posibilidad de la estructura humana. Los humanos somos un amasijo de impulsos, un nudo de fuerzas que nos sacuden, una suma de dinámicas que no nos permiten estar quietos en nuestro interior y que muchas veces nos mueven desde el exterior. Una de las fuerzas que conforma nuestra condición humana nos lanza continuamente hacia el futuro. Estamos en el tiempo. Somos temporales y eso nos hace anhelar lo que viene, lo que no está aún, pero sospechamos cómo es.

Esa capacidad de estar en el tiempo nos convierte en un proyecto, algo inacabado, algo que está haciéndose de forma constante. Esa dinámica nos hace vivir desde la carencia y la necesidad; nos hace vivir en busca de ser más, de realizarnos y de sentirnos concluidos. Creo que el motor de la esperanza, en este contexto, es el deseo, esa fuerza creadora y transformadora que mueve cada una de las empresas personales y sociales del ser humano.

La esperanza es consecuencia de ese deseo ciclónico que empuja al ser humano a encontrar lo que no tiene, pero ha conocido en su mente, en su imaginación, y que lo jalona. El ser humano tiene esperanza porque vive abierto a todo aquello que todavía no es. Tener esperanza es una manera de ser consecuente con nuestra estructura humana. No es un aditivo, sino una actitud que le es propia.

Quiero comprender, contigo, que la esperanza no es consecuencia de ninguna superestructura, sino una manifestación de nuestra propia condición. Quien está abierto al futuro tiene la posibilidad de frustrarse o de tener esperanza. Emerge de su condición, al fin y al cabo, y su existencia podría expresarse en la metáfora de un éxodo continuo, de estar tras el buen lugar (una de las posibilidades etimológicas griegas de la palabra "utopía").

El filósofo Ernst Bloch, en su libro *El principio esperanza*[99], afirma la utopía como una función básica del ser humano. Es la utopía la que jalona la existencia humana y le da un significado a la unión de días y momentos que es la

99 Bloch, E. *El principio esperanza.* Madrid: Editorial Trotta, 2004.

vida. Con su frase: "Pensar significa traspasar"[100], Bloch nos asegura que el ejercicio de mencionar las acciones del futuro reconoce y desata la posibilidad de esa realidad que deseamos.

> El verdadero traspasar conoce y activa la tendencia, inserta en la historia, de curso dialéctico. En sentido primario, el hombre que aspira a algo vive hacia el futuro; el pasado solo viene después; y el auténtico presente casi todavía no existe en absoluto. El futuro contiene lo temido o lo esperado; según la intención humana, es decir, sin frustración, solo contiene lo que es esperanza[101].

De alguna manera todo es determinado desde el futuro. Al tener esperanza esa determinación es consciente y exige unas acciones concretas en función de que se realice lo enseñado.

Es caminar hacia algo que ilusiona y llena de colores el presente. Es darle una razón de ser a los esfuerzos que juntamos hoy, en cuanto que lo hacemos esperando alcanzar tal o cual realidad. No es una acción metafísica que manipula y me hace creer, es la necesidad de tener motivos para no desfallecer. Sin la esperanza la vida está condenada al hastío, al absurdo y al desgano. ¿Cómo vivir sin esperanza? O mejor, ¿para qué vivir sin esperanza? ¿Es válido caminar hacia el abismo que nos tragará y nos dejará sin sentido? ¿Tiene sentido esforzarnos para enfrentar lo que ya sabemos que será lo peor y nos destruirá pedazo a pedazo?

100 *Ibíd.*, p. 26.
101 *Ibídem.*

Creo que aquí está la función de la esperanza, en darle motivos, ilusiones y experiencias inspiradoras a la vida.

Es combustible que hace funcionar la maquinaria de nuestro ser para construir un presente que posibilite la existencia de ese futuro anhelado. Ernst Bloch lo dice en estos términos:

> Se trata de aprender la esperanza. Su labor no ceja, está enamorada del triunfo, no del fracaso. La esperanza situada sobre el miedo no es pasiva como este, ni, menos aún, está encerrada en un anonadamiento. El afecto de la esperanza sale de sí, da amplitud a los hombres en lugar de angostarlos, nunca puede saber bastante de lo que les da intención hacia el interior y de lo que puede aliarse con ellos hacia el exterior[102].

La espiritualidad provoca esperanza, porque le permite al ser humano ser consciente de su realidad presente y de todo lo que lo separa de lo que ha elaborado como su propio ideal. Es decir, la conexión con la propia esencia permite que el ser humano sepa quién es y en qué momento está y, a la vez, descubra la distancia que lo mantiene alejado de la realización de su propósito más profundo y definitivo. Se conecta con su sí-mismo, no solo para agradecer quién es, sino para entender que le falta mucho por lograr, por realizar, por desarrollar, por alcanzar. Esa conciencia se traduce en esperanza, porque parte de la base de que lo puede conseguir.

102 *Ibíd.*, p. 25.

La certeza del mejor futuro posible

Cuando recuerdo a mi abuela Cleotilde a veces me lleno de angustia, pues su vida estuvo desprovista de la mayoría de herramientas materiales necesarias para vivir una existencia realizada y feliz, pero desde la oración ella siempre encontraba razones para creer que podía esperar lo mejor, pues trabajaba duro por conseguirlo. Su espiritualidad no le dio nada por arte de magia, pero sí la impulsó desde adentro a no desfallecer y a encontrar oportunidades.

Orar, de esa forma existencial como ella lo hacía, le generaba la certeza de que era posible conseguir lo que necesitaba y eso activaba sus mejores habilidades para lograrlo. Con su historia de vida, que he investigado y que algún día escribiré, constato la fuerza que tiene la esperanza en la vida de las personas —sobre todo de aquellas que parecen estar perdidas— y cómo la experiencia espiritual es una chispa que provoca esa esperanza.

La experiencia espiritual no es una evaluación que desanima, sino una constatación de todo lo que es y se puede hacer para asumir las necesidades y carencias que se tienen.

Cuando hombres y mujeres entran en la experiencia de lo sublime es para conocerse, aceptarse y amarse plenamente. Ahí es donde la esperanza se hace presente y llena de sentido los desafíos diarios.

Cuando vivimos en medio de las adversidades, las experiencias espirituales son las que nos ayudan a tener conciencia de que siempre hay más, que el momento actual no es el final.

La espiritualidad nos hace conscientes de que siempre hay algo mejor que podemos alcanzar. Podríamos decir que es sobre todo durante el espacio espiritual que comprendemos que somos temporales.

Esa experiencia se presenta como insatisfacción[103]. No es el tipo de insatisfacción que lleva a la angustia, pues el énfasis no está puesto en las carencias, en la culpa y en lo que se debe, sino aquella que hace soñar con mejores circunstancias, pues es fruto del reconocimiento de todo lo que sí se tiene y se puede hacer. No es una constatación para amargarse y llorar, sino una invitación a creer que se puede lograr mucho más.

Entiendo el poder de la esperanza como un principio que genera anticipación y motiva y empuja hacia adelante, más hoy en día cuando tantas técnicas de entrenamiento emocional y espiritual hablan de la posibilidad de visualizar las realidades deseadas. La esperanza, al igual que el miedo, nacen de anticiparse al futuro. Ambas son emociones ocasionadas por el futuro, pero que se experimentan hoy. La una para paralizar e invitar al descontrol cuando no se sabe gestionar y la otra para propiciar los pensamientos, las palabras, las actitudes, las decisiones y las acciones que nos muevan a la construcción de lo que se desea.

La esperanza, de alguna manera es previsión; una previsión emocionante y placentera. Es deseo que deja sus manifestaciones fuertes en el presente, marcadas por un optimismo necesario para ser feliz. Sin optimismo no puede haber

103 Polo, L. La esperanza. *Scripta theologica*, 1998;30(1):157-164.

esperanza. Hoy, cuando desde la física cuántica se habla de multiversos, de mundos paralelos, siempre tengo la certeza que este presente es el mejor mundo posible. No creerlo así nos llevaría a padecerlo como una distorsión que no podemos enderezar o mejorar. Sin embargo, también estoy seguro de que el futuro siempre podrá ser mejor. No creerlo así me dejaría expuesto al peor de los pesimismos.

Aquí recuerdo el principio del filósofo Godofredo Leibniz, que bien comenta el filósofo, profesor universitario y escritor español Leonardo Polo:

> Según la filosofía de Leibniz, este mundo es el mejor de los posibles. La postura leibniziana es un claro ejemplo de optimismo pesimista. El optimista esperanzado rechaza la idea de estar en el mejor de los mundos posibles, porque en ese mundo no hay nada que hacer; es decir, no es posible mejorarlo[104].

Entiendo que muchas personas puedan creer que el futuro va a ser peor. Lo que no entiendo es como creerlo y vivir sin desesperarse y sin perder el gusto. Si ya está determinado que va a ser el peor, para qué me movilizo si sé que no puedo lograr nada.

Por eso, en mi vida he tomado una opción total e intensa por el optimismo. Me declaro optimista, por eso siempre espero lo mejor del futuro.

104 *Ibíd.*, p. 157.

Un optimismo consciente

Si alguien me inquiere, con demasiada presunción, por las razones de mi optimismo, siempre le responderé que es una opción libre y voluntaria. Sería optimista, aunque no tuviera razones aparentes para serlo. Y lo soy porque creo que es la mejor actitud posible ante la vida. Se retroalimenta con la esperanza. Tengo esperanza, porque creo que en la vida siempre puede pasar lo mejor, pero a la vez tengo optimismo porque la utopía se hace posibilidad en mi diario caminar.

Tengo claro que el optimismo que me hace esperar lo mejor no es en sí mismo solución de ninguna situación. También entiendo que el optimismo me genera actitudes que sirven para alimentar la esperanza y para tomar el camino de realización de lo que estoy esperando. No se trata de despreciar y minusvalorar los riesgos que se encuentran en la vida y en el futuro. El verdadero optimista es consciente de las tendencias de la vida con todos sus peligros, las analiza y las entiende, y las debe usar para creer que hay posibilidades. Nunca las subestima.

El optimista es capaz de enfocarse en lo positivo, bueno y constructivo que pasa en su vida. Tiene la habilidad de contener la atracción de las dificultades, problemas, conflictos, dolores y tristezas que siempre tienden a obnubilar a las personas. Las situaciones adversas de por sí son capaces de hacernos creer que no hay nada más, lo cual no solo nos inhabilita para encontrar soluciones, sino que además elimina las opciones para el futuro. Nada más oscuro que la mente de alguien que está en problemas; por eso es necesario encontrar pronto las luces de la bondad y de lo bueno que hay en su vida, pues esa será la única posibilidad de encontrar caminos de solución.

La persona que ha optado por ser optimista tiene esperanza, porque encuentra en su presente algunos gérmenes de lo que sueña, porque hay algunas situaciones que la alientan, porque se permite entender que el devenir de la vida puede ser orientado desde las propias decisiones. Es consciente de la necesidad de trabajar disciplinadamente por hacer que sus esperanzas se hagan realidad. No se trata de una actitud fanática de quien cree que por ser optimista todos sus deseos se van a hacer realidad. Mucho menos se trata de creer que la realidad está obligada a darle lo que desea y espera. Sabe que tiene que dar las mejores batallas, pero parte de la actitud de quien cree que es posible vencer. Las soluciones no llegan, se construyen con inteligencia y fortaleza.

Enfocarse en lo que ayuda y posibilita la esperanza es una comprensión de la vida que esclarece la utilidad de cada una de nuestras acciones. Es decir, que quien opta por ese camino se convierte en una persona que sabe actuar en función de lo que quiere. Tiene la seguridad de que en él y a su alrededor encontrará herramientas para seguir. Eso repercute también en las relaciones, porque no hay nada más difícil que relacionarse con alguien que cree que el apocalipsis está por ocurrir en cualquier momento. Además, por lo general, los pesimistas son también conflictivos. Como nada es evidentemente bueno y hay que sospechar de todo, terminan haciendo de la vida una tragedia que confirma las autoprofecías que ya habían dilucidado.

Como el optimismo es una actitud, nadie puede negarla. Pueden acusarnos con todos los epítetos que consideren, pero no podrán violentar nuestra conciencia para obligarnos a centrarnos solo en la peor opción, ya que es nuestra libre decisión tratar de encontrar siempre la mejor. Nos enfrentamos a la realidad tal cual es, sin distorsionarla ni negarla, pero tratando de encontrarle su mejor perspectiva para allí poder asirnos en la tarea de construir el proyecto que soñamos. Algunas veces el optimista lo es desde la constatación del dolor y del miedo. No es un risueño empedernido, sino que aún en los momentos más difíciles —los cuales entiende y acepta— es capaz de buscar lo que le haga creer que puede superar la situación que enfrenta.

La caricatura del ser humano optimista como un ingenuo, alegrón e irresponsable que desconoce la objetividad de la realidad ha ocasionado desprecio hacia la esperanza en ciertos espacios intelectuales. Por miedo a ser ingenuos, terminan la vida amargados, destruidos por la maldición de la lucidez mal entendida. Si hay esperanza es porque hay conciencia de la realidad tal cual es, y en ella se encuentran dinámicas para seguir adelante. Es más, creo que la experiencia espiritual estimula esa búsqueda con una perspectiva holística de la vida. Tal vez cuando solo se ve una parte de la realidad en la que se vive no hay ninguna posibilidad de optimismo, pero cuando se otea y se ve la totalidad, seguro que se encuentran posibilidades impensadas que animan al trabajo y a superar retos.

Estoy convencido de que la persona optimista de alguna manera exige a su mente al invitarla a pensar la vida más allá del presente y tratando de elaborar las situaciones y las respuestas a todo lo que ahora lo hace infeliz.

Es un ejercicio que parte de la decisión de no contentarse con las perspectivas evidentes que podrían hacernos desembocar en una actitud pesimista. Al tomar la decisión de encontrar respuestas y visiones que no constatamos fácilmente, generamos nuevas dinámicas cerebrales, rompemos esquemas mentales y nos preparamos mejor para las exigencias diarias.

Creo en el optimismo como una actitud de vida que se alimenta de la esperanza. Para sostener su posición pesimista, algunos recurren a los clásicos griegos y la mirada de estos frente a la vida. A mí me sigue pareciendo válido el comentario del político, sociólogo, jurista y ensayista español, alcalde de Madrid entre 1979 y 1986, Enrique Tierno Galván cuando dice: "El pesimismo de Sófocles es un pesimismo empírico, pudiéramos decir que nace de la situación y del carácter y no de una actitud intelectual vinculada a la ausencia de esperanza"[105]. Es decir, aquí se trata de la constatación de lo mal que pueden salir una y otra vez las cosas, pero no de la manera como se enfrentan. Creo que es fundamental para poder entender la espiritualidad que provoca esta actitud ante la vida.

105 Tierno Galván, E. y J. C. Opstelten. *Sofocles and Greek Pesimism, Amsterdam, 1952.* Anuario de Filosofía del Derecho, 1956, 430-432.

La confianza en lo que somos

También el que espera lo mejor genera una actitud de confianza que es la base fundamental para el buen desarrollo de cualquier habilidad o la realización de cualquier proyecto. Quien confía en el futuro genera una relación adecuada consigo mismo que le permite estar dispuesto a tomar las decisiones y acciones requeridas. Creer que el futuro será mejor te hace confiar en lo que eres capaz de hacer hoy.

En mi trabajo como conferencista de bienestar, varias veces me ha correspondido motivar equipos deportivos que van a disputar un gran torneo o un partido importante. Me gusta siempre dejarles claro que no hago magia y que no llevo esperanza y motivación en la maleta para repartirles directamente. Siempre les propongo que tengamos momentos de reflexión y de apropiación de lo que son y de lo que creen que pueden hacer. Quizás la experiencia más emocionante y retadora que tuve fue motivar al Junior, el equipo de fútbol de la ciudad de Barranquilla, en la que viví la mayor parte de mi vida. Junior estaba jugando la semifinal a partido de ida y vuelta con Millonarios. Había perdido el primer partido 3 a 0 en Bogotá y ahora jugaría de local. El periodista Ernesto McCausland organizó, desde el periódico *El Heraldo*, la experiencia en la que me llevaría a acompañar al equipo. Me pregunté durante los días previos cómo generar esperanza y motivación en un grupo de jugadores que veía todo tan complicado. ¿Qué palabras podría usar para provocar la actitud necesaria en ellos?

Tenía una desventaja y es que ellos, por mi rol espiritual, esperaban una oración o algún conjuro que me permitiera poner a Dios de su parte —como si pudiera discriminar a los del otro equipo—. Al final, el 15 de diciembre del 2011, trabajé la conjunción de las palabras *aptitudes* y *actitudes*. Les insistía que ellos habían probado tener aptitudes, tanto que eran jugadores profesionales. Les faltaba la actitud y esa la decidían ellos dentro del campo de juego. Les hablé de confianza y de la esperanza como el motor que los debía impulsar. Al final hicimos un pequeño momento espiritual en el que traté que tuvieran una visión más totalitaria del momento y de lo que este exigía.

Lograron ganar ese juego 3-0 y así empataron la serie 3-3, y luego se fueron a lanzamientos desde el punto *penal* y ganaron. Pasaron a la final y ganaron la séptima estrella en la historia del Junior. Ese día quedé más convencido que antes de que el optimismo no gana juegos deportivos, pero sí puede generar las actitudes y las decisiones que permiten a los jugadores hacerlo.

El momento espiritual de esa noche también fue la oportunidad para vincular todas las dimensiones del ser de los jugadores y ponerlas al servicio de la acción que tenían en ese momento.

Ese día aprendí, en una situación muy concreta, la fuerza que tiene la esperanza en los seres humanos.

La vida que vale la pena vivir

Es la posibilidad de que exista y sea real la que nos mueve a creer y esperar, a pensar y trabajar, a intentar y no desistir. En este sentido la esperanza es el motor para lograr una vida que valga la pena vivir. El dalái lama lo dice en estos términos: "El verdadero propósito de esta vida es la felicidad, la cual es sostenida por esperanza. No tenemos ninguna garantía a futuro, pero vivimos con la esperanza de algo mejor. Esperanza significa seguir intentándolo, pensar que se puede hacer"[106]. Sí, esperanza desde la dimensión espiritual es eso, intentar una y otra vez, guiados por la certeza de que es posible conseguirlo.

Siempre se requiere la capacidad de subvertir las lógicas del presente para lograr la realización de lo que se sueña. Si para tener esperanza hay que subvertirlas mental y espiritualmente, para lograrlo hay que hacerlo en la cotidianidad, a sabiendas de que la vida se vive hoy, y que nunca se puede sacrificar el presente por lo que todavía no existe.

Cuando me remito a la experiencia espiritual tengo que fijar mi mirada hacia lo que ha sido mi vida de fe. Es allí, en esas prácticas concretas, en las que he vivido y desarrollado esa dimensión del ser. Como lo he dicho a lo largo de este texto, la he vivido siempre en tres espacios concretos. La vida de un creyente que en medio de rituales y celebraciones existenciales ha tratado de comprender más y mejor su espiritualidad; son los momentos de oración personal, las contemplaciones de los bellos lugares en los que he estado, los diálogos evocadores con tantos amigos. También la he vivido como un líder y acompañante espiritual que preside esas acciones simbólicas y sacramentales, que escucha a los otros hermanos y que trata de dibujar con sus palabras algunos senderos de solución.

106 Dalái lama. *Las leyes de la vida*. Barcelona: Ediciones Martínez Roca (Planeta), 2000, p. 8.

Y claro, el que rumia los textos sagrados, lee autores filosóficos y teológicos tratando de encontrar respuestas a sus búsquedas espirituales.

En el contexto de la esperanza y la espiritualidad, uno de los teólogos que más me influyó fue Jürgen Moltmann. Lo leí por primera vez cuando estudiaba en la Universidad Javeriana. Él, con su Teología de la Esperanza, respondía a mi intento de ese momento por comprender los temas escatológicos que siempre me han inquietado. En la base de su comprensión teológica estaba el principio de esperanza del filósofo alemán Ernst Bloch, pero lo llevaba al espacio teológico, lo que hacía más fácil una comprensión espiritual.

La primera es la constatación de que la experiencia de Dios —de lo sublime— en la vida genera una insatisfacción, porque nos enfrenta a nuestras propias limitaciones personales y sociales: "En los seres humanos, el conocimiento del 'Dios viviente' despierta sed y hambre de vida"[107]. Es decir, esas personas entienden que la vida que tienen necesita desarrollarse más, alcanzar mejores condiciones, vivir en espacios de justicia y llenar de gozo y sentido todos los momentos. La experiencia de Dios muestra que hay un ideal expresado con la metáfora del Reino[108], que exige unos comportamientos concretos en el

107 Moltmann, J. *Teología de la Esperanza*. Salamanca: Ediciones Sígueme, 1977.

108 "Jesús nunca definió el reino de Dios. Describió el reino con parábolas y símiles (Mt 13; Me 4) con imágenes como vida, gloria, gozo y luz. Pablo, en Rom 14, 17, presenta una descripción que es lo más cercano a una definición: porque el reino de Dios no es comida ni bebida, sino justicia, paz y gozo en el Espíritu Santo". Recuperado el 10 de agosto del 2020 en https://mercaba.org/DicTF/TF_reino_de_dios.htm.

presente diario porque comienza a desarrollarse aquí y ahora. Luego, en una conferencia, el teólogo agrega la presencia del Dios viviente a los creyentes: "Los hace sentirse insatisfechos con lo que son y los impulsa a buscar un futuro en que entrará más vida en las vidas que ya tienen"[109].

Como comenté en una nota de prensa,

> en su discurso teológico, [Jürgen Moltmann] nos propone entender la vida en clave de promesa-cumplimiento, que es una de las líneas síntesis de la historia bíblica, y destaca que esta impone al ser humano el luchar por la construcción de las condiciones para que la utopía —cualquier sueño anhelado— sea una realidad en su existencia diaria. La trascendencia se encarna en un compromiso histórico real; lo sublime, lo divino, se hace presente en unas batallas cotidianas concretas[110].

Es asumir el futuro con la certeza de que será el espacio de la realización de nuestro más íntimo propósito. El ser humano espiritual no le tiene miedo al futuro porque lo asume como la posibilidad de concretar su utopía. Esto lo expresa la Biblia al presentar a Dios como quien constantemente hace promesas al pueblo. Cada promesa le da sentido a un momento de la historia, pero con la realización de cada una vuelve a trascender hacia otra.

109 Moltmann, J. *The Living God and the Fullness of Life*. Ginebra: WCC Publications, 2016, 1.

110 Linero, A. Luchar desde la esperanza, *El Heraldo*, Barranquilla, 2019. Recuperado el 21 de julio del 2022 en https://www.elheraldo.co/columnas-de-opinion/alberto-linero/luchar-desde-la-esperanza-718923.

Considero que este principio es válido para todos los seres humanos: entender la existencia como la realización de la utopía —que él plantea en el sentido teológico como "promesa"— y que supone dejarse jalonar por ella. Trascender en los momentos espirituales tiene que hacer notar el ideal, la utopía, hacia la cual caminamos, y generar bríos y empujones desde el interior para alcanzarla. Interiorizar es la manera de encontrar ese ideal al que quiero llegar y que me hará estar en lo que religiosamente llamamos "cielo", tanto individual como socialmente. Esto implica una praxis en el amor, la justicia y la solidaridad concreta.

La esperanza que se experimenta en la espiritualidad se traduce en comportamientos sociales y políticos concretos. Es esperanza de justicia, es decir de condiciones de vida en las que todos tienen lo necesario para realizarse dignamente. Es esperanza de liberación, esto es, que nadie esté sometido a nada distinto de lo que decide hacer en el ejercicio de su voluntad. Es la comunidad de hermanos que plantea Jesús y que tiene su lógica en el sermón de la montaña (Mateo 5-7)[111].

Moltmann lo presenta como "cristianizar la existencia política de las Iglesias y de los cristianos, y, en concreto, según la norma de la imitación de Cristo expuesta en el Sermón de la Montaña"[112], lo cual implica la realización de unos

111 Entre los capítulos 5 y 7 Jesús presenta el discurso de la felicidad. Muestra como se puede ser "dichoso" en la vida cotidiana desde la lógica del evangelio, que es bien distinta a la de la sociedad.

112 Moltmann, J. (1992). Teología política y Teología de la Liberación: Political Theology and Liberation Theology. *Carthaginensia*, 1992;8(13-14):489-501, p. 492.

valores humanos muy claros y concretos de "transformar en libres sujetos de su propia vida a hombres convertidos en humillados objetos por un poder extraño"[113].

Aquí la esperanza no es una emoción subjetiva, sino que se traduce en unas militancias concretas. No se trata de una acción sentimental propia del espacio íntimo, sino de la praxis del amor, la justicia y la solidaridad en las calles de nuestras ciudades. Es una experiencia sublime que anima en lo personal, pero que empuja a acciones concretas para construir mejores condiciones de vida digna para todos. Es fuerza interior que tranquiliza en medio de los dolores, pero a la vez acicate que se traduce en palabras y acciones concretas.

Inmediatamente pienso en tantos hermanos en la fe que he visto dando la vida por los más necesitados, en los que se atreven a pronunciar una palabra de esperanza en medio del dolor y del abandono de todo tipo, en aquellos que no tienen miedo de dejar que su fe se traduzca en fuerza para que los que se experimentan desamparados quieran seguir caminando hacia la realización de la utopía. Se trata de no dejar que nada les quite las ganas de caminar constantemente en y hacia la realización de sus sueños, sin dejarse atrapar por los cantos de sirena que anuncian sociedades distópicas y una vida entendida como simple supervivencia.

Es lo que tienes que buscar en tu experiencia espiritual. No solo el sosiego en medio de la trepidante y, a veces,

113 *Ibíd.*, 499.

angustiosa batalla diaria, sino el compromiso por generar relaciones de justicia y amor con todos, para que ellos también tengan posibilidades de soñar con algo mejor.

Es salir del intimismo al que nos pueden llevar unas prácticas espirituales y tener compromisos concretos en función de los demás.

Es esperanza que no solo ilumina mi propia vida, sino la de todos aquellos con los que comparto la existencia. Es una búsqueda personal que se traduce en comunión con aquellos que, aunque sean diferentes, descubrimos como hermanos.

Como lo dije en una columna de prensa en medio de la cuarentena por la pandemia del covid-19:

> Volver a releer *la teología de la esperanza* me hace entender que la única posibilidad que tenemos hoy es concentrarnos en el presente con la mirada puesta en el futuro deseado. No podemos ceder a la tentación de perder el control por la ansiedad del mañana, ni podemos reprimir el deseo de alcanzar el *"telos"* —como un fin de plenitud— por las penurias del presente. Ni ansiosos por el mañana que no existe y que tenemos que construir, ni enajenados por el dolor del presente, perdiendo toda visión del futuro. Eso se traduce en una experiencia espiritual que nos ayude a controlar las emociones y usarlas como motivo para encontrar soluciones que realicen nuestro proyecto de vida[114].

114 Linero, A. *Luchar desde la esperanza* en https://www.elheraldo.co/columnas-de-opinion/alberto-linero/luchar-desde-la-esperanza-718923, 2019, recuperado el 10 de agosto del 2022.

Que quede claro que la esperanza no es una invitación al conformismo ni a la resignación, sino un empujón a la acción, en este caso a cuidarnos, a ser solidarios, a dar lo mejor de cada uno. Quien cree que el futuro será mejor, tiene más fuerza para trabajar en el presente.

La experiencia espiritual desde la perspectiva de la teología de la esperanza de Moltmann no solo debe llenar de serenidad y paz al ser humano, sino que lo debe convertir en un gestor, un emprendedor, de todas las condiciones que permitan la realización del futuro deseado.

Siempre debemos tener momentos espirituales (oración, meditación, lectura de poesía, contemplación, etc.), en los que permitamos que ese impulso hacia un futuro mejor nos posibilite tener paz, serenidad, armonía y nos ocupe de lo que hoy podemos hacer por vivir.

Dicho en palabras del teólogo alemán: "Paz con Dios significa discordia con el mundo, pues el aguijón del futuro prometido punza implacablemente en la carne de todo presente no cumplido"[115].

El ser espiritual que respeta todo culto

Mi experiencia espiritual es la cristiana; sin embargo, busco de forma constante entender la espiritualidad de otras corrientes para tratar de aprender y contrastar. No creo que valga la pena ninguna disputa por la espiritualidad, esta es

115 *Ibíd.*

una manera de negarla. Quien pelea por ella no conoce su significado.

En el contexto budista la esperanza forma parte de la capacidad humana para crear mundos imaginarios que generan desarrollo en la vida de las personas. Es un potencial que está dentro del ser humano y desde allí lo mueve hacia su progreso. Tiene que ser vivido desde el desapego característico de la vida espiritual de los budistas. Ellos entienden que, si se apegan a la esperanza o a la ilusión, esta también será fuente de sufrimiento.

Es desde el entrenamiento existencial que propone Confucio en las cinco virtudes fundamentales (benevolencia, justicia, conducta ritual adecuada, sabiduría y confiabilidad) desde donde se puede entender su visión de esperanza, que es siempre fruto de la conciencia que se tiene acerca de la manera como se ha vivido cada momento en la historia personal. Una frase suya muy conocida es: "La educación genera confianza. La confianza genera esperanza. La esperanza genera paz". Nos muestra cómo la esperanza es consecuencia del dominio personal y de vivir en las virtudes propuestas. Más que una emoción es el resultado de un trabajo en sí mismo.

En el contexto del judaísmo, tal como lo tenemos en el Antiguo Testamento, los dos personajes que me ofrecen ideas concretas para hacer crecer la esperanza desde la experiencia espiritual son el DeuteroIsaías[116] y Jeremías, ambos

116 La crítica textual y literaria tiene claro por las características teológicas, de estilo, históricas y temáticas que en el actual libro de Isaías se recogen la acción de tres profetas: Isaías (1-39), que es el profeta que predicó antes

profetas con una misión concreta para sostener la esperanza en momentos muy específicos del pueblo bíblico.

Recordemos que el profeta no es un adivino, sino un observador y analista de la realidad que sirve como conciencia crítica del rey y de la sociedad en general. Su tarea es denunciar toda actuación que se aparte de la voluntad ofrecida por Dios en la ley religiosa (en la Torá) y ser juez de las decisiones del rey con todo el pueblo, así como anunciar la manera como debe responder el pueblo a las distintas situaciones que experimentan.

La memoria histórica que nos catapulta

El DeuteroIsaías es un profeta anónimo que ejerce su ministerio en la segunda mitad del siglo VI a. C., en el exilio de Babilonia, una de las crisis más grandes de la fe y la espiritualidad del pueblo bíblico. En una teocracia, como era esa, una crisis de fe repercute en todas las dimensiones de la vida, tanto en el ámbito individual como en el social. Es una dificultad total: crisis de fe, ya que su Dios ha permitido que les suceda lo peor y pareciera que Marduk es más fuerte que Yahvé[117], y eso los pone ante la duda de si vale la pena seguir

del exilio de Babilonia; un profeta anónimo (40-55), que llamamos DeuteroIsaías, que predicó en medio del exilio propiciado por los caldeos, y el Tercer Isaías (56-66), que ejerce su ministerio después del exilio.

117 Recordemos que hasta aquí el pueblo es monolátrico, es decir, tiene un solo Dios, pero no niega la existencia de otros. El paso del politeísmo al monoteísmo tuvo esa estación en la monolatría. Un tema interesante aquí es que el pueblo bíblico será monoteísta en ese período y con la reflexión de este profeta, sobre todo en los capítulos 43 a 45, donde hay expresiones como estas:

creyendo en ese Dios que ahora los ha abandonado; crisis económica, porque son sacados de su territorio a ejercicios económicos diferentes a los suyos, y eso genera una gran desadaptación, que los someterá ante los opulentos del momento; crisis política, porque pasan de ser un pueblo libre y autónomo a ser una colonia del gran Imperio caldeo, y crisis cultural, porque al llegar los exiliados a Babilonia se encuentran con prácticas y rutinas que ponen en cuestión todas las maneras como ellos estaban acostumbrados a ser y a estar.

Es una situación que seguro, tú que me lees, has vivido. Un diagnóstico que, como un mazazo —sobre tu salud o de la de alguien que amas—, destruye todos tus planes y te lanza a un hueco oscuro y sin fondo. También puede ser una ruptura afectiva que hace estallar en mil pedazos un proyecto de vida al que le has dedicado tiempo y esfuerzo, o una quiebra económica que te deja sin oportunidades en las tareas diarias. Quizás alguien pueda vivir más de una al tiempo. ¿Cómo tener esperanza en esa situación? ¿Cómo lograr que la experiencia espiritual provoque esperanza? Es decir, ¿cómo no darse por vencido y pensar que lo mejor es convencerse de que no hay ninguna opción?

Esas son las preguntas que debe responder este profeta anónimo, que predicó aproximadamente entre los años 553 y 539 a. C. Su fe, su espiritualidad, es la única herramienta

---

"Yo soy el primero y el último, fuera de mí no hay ningún Dios. ¿Quién como yo? Que se levante y hable. No tembléis ni temáis. ¿No lo he dicho y anunciado desde hace tiempo? Vosotros sois mis testigos: ¿hay otro Dios fuera de mí? ¡No hay otra Roca, yo no la conozco!".

con la que cuenta para tratar de sostener a ese pueblo que se cae a pedazos en medio del exilio. Me impresiona la manera como anima al pueblo. Más allá de la experiencia de fe, considero que es una técnica interesante para encontrar esperanza en los momentos difíciles de la vida.

El DeuteroIsaías recurre al pasado para encontrar una clave de lectura del futuro. En los patrones del pasado encuentra las probabilidades del mañana. No se deja asustar por la incertidumbre de lo que viene, sino que la enfrenta armado de las experiencias del ayer que le han permitido superar adversidades. Encuentra lógicas históricas que le permiten confiar y esperar y, claro, compartir ese ánimo con el pueblo al que le predica.

El pueblo bíblico en su historia ha vivido dos acontecimientos fundamentales que al volver a ser meditados se convierten en fuentes de esperanza. El Éxodo, es decir la liberación de la esclavitud del Imperio egipcio, y el don de la Tierra Prometida, esto es, la conquista de Canaán. Lo que les espera en el futuro es un nuevo éxodo y una retoma de la tierra que Dios les ha dado.

En el contexto religioso este es un ejercicio de fe pronunciado en términos de promesa-cumplimiento. Dios prometió felicidad al pueblo y cumplirá su promesa. Es creer en la fidelidad de Dios, pero en el contexto existencial es entender que el futuro no solo puede ser visto desde la posibilidad de la desgracia, sino desde la prosperidad que antes se ha vivido. La esperanza es consecuencia de la historia vivida, meditada, celebrada y aprendida. Se cree que el futuro podrá alcanzar la realización de la esperanza, porque ya en el pasado ha sido así.

No es una invitación a la magia, ni al fanatismo, sino a la toma de conciencia de las dinámicas que han gobernado y empujado la propia historia. Quien sabe que el futuro puede ser mejor trabaja de todas las formas para lograr que se concrete. No se realizará mágicamente, será consecuencia de las decisiones que tomemos y tomen los que están cerca, pero tenemos el derecho y hasta la obligación de creer que será lo mejor.

Es optimismo como decisión, en este caso fundado en una experiencia de fe, en muchos otros acontecimientos, como manifestación de la férrea decisión de no darnos por vencidos bajo ninguna circunstancia, conscientes de que aun en las derrotas más grandes hay lecciones que nos preparan para ser más felices. El profeta hace un esfuerzo para que el pueblo no se quede con el pasado inmediato que está marcado de dolor y tristeza, y que no lo inspira, sino que vaya a su credo histórico:

"Ahora dice el Señor a su pueblo:
'Ya no recuerdes el ayer,
no pienses más en cosas del pasado.
Yo voy a hacer algo nuevo,
y verás que ahora mismo va a aparecer.
Voy a abrir un camino en el desierto
y ríos en la tierra estéril'". (Isaías 43, 18-19)

Las bendiciones del ayer son metáforas de las nuevas actuaciones de Dios. También estoy seguro de que este profeta estaba bien "dateado", porque el Imperio babilónico por esa época había comenzado a declinar y a su vez empezaba a surgir el Imperio persa bajo el liderazgo de Ciro. Es decir, su esperanza es fruto de memoria histórica que le sirve para saber que son fuertes y capaces y, a la vez, de su capacidad de observar y analizar la geopolítica del momento, todo eso expresado en la confesión de fe que tiene hacia su Dios, siempre desde una relación íntima e intensa con él.

Creo que las dos son válidas para que todos generemos esperanza en las experiencias espirituales que tenemos. No perder de vista la historia que hemos hecho y que nos ha traído hasta donde estamos y, también, tener los ojos abiertos para entender lo que está sucediendo y cómo nos puede favorecer en nuestras búsquedas. Lo primero es hacer conciencia de toda la propia historia en los momentos espirituales y no simplemente del momento difícil que estamos pasando ahora. Lo segundo es permitir que las prácticas espirituales nos generen la atención requerida para descubrir las manifestaciones de cambio que impulsan nuestra esperanza.

Me impresiona mucho que la esperanza es fruto de la vida vivida, de la existencia probada en los crisoles de las adversidades, de la templanza demostrada en las arenas en las que la vida nos ha puesto a batallar.

Esa certeza nos tiene que mover a vivir hoy y todos los días.

El otro personaje es el profeta Jeremías. Un apasionante hombre de fe, con un discurso lleno de imágenes vivas y acciones simbólicas. Tuvo que asumir la tarea de decirle al rey y al pueblo lo que no querían escuchar. Ellos, amparados en una falsa religiosidad, creían que el camino era enfrentar al Imperio babilónico, que los superaba de todas las maneras posibles. Jeremías, con la claridad de quien entiende que Dios no es un mago, sabía que no había ninguna opción y que debían rendirse, lo cual le causa el rechazo de todos los miembros de la religión oficial del momento y las peores situaciones. Sin embargo, él insiste en sus mensajes.

Lo que más me interesa en este intento por explicitar la relación entre la espiritualidad y la esperanza es que al momento en que el Imperio babilónico destruye Jerusalén en el año 586 a. C., el profeta Jeremías no predica desesperación y venganza, sino que propone un mensaje de esperanza.

El argumento teológico que usa es muy parecido al del DeuteroIsaías. Dios es fiel, lo cual implica que no se muda, que no cambia, que no se contradice. Si en el pasado ha bendecido al pueblo, en el futuro lo bendecirá de nuevo. Por eso es capaz de proclamar: "Porque vienen días —dice el Señor— en que haré volver a los desterrados de mi pueblo, Israel y Judá —dice el Señor—; los haré volver a la tierra que di a sus padres y la poseerán" (Jeremías 30, 3).

Su mensaje no tiene éxito. Ellos terminan desesperados y la tradición nos asegura que él muere en tierra extranjera.

Como sucede con muchos héroes históricos, solo después de su muerte se le reconoce su misión y algunos libros se pondrán a su nombre (Lamentaciones y Baruc, por ejemplo), en una clara muestra de que se le valoró.

Me emociona leerlo y entender que la esperanza nace de lo vivido. No es una experiencia que rompe con la lógica, sino que se entiende en la realización de esta. Jeremías es capaz de comprender el sentido de los acontecimientos, aspecto fundamental para que la esperanza no sea un autoengaño. No se trata de creer que pasará lo imposible e irreal que tengo en la mente, sino lo que la vida muestra que puede suceder.

Cuando leo de nuevo a estos profetas, saltan a mi mente imágenes de las visitas que hicimos durante diecinueve años a todos los barrios pobres de Barranquilla y Cartagena, pronunciando palabras que generaran esperanza en el corazón de quienes nos escuchaban. En medio de estrategias evangelizadoras compartimos la certeza de que podemos levantarnos, organizarnos y responder a los desafíos que tenemos en la vida diaria.

Los momentos de oración y de celebración eran la manifestación de que merecíamos lo mejor y que podíamos acompañarlos. La espiritualidad allí era el espacio para confesar que nos amábamos y creíamos en nosotros, y que desde allí podíamos construir relaciones solidarias en las que pudiéramos estar al servicio del otro. Y que solo así podíamos confesar a Dios como el centro de la vida. Todo a partir de la propuesta existencial de Jesús.

Hoy, cuando gracias a la magia de las redes sociales me encuentro con personas que vivieron esos momentos y agradecen las palabras que los impulsaron en sus proyectos personales, me emociono porque compruebo que la esperanza compartida siempre se multiplica. El domingo pasado viví uno de esos momentos en el aeropuerto El Dorado de Bogotá. Mientras compartía con mi pareja, Alcy, en la sala, esperando el llamado para abordar el vuelo hacia Santa Marta, se me acercó un señor y me preguntó si me podía hablar. Inmediatamente me puse de pie para escucharlo.

Él, con una sonrisa amable, me contó que hacía diecisiete años su hijo había nacido con un problema renal y que habían ido hasta donde yo estaba durante una de esas actividades, y habíamos orado. Que ese niño hoy tiene dieciocho años y está muy bien. Que siempre recordaba ese momento espiritual, porque su corazón se le llenó de esperanza para seguir adelante y ver la manifestación del amor de Dios. Sonreí y le agradecí sus palabras. Luego, cuando ya estábamos volando, di gracias a Dios porque esas palabras de esperanza siempre generaron mejores situaciones para quienes las escucharon. Es que definitivamente sin esperanza no se puede vivir.

Desconozco cómo sea tu experiencia espiritual, o las búsquedas que te trajeron a estas páginas, pero sí sé que los momentos espirituales son una provocación para tu esperanza, para que obtengas la fuerza con la que puedes enfrentar todas las dificultades que tienes.

El bien que siempre triunfa

Que nada te quite la posibilidad de creer que todo puede estar bien. Siempre hay una solución y tú la puedes encontrar. Si tienes una experiencia religiosa, fortalece tu relación con Dios. Si eres ateo o agnóstico, o simplemente no tienes ninguna experiencia religiosa, sumérgete en tu corazón y encuentra allí motivos para seguir creyendo y dando la batalla.

En el contexto cristiano me impresiona mucho el mensaje del Apocalipsis de Juan[118], uno de los textos más revolucionarios y esperanzadores de toda la Biblia. Con su lenguaje críptico nos recuerda que siempre el bien sale adelante y triunfa. Su relato sostiene la apuesta por el bien, por la fidelidad, por la coherencia como única garantía de triunfo. Para ello recurre a imágenes de animales, de colores, de números, de copas y sellos, de batallas y mujeres cósmicas, para decirnos que al final quien está con Dios siempre vence.

Lo dice en medio de una de las persecuciones más violentas contra los cristianos, por eso tiene que simular que habla de Babilonia y no del Imperio romano, mencionar al emperador con el número de la imperfección, 666, para así camuflar que se refiere al César, al que los romanos consideran un dios.

118 No olvidar que la apocalíptica es una mentalidad expresada en una literatura que floreció entre los últimos doscientos años a. C. y los siguientes doscientos d. C., lo cual hace que existan muchos apocalipsis considerados no-canónicos tanto del Antiguo como del Nuevo Testamento, siempre con una mentalidad de subvertir la situación en la que se da para generar un mensaje revolucionario de esperanza.

Deja claro que siempre hay liberación para el que no desfallece, no traiciona sus principios y es coherente con los valores que proclama; él siempre encontrará respuestas que lo animen, alivien y saquen adelante.

A mí me gusta leerlo despacito, interpretarlo y encontrar fuerza en él, para no dejarme avasallar de tantas situaciones que, a veces, nos hacen flaquear. La lectura inteligente y formada de este pequeño libro nos lleva a trascender y a buscar, más allá de nuestras fuerzas y capacidades, aliados para vencer. Muchas veces vuelvo a leer el relato de Apocalipsis 5, 1-9:

> En la mano derecha del que estaba sentado en el trono vi un rollo escrito por dentro y por fuera, y sellado con siete sellos. Y vi un ángel poderoso que preguntaba a gran voz: "¿Quién es digno de abrir el rollo y romper sus sellos?". Pero ni en el cielo ni en la tierra ni debajo de la tierra había nadie que pudiera abrir el rollo, ni mirarlo. Y yo lloraba mucho, porque no se había encontrado a nadie digno de abrir el rollo, ni de mirarlo. Pero uno de los ancianos me dijo: "No llores más, pues el León de la tribu de Judá, el retoño de David, ha vencido y puede abrir el rollo y romper sus siete sellos".
>
> Entonces, en medio del trono y de los cuatro seres vivientes, y en medio de los ancianos, vi un Cordero. Estaba de pie, pero se veía que había sido sacrificado. Tenía siete cuernos y siete ojos, que son los siete espíritus de Dios enviados por toda la tierra. Aquel Cordero fue y tomó el rollo de la mano derecha del que estaba sentado en el trono; y en cuanto tomó el rollo, los cuatro seres vivientes y los veinticuatro ancianos se pusieron de

rodillas delante del Cordero. Todos ellos tenían arpas, y llevaban copas de oro llenas de incienso, que son las oraciones del pueblo santo. Y cantaban este canto nuevo:

Tú eres digno de tomar el rollo y de romper sus sellos,
porque fuiste sacrificado;
y derramando tu sangre redimiste para Dios
gentes de toda raza, lengua, pueblo y nación.

Lo leo porque creo que allí queda claro que la clave de lectura de la historia (representada por el libro escrito por dentro y por fuera sellado totalmente) es vivir a la manera de Jesús, el fiel crucificado y resucitado (representado por el cordero degollado puesto de pie, que toma el libro y lo abre). "Proexistir"[119] es la clave de sentido de toda la historia. Esa es la apuesta del cristianismo. Me gusta porque creo que esa es la concreción de la relación de la esperanza y la espiritualidad: salir de sí, con la confianza de que siempre habrá algo mejor.

Por eso creo que la fe es una militancia en el amor. Es vivir la alegría de la diferencia del otro y recibir su riqueza, y a la vez dar lo mejor de uno para que el otro pueda ser feliz. Hay esperanza porque hay amor. Hay espiritualidad porque hay amor. Todo lo que niegue al otro la posibilidad de ser y de estar en las mejores condiciones no puede ser espiritual.

119 Me gusta usar esta palabra para expresar la decisión de vivir a favor de los otros. Se usa en el contexto teológico para expresar la manera de vivir Jesús de Nazaret su ministerio.

Amar con la certeza de que "amar es ganarlo todo"[120], porque solo tengo algo de verdad cuando genero posibilidades de que el otro también lo tenga. La codicia, el atesoramiento y la avaricia son lo contrario de la fe, el amor y la esperanza.

El Apocalipsis de Juan es un libro de esperanza porque la esperanza es no darse por vencido, aunque el miedo nos llene el corazón y nos haga temblar. Al fin y al cabo, el valiente no es el que no tiene miedo, sino el que asume su miedo y hace lo correcto en el momento adecuado. Por eso no creo en superhéroes ni en dones sobrenaturales. Creo en seres humanos que asumen sus capacidades y habilidades, trabajan en sus necesidades y carencias, y generan las sinergias suficientes para superar todas las dificultades.

Me gusta mucho la dimensión revolucionaria de la esperanza que este tipo de literatura, la apocalíptica, propone. Todo cambiará. Todo será diferente. Todo tendrá la armonía guiada por el amor y por el poder, la de la solidaridad y no la del egoísmo. Se romperán las estructuras que someten al ser humano en contra de su voluntad y emergerán las de la libertad del Espíritu que inspira.

Muchas veces, la esperanza es creer que todo será subvertido y que habrá un cielo y una tierra nuevos. Es la certeza de que todo girará para hacer justicia y devolver dignidad al que se la han arrebatado las fuerzas demoniacas, que no son metafísicas sino las formas objetivas de empobrecer, destruir, maltratar y pisotear al otro. Esa esperanza no se puede

120 Te invito a leer mi texto con el mismo nombre, porque creo que es un desarrollo de aquel: Linero, A. *Amar es ganarlo todo*, Bogotá: Planeta, 2021.

perder nunca, porque es la que impulsa el corazón roto de aquellos que deambulan en medio de las dinámicas de todo tipo de opresión.

Ahora camino por el umbral entre la tierra seca y la mojada por las olas del mar Caribe, en Playa Salguero, en Santa Marta, mi ciudad, y vuelvo a leer ese mensaje de esperanza que me hace creer que vale la pena seguir creando, dando lo mejor en cada lance, creyendo en los otros, soñando con mejores días y sobre todo abriendo espacios para que aquellos que son marginados por cualquier motivo vuelvan a estar en la comunión de los que nos sentimos hermanos. Ese es el mensaje que me gusta releer una y otra vez en las páginas del Apocalipsis de Juan, ya que propone una esperanza nacida en la conciencia espiritual.

> *La esperanza es una realidad posible para todo humano que se disponga a la acción espiritual y descubra en la bella obra de arte, en la pieza musical armoniosa que suena, en el verso que trasciende toda situación o en el rito sacramental, el espíritu, ya sea entendido como manifestación de Dios en el ser humano o como una función cerebral del* Homo sapiens.

A veces, al estilo del poeta español Antonio Machado, hay que juntar la esperanza con la paciencia porque no todo tiene el ritmo y la velocidad que nosotros deseamos. Esperar implica saber entender los momentos de los otros y de la vida misma. Se trata de saber persistir con firmeza y tratar de mantener la misma emoción, permitir que las emociones sean combustibles para no abandonar la ansiedad de esperar sino para hacerla más racional y sentida. Hay que saber esperar:

Dice la esperanza: Un día
la verás, si bien esperas.
Dice la desesperanza:
Solo tu amargura es ella.
Late, corazón... No todo
se lo ha tragado la tierra.

Otras veces la esperanza se hace con la certeza de que el destino está en nuestras manos y que somos nosotros los capitanes de nuestra alma, como nos enseñó el poeta inglés de finales del siglo XIX William Ernest Henley, que luego inspiró a Nelson Mandela durante sus largos años en prisión. No se trata de esperar como quien cree que todo deviene sin esfuerzo; se trata de esperar como quien hace que pase lo que espera. Es una espera activa. Una acción de construir con confianza lo que se desea, siempre desde la actitud optimista, sin entregar el control de la vida, sin negarse la posibilidad de decidir voluntariamente la actitud con la que uno se aproxima a todo, incluso aun aquello que molesta y daña. No lo olvides, eres el capitán de tu alma:

Invictus

Más allá de la noche que me cubre,
negra como el abismo insondable,
doy gracias a los dioses que puedan existir

por mi alma inconquistable.
En las azarosas garras de las circunstancias
no he gemido ni llorado.
Sometido a los golpes del azar
mi cabeza sangra, pero está erguida.
Más allá de este lugar de ira y llantos
yace sino el horror de la sombra,
y aun la amenaza de los años
me halla y me hallará sin temor.
No importa cuán estrecha sea la puerta,
cuán cargada de castigos la sentencia,
soy el amo de mi destino,
soy el capitán de mi alma.

William Ernest Henley

Y, otras veces, repitiendo con el salmista que la esperanza descansa en Dios, quien se ha demostrado como confiable a lo largo de su vida. Se espera de Él por la vida compartida, por las relaciones construidas en la propia historia. No es un ejercicio académico, sino una lectura espiritual de la vida misma. La fuente de la esperanza es la experiencia que se ha tenido con Dios, es su actuación en el ayer lo que permite creer que en el futuro todo estará mejor. Confiar en Dios es fruto de lo que se ha vivido. Por lo menos en el contexto del salmista es así:

Nuestra alma espera en el Señor; él es nuestra ayuda y nuestro escudo.
Nuestro corazón se regocija en él: nosotros confiamos en su santo Nombre.
Señor, que tu amor descienda sobre nosotros, conforme a la esperanza que tenemos en ti. (Salmo 30, 20-22)

Lo importante es que siempre sintamos la esperanza palpitar en nuestro corazón y la alimentemos en esos momentos espirituales en los que logramos descubrir situaciones, personas, habilidades, oportunidades que nos hacen confiar en que el futuro será mejor que el presente, a sabiendas de que es una actitud que nos compromete con cada situación de la vida concreta que tenemos. Es una experiencia que concierne a toda la persona, en todas sus dimensiones. Esperar confiados es una actitud que tienen las personas felices.

La espiritualidad, una acción contemplativa

Mientras comienzo a escribir este capítulo veo las primeras fotos del telescopio espacial James Webb. Desde niño me inunda una gran fascinación por el firmamento, por ese telar de estrellas que acompaña mis noches. Me emocionan las imágenes que veo plasmadas en las fotos y me ilusiono con el conocimiento que esa colosal nave espacial pueda traer a la vida de la humanidad. Son fotos del infinito, de lo inconmensurable, de lo lejano, de lo otro que revela nuestra grandeza y a la vez nuestra pequeñez. Nuestra grandeza, porque en ese espacio infinito, hasta ahora, solo sabemos de nuestra vida consciente y eso nos hace sentir únicos. Nuestra pequeñez, porque somos menos que un punto en esa inmensidad.

Las fotos tachonadas de luces multicolores son testimonio de la trascendencia. Siempre hay algo más. Trascendemos constantemente y nuestras vivencias se trascienden a sí mismas en todos esos espacios desconocidos y ahora vistos por las maravillas del telescopio. Es un bello pretexto para entrar en la reflexión de la relación entre la espiritualidad y la contemplación, en donde busco plantear algunas líneas de acción que provoquen las dos experiencias, que al fundirse en una sola, sean fuerza y caricia en tu vida, compañera y compañero lector.

> *Entiendo la contemplación como esa acción atenta, libre, consciente de hundirme en la experiencia que estoy viendo.*

Es dejarme atrapar por la experiencia que produce estar frente a una realidad y lograr que ella me comunique su mensaje de belleza, armonía, coordinación, equilibro y vivacidad, que está presente en cualquier trozo de la existencia.

No es un ejercicio intelectual ni racional. Es un ejercicio existencial. Es dejarse imbuir por el mensaje que esa realidad comunica. Contemplo todo. Miro mi propio cuerpo con sus características, que cuentan lo que soy y lo que puedo, vislumbro en la naturaleza el mensaje de la inmensidad, de la belleza, de la dinámica vital, de la evolución que siempre nos interpela y enseña algo. Es un ejercicio de dejarse ser en medio de lo vivido. No se trata de atrapar con mi capacidad mental o con mis pensamientos esa realidad, porque corro el riesgo de deformarla y distorsionarla. Se trata de dejarla ser en mí, que me recorra y me comunique su mensaje.

Por eso creo que contemplar es la práctica más espiritual que existe, pues es trascender en busca de un significado, de una emoción, de una experiencia que me arropa pero que no me retiene ni me inmoviliza, sino que me impulsa a vivir la vida desde prismas nuevos que expresen la complejidad de la vida misma. Al contemplar nos conectamos mejor con nuestra más íntima realidad, con la esencia que nos define y nos permite ser quienes somos.

Pero a la vez nos permite ir más allá de los propios límites y conocer el todo desde sus partes. Una de ellas somos nosotros.

Me he aproximado a la experiencia de la contemplación desde la práctica cristiana. Creyendo que la creación me comunica, me habla de su hacedor. Ella es la primera Palabra de Dios para nosotros. La tarea del ejercicio contemplativo es entender esa palabra y a partir de ella alimentar el vínculo con el creador. Esos momentos de atención y conciencia de lo que soy y hago son los escenarios en los que mejor he podido generar esa emoción y ese pensamiento; es en la contemplación en dónde más he encontrado a Dios con mayor facilidad.

Recuerdo la primera vez que me hablaron de la acción contemplativa e hicimos algunos ejercicios pedagógicos para aprenderla. Estaba en el primer año de formación presbiteral en el Seminario Regional de la Costa Atlántica Juan XXIII y tenía 17 años. Nos llevaron a Sabanilla[121], un lugar costero —que en ese momento estaba deshabitado y que simulaba bien un pequeño desierto—. Allí había momentos para concentrarnos en el mar y los movimientos infinitos de sus olas,

121 Sabanilla es un corregimiento del municipio de Puerto Colombia, departamento del Atlántico, Colombia. Sumado al corregimiento de Salgar constituye la zona costera más cercana a la ciudad de Barranquilla. Tiene una gran historia, porque en el siglo XIX fue un agitado puerto comercial.

en los troncos secos que el mar había arrojado a la playa luego de que el río Magdalena los acumulara en su viaje a través de toda Colombia y los depositara allí, en la arena y sus distintas formas. Íbamos con unas indicaciones escritas y debíamos permanecer en soledad.

Se trataba de vivir momentos de recogimiento activo. La indicación era que nos dejáramos conducir por la voz del maestro que nos hablaba a través de las anotaciones que teníamos en la hoja guía. No fue fácil para mí llevar a cabo ese proceso, porque siempre he sido alguien que se distrae con facilidad, hasta que aprendí que aun las distracciones son fuentes de contemplación. De esa época me quedan cuatro actitudes que quisiera compartir contigo a continuación.

Detente, necesitas una pausa

Para contemplar es necesario alejarnos de la velocidad que tanto la tecnología y las distintas dinámicas de producción de la vida cotidiana nos proponen e, incluso, nos imponen. Quien vive de manera automática no puede tener condiciones para experimentar momentos de contemplación. Se requiere detenerse, liberarse de la presión de lo que sigue, disfrutar del paso del tiempo sin miedo a lo que ha pasado, a lo que está pasando e incluso a lo que pasará.

> *Con la ansiedad de no desperdiciar el tiempo se pierde el gusto por la contemplación, que exige vivir a un ritmo distinto, en el que el objetivo no está en la utilidad del tiempo sino en sentir su devenir.*

Detenerse implica saber salir de la rutina que se sigue con frenesí, pues esta es un obstáculo mayúsculo para poder descubrir la singularidad de cada situación. El cerebro en su vital decisión de racionalizar energía y trabajo prefiere automatizar las acciones de tal manera que las pueda hacer inconscientemente y emplear la conciencia en otros procesos. Eso no permite la contemplación que supone la conciencia plena de la realidad.

Para poder detenerse es necesario no absolutizar la productividad como la gran actividad de la humanidad. Es importante comprender y aprovechar la utilidad de producir, pero siempre se debe tener claro que esta no es la única acción que define al ser humano. Somos más que productores materiales, mucho más que seres que construyen. Si no entendemos que el trabajo tiene que ser equilibrado con otras acciones, corremos el riesgo de creer que la contemplación es una pérdida de tiempo y desperdiciaremos cualquier intento por experimentarla.

Somos más que *Homo faber*. Nuestro sentido trasciende el de generar y volver objetos/realidades útiles todos nuestros esfuerzos en el tiempo. También somos *Homo ludens*, es decir, también sabemos jugar, divertirnos, gozarnos la existencia misma. Eso implica significar los momentos de maneras distintas a las marcadas por la utilidad. Hablo de esas acciones que tal vez no nos generan dinero, pero sí le dan sentido a nuestra vida. Creo que esta manera de actuar nos hace humanos en toda la amplitud de la expresión, ya que nos permite entender la vida de manera integral, al evitar exagerar y así deformar algunas de las dimensiones de lo que somos.

Se requiere entender que la contemplación es ganar tiempo, no perderlo. Es más, entender que quien sabe detenerse y contemplar seguro podría producir más.

Las experiencias de detenerme voluntariamente han sido maravillosas[122]. Algunas veces son días en medio del mes de trabajo y otras veces son semanas en medio de un año de actividades ininterrumpidas.

Una memorable fue la visita al pueblo arhuaco[123] Gunmaku. Este territorio, en el piedemonte de la Sierra Nevada de Santa Marta, fue creado para que las culturas tengan un espacio de fusión justo antes de ingresar en la cosmovisión arhuaca. Eso fue exactamente lo que hicimos. Íbamos entremezclando nuestros paradigmas mientras nos adentramos en su universo, en la infinidad de relaciones con la naturaleza y con aquel territorio. Un gran desafío para mí, que sentía que parte de mi identidad ya estaba incrustada en esa sierra con sus nevados y con aquellas personas de estas otras culturas que podemos ver, en algunas situaciones y especialmente en la contemplación, como nuestros hermanos mayores.

El primer trayecto para subir hacia la Sierra fue la manifestación inaugural de que debía detener mi acostumbrada

122 Infortunadamente una vez tuve que detenerme sin querer hacerlo: una enfermedad me mandó a la clínica y allí tuve que parar mis actividades durante tres días. Por eso siempre es mejor hacerlo voluntariamente.

123 El pueblo indígena arhuaco, o iku, de acuerdo con la autodesignación en la propia lengua, es uno de los cuatro pueblos aborígenes de la Sierra Nevada de Santa Marta, en el litoral Caribe colombiano.

y rauda carrera diaria. ¿Cómo entender, si no era con una pausa, que esos parajes que tanto había visto en mi niñez debía percibirlos hoy de manera diferente? Con todos mis sentidos volcados a ese momento, un río común era más cristalino, transparente y real. Lo sentía más presente. Los rayos de sol se colaban en medio de las hojas de los "macondos", esos imponentes árboles endémicos que crecen hasta 30 metros de altura y que con su grueso tronco me mostraban que todo se movía, pero en una armonía que me hacía entender, físicamente, lo que es parar para vivir un proceso distinto.

Después paramos un rato para recibir de manos de nuestros anfitriones las hojas de coca tan valiosas para su cultura, esas que sirven como acompañante para cualquier caminata en medio de la meditación de la vida y como regalo de intercambio cuando te cruzas con un hermano en el camino. Fue la primera vez que "mambié"[124], una experiencia extraña pero enriquecedora para mí, citadino y marcado por el pensamiento occidental.

En ese punto, ya no tenía que hacer ningún ejercicio para entender que vivir ese encuentro trascendental con la

124 El *mambeo* con las hojas de coca es fundamental en su cultura, ya que les permite ganar fuerzas para las largas caminatas que realizan. Los hombres de este pueblo indígena reciben en el momento de la iniciación a la adultez un calabazo seco, que en su interior tiene polvo de conchas de mar. Lo mezclan con la saliva, que a su vez se ha incorporado con la hoja de coca que tienen en la boca mientras mambean. Y lo van frotando con el calabazo, mientras meditan y piensan la realidad; eso hace nacer una orilla de color amarillo en torno a la boca del mismo, que va creciendo con el tiempo. Este calabazo lleva por nombre "poporo".

realidad, en la contemplación, me exigía salir de mis lógicas continuas y habituales de vida. El guía nos invitó a escuchar el canto de los pájaros, el murmullo del agua limpia que corre, el sonido del viento que pasa y hasta las alas de los insectos que volaban cerca.

Nuestro guía nos conminó a concentrarnos en todos aquellos sonidos, al tiempo y en cada uno en particular, que servirían de puerta que cruzaría el alma para que pudiéramos continuar nuestro camino. Desde ese día mi relación con el devenir de los minutos fue distinta de la que estaba habitualmente acostumbrado. Pasé de percibirlo todo a concentrarme en algo y volver a la inmensidad, sin forzar el ritmo, sino dejando que la certeza de su compás se hiciera presente y consciente.

Cerramos esa jornada con un diálogo con los mamos[125]. Había vivido tres momentos diferentes de contemplación y no esperaba tener un cuarto, pero así fue: la pausa de su hablar, la inexistente necesidad de llenar el tiempo con palabras, la riqueza del silencio, de macerar cada frase y dejarse impregnar por cada idea hilando historias con miradas y silencios con naturalezas. No hay temor al paso inexorable del tiempo. Lo viven al ritmo que él propone. Se sientan, caminan, meditan, contemplan, entienden, siempre presentes, siempre atentos.

Eso es detenerse: bajarse del vehículo de la vida cotidiana por un momento, separarse de las lógicas en las que nos

125 Así llaman estos indígenas a sus líderes espirituales, que tienen como función principal mantener el equilibrio natural del mundo y lo hacen a través de ofrendas rituales.

desenvolvemos y enfocarnos en lo que normalmente estamos tan acostumbrados a ver, que podría decirse que estando ahí ha desaparecido, porque no somos conscientes de ello. Es la naturaleza con su armonía siempre perfecta, es el cuerpo que somos y nos identifica, son los otros con sus manifestaciones de amor y solidaridad.

Es la vida misma la que podemos contemplar con la certeza de que la trascendemos y encontramos mensajes profundos y elocuentes. Sin esta actitud es muy difícil cualquier momento espiritual de contemplación.

Desconéctate, que su ausencia te haga presente

Separo esto de lo anterior, porque quiero referirme a la tecnología, esa herramienta innata de la contemporaneidad que, por un lado, nos permite realizar muchas tareas cotidianas con una facilidad que hace unas décadas era impensable, pero que, por otro, estoy convencido, nos está absorbiendo de tal manera que parece crearnos de nuevo. Está forjando nuevos seres humanos. Hemos dejado de ver la realidad a través de nuestros ojos para verla a través de las cámaras de los aparatos que siempre nos acompañan. Dudamos que nuestra memoria pueda recordar lo que hemos visto y por eso preferimos dejarlo grabado en un vídeo. Necesitamos tener una prueba para mostrar a los demás lo que experimentamos y hacemos, como si el objetivo de esos momentos no fuera alimentarnos, en todos los sentidos, a nosotros mismos. Nos inunda la ansiedad de no poder responder inmediatamente a cualquier mensaje, pues creemos que el mundo se puede acabar si no estamos atentos al celular en todo momento y que, además, nosotros seremos los culpables. Nos consume la necesidad de estar informados de todo lo que sucede en el universo, así no tenga ninguna relevancia para nuestra vida.

La tecnología es parte de nosotros, pero la manera como la hemos incorporado en nuestras vidas nos hace asemejarnos a auténticos *cyborgs*, pues prácticamente asumimos los dispositivos como extensiones de nuestro cuerpo. A través de ellos encontramos nuevas maneras de producir, construir relaciones, celebrar la vida, todo a través de ese gran espejo negro[126]. No tengo problemas con eso. Entiendo que es la manera de vivir en este siglo XXI, pero estoy convencido que sin lograr una desconexión temporal de ellos no podremos vivir experiencias espirituales de contemplación. Incluso cuando los usamos como herramientas facilitadoras para leer meditaciones, oír música, leer textos bíblicos, no los estamos usando en su principal función, y en ese caso yo sí lo equipararía a una desconexión.

No se trata de aversión a la tecnología; se trata de saber que la existencia no depende absolutamente de ella y que la humanidad también se desarrolla en espacios en los que está ausente. Es mucho más que nostalgia por los tiempos

126 En alusión a la serie *Black Mirror*, de 2011; Charlie Brooker, su creador, explicó en una entrevista al diario *The Guardian*: "El Espejo Negro es aquel que encuentras en cada pared, en cada escritorio, en la palma de cada mano, esa pantalla fría y brillante de un televisor, un monitor, un teléfono inteligente".

pasados en los que no se confundía la comunicación con estar conectados, ni se caía en la paradoja de estar unidos a través de una *app* para estar más lejos del corazón. El que quiere contemplar y entender desde puntos superiores su existencia, tiene que alejarse por momentos de los dispositivos y acercarse a su sí-mismo.

La vida exterior es apasionante y retadora, pero la interior también lo es. Nos han enseñado a viajar hacia afuera, despreciando un poco las riquezas del viaje interior. Vale la pena tener tiempo consigo mismo para poder conectarse con todos. En la constatación de quienes somos habrá siempre una mejor posibilidad de relación con los demás. Quien se sabe y se asume a sí mismo con seguridad podrá conocer, aceptar y respetar al otro en sus diferencias.

En muchos lugares del mundo he tomado la decisión de desconectarme por un momento de la realidad exterior y conectarme con mi esencia. En lugares religiosos con una mística contundente y envolvente. En momentos de contacto con la naturaleza. Recuerdo especialmente mi último viaje a la Ciénaga Grande de Santa Marta, una albufera de unos 800 kilómetros cuadrados. Atravesarla en búsqueda de los pueblos palafitos es un placer enorme. Encontrarse con su multitudinaria fauna, con sus infinitos colores, es siempre emocionante. Sus caimanes, sus micos aulladores, sus garzas de todos los tamaños y colores, los patos que la visitan según la época, los pájaros con sonidos inéditos, sus peces, sus moluscos y toda una infinidad de especies son testigos de la vitalidad, diversidad y armonía de la vida. Son invitaciones constantes a desprenderse de lo conocido para adentrarse en el mundo de los aprendizajes y constataciones nuevas.

La Ciénaga es surtida por cuatro ríos: Aracataca, Fundación, Tucurinca y Magdalena, a través de sus caños que llegan hasta este sistema acuífero. Es bello recorrer esa gran masa de agua en la que uno se siente distante de su habitual espacio vital. Su extensión es tan grande que no hay señal de celular. Ese hecho, sumado a que mi celular no había cargado la noche anterior, eliminó cualquier tentación de grabar o tomar fotos. Solo tenía que vivir intensamente ese instante para recordarlo siempre. El mayor momento de desconexión lo viví cuando llegué a la desembocadura del río Tucurinca. Se apagó el motor. Alcy, Juan Carlos Sanabria y yo hicimos silencio. La invitación era a hacer conciencia de cada uno de los sonidos que en ese momento se producían. Por un instante tuve la sensación de estar suspendido en el aire, de no estar ligado a nada, de flotar en una dimensión de sensaciones: olores, colores, sonidos. Estoy seguro de que percibí algunas armonías que nunca había escuchado y que tenían que ver con cantos de aves o simplemente con el movimiento del agua. No hubo espacio para ningún aparato. Solo la sensación de ser uno con la naturaleza. Contemplarla, sintiendo lo que producía en mí y percibiendo sus caricias en la piel del alma.

Esta contemplación me hizo tener conciencia de que algunas veces, cuando me desconecto de lo externo y me conecto con lo más profundo que soy, termino mejor conectado con todos. Parece contraintuitivo, pero es así.

Esa es la finalidad de la contemplación en el camino espiritual, la de tener una mejor relación con todos. No es un ejercicio narcisista de admiración personal sino la búsqueda en lo profundo de uno mismo que nos permita una mayor sintonía con todos los que nos acompañan en la existencia.

Silencia tu voz, silencia tus pensamientos

Además de ser una actitud necesaria para la contemplación, es un bálsamo para la vida. Normalmente soy un ser de palabras. Me he pasado la vida hablando en público. Me he acostumbrado a que las personas esperen de mí una palabra, no solo por mi manera de ser, sino también por el papel que he desempeñado en la comunidad. Sin embargo, no me cuesta hacer silencio. Puedo pasar mucho tiempo sin musitar palabras, embebido en mi intensa actividad mental, sosteniendo diálogos imaginarios, conociendo mundos fantásticos que creo, simulando puestas en escena de conferencias que voy a dar o simplemente en silencio, dejando que el presente pase sin buscar moldearlo con mis pensamientos.

La experiencia espiritual, por momentos, exige mutismo, para escuchar a los otros, al gran Otro y para escuchar nuestro propio corazón. No se trata del silencio que aísla y ensimisma, sino de la posibilidad de acallar nuestros propios ruidos interiores para captar las voces y el ser de quienes están a nuestro lado. Ese silencio nos alimenta y nos hace crecer, porque nos permite contraponer nuestras maneras con las otras, nos ayuda a encontrar dimensiones nuevas al entrecruzar nuestras visiones del mundo con las de aquellos que han construido sus propios mundos.

Es un ejercicio de atención que implica desenfocarse del propio lenguaje interiorizado para atender lo que se dice afuera. Silenciarnos implica descentrarnos de nosotros mismos por un momento para poder tender puentes con las otras realidades, es prepararse para la escucha que ilumina y nos lleva a conjugar otras acciones que no conocíamos y que nos ayudan a comprender todo mejor.

Enfocarse en lo que se quiere escuchar es la clave, ahí está el verdadero silencio.

A veces hay personas que no musitan palabras, pero no están escuchando, están en medio del alboroto de la mente que no tiene claridades de nada.

El silencio implica una apertura de todo mi ser a lo que quiero escuchar, contemplar, conocer. Es una apertura que implica perder el miedo, por un momento, a lo desconocido y a lo diferente. Es una actitud que nos va a permitir contemplar la realidad que tenemos en frente. Es una acción espiritual porque me permite ir más allá de lo que veo para tratar de encontrar lo original y genuino. Allí es donde crezco como ser humano, en la contemplación silenciosa.

Implica también acoger. Creo que esa es la esencia del escuchar. No solo llenar mi cerebro de información y de datos, sino captar el ser que está detrás de las otras voces y el mensaje que se acurruca en las sensaciones y que estimula en mí esa realidad que quiero contemplar. El silencio en el momento de la contemplación es el que nos permite ir más allá de los colores, los sonidos, las formas que se ven para que se acoja un mensaje.

Para nosotros, que estamos acostumbrados al ruido, este silencio no es fácil. Por eso a muchos les cuesta contemplar, porque no logran acallar la mente por un momento y centrarse en la realidad que quieren conocer plenamente. Hay que aprender a hacer silencio. En nuestras dinámicas sociales no se nos enseña a hacerlo. Es importante aprender a disfrutar el descubrimiento de nuevos sonidos, nuevos colores y entender que esa suma de características siempre lleva unos mensajes sólidos para el alma.

Ese es el ejercicio que hago para aprender a escuchar. Trato de encontrar nuevos sonidos en lo que oigo. A veces, por ejemplo, trato de individualizar el sonido de algunos instrumentos en la orquesta mientras escucho la melodía que interpretan en armonía. No me es fácil intentar tener la mente en blanco durante algunos instantes, pero aun así lo intento, siempre con el deseo de que la realidad que percibo me diga algo acerca de mí mismo, también.

Los momentos de contemplación que tengo siempre son experiencias de oración. Son instantes en los que dialogo con el Creador. Tengo la certeza que hay algo más, que no todo se acaba en las explicaciones de causa y efecto que nos dan. Mi experiencia me hace creer que hay un ser personal con el que puedo trabar una relación de amor. No sé cómo es. Solo sé cómo quiere que yo viva, pues me lo han enseñado en la persona de Jesús. Mi diálogo con él siempre confirma mis fortalezas y me hace sentir que puedo superarme en las dificultades. Es un diálogo de amor. A veces solo basta con sentirme amado y, desde mi tacaña manera de amar, tratar de hacerlo alguien central en mi vida.

En mi último viaje a la Guajira colombiana —visitarla siempre es un motivo de placer para mí, ya que me gusta constatar sus maravillosos colores—, en el desierto, mientras íbamos para el cabo de la Vela tuve esa certeza: hay una inteligencia detrás de todo esto, que respeta nuestras normas y leyes naturales, pero que está ahí para darle sentido a la vida y a las actividades. Contemplar esa agreste aridez me hacía estar en contacto con quien es el amor pleno de todo.

Interioriza, encuentra tu vínculo

La última actitud que me parece básica para iniciar un proceso de contemplación es la interiorización. Me gusta expresarla con el acto de cerrar los ojos. Tengo claro que es un gesto poderoso que nos hace mirar hacia dentro, ver nuestro interior, nuestra alma, nuestro corazón. Entiendo que por sí solo no causa todo lo que necesitamos para contemplar, pero es primordial.

A veces vemos mejor hacia fuera
cuando tenemos los ojos cerrados.

Interiorizar es conocer, aceptar y amar lo que somos, viajar a nuestro interior con la actitud de quien siente el placer de estar presente. Es tratar de poseer el infinito mundo interior que somos, hacerlo no solo para deleitarnos, sino para prepararnos al encuentro del otro. La mejor imagen para este proceso es la de viajar hacia adentro a escuchar el corazón, que con sus latidos tiene mensajes que no hemos podido comprender desde nuestra razón, algo que nos lo aseguró en el siglo XVII el matemático y filósofo francés Blaise Pascal[127].

Cuando miramos hacia adentro podemos tener mejores perspectivas de lo que queremos ver hacia afuera. En el proceso de contemplación es esencial porque nos va a permitir unirnos a la realidad contemplada. Nos permitirá entrar en un estado que nos hará trascender lo que vemos y oímos, lo que percibimos. Allí terminamos dejándonos asumir por esa realidad y formando parte de ella.

Los momentos espirituales que permiten la contemplación siempre son catalizadores de mayores compromisos con los proyectos personales y sociales. El proceso es sumergirse en lo profundo del ser para estar más fuerte en la militancia de las opciones fundamentales de la existencia. Se trata de contemplar para tener mayor conciencia de quién se es y qué compromisos se tienen con la realidad. No es evasión ni miedo al entorno, es asumir que el universo es un sistema y que somos parte activa de él, teniendo, así, cada vez más claro cuál es el papel que cumplimos en su interior, sin caer en pretensiones exageradas ni en miedos infundados.

127 Es famosa su frase: "El corazón tiene razones que la razón no entiende". Pascal, B. *Pensamientos*. Guadalajara, México: Editorial Universitaria, 2016, p. 45.

Contemplación que lleva a lo sublime

Amigos no creyentes, algunos agnósticos y otros ateos, me dicen que estas cuatro actitudes se requieren para cualquier ejercicio que busque la toma de conciencia de la propia vida, del propio presente, que son las mismas actitudes que usan para leer poesía o para contemplar obras de arte que comunican lo sublime. Entiendo aquí lo sublime —en términos kantianos[128]— como el fracaso de la imaginación de representar lo experimentado ante la realidad, lo cual le marca unos linderos de infinito y de inconmensurable[129]:

> *"Lo sublime hace violencia a la imaginación; lo sublime desconcierta a la imaginación, ya que la imaginación no es capaz de 'comprender' su objeto 'dado en un todo de intuición'"*[130].

Lo sublime nos pone ante nuestros límites de comprensión y representación. Es la realidad que nos golpea emocionalmente en lo profundo del ser, pero que no podemos concretar en una representación completa. Siempre se ha creído que se trata de una emoción religiosa porque nos pone en contacto, en relación, a disposición de.

128 Immanuel Kant, filósofo alemán, nacido en 1724. Su trabajo es un reconocido pilar de la filosofía moderna. Resalto su propuesta de la crítica de la razón pura, en la que plantea que el conocimiento verdadero se basa en la experiencia y que, por lo tanto, el conocimiento humano está limitado por ella.

129 Kant, I. *Lo bello y lo sublime: Ensayo de estética y moral* (n.° 71). Madrid: Espasa-Calpe, 1919.

130 Rubio Angulo, J. Lo sublime. *Universitas Philosophica*, 1991;9(17):37-50, p. 41.

En la *analítica de lo sublime* encontramos tres características que Kant explora ampliamente.

> En primer lugar, su valoración negativa. Si lo bello se define canónicamente, lo sublime presupone mecanismos que solo se valoran negativamente. En segundo lugar, la intensidad emocional, que es constitutiva e inherente a lo sublime. Lo sublime conduce al paroxismo de la experiencia estética. La embriaguez intensa del sentimiento de lo sublime se debe a circunstancias existenciales excepcionales y a una empresa total e irresistible. Finalmente, ya que podemos decir que lo sublime se abre a lo infinito de orden cualitativo, parece que establece un contacto con lo suprasensible y con lo religioso. Muchos filósofos identifican el sentimiento sublime con el sentimiento religioso[131].

Sublime es la experiencia con Dios, a quien sabemos, pero no podemos explicar, y por lo cual solo nos queda el mundo de lo simbólico para poder hacerlo más entendible para los demás. Sublime son las fotos del telescopio James Webb, que nos producen una emoción que nos sobrecoge y nos posee por un momento. Sublime es la experiencia de un momento deportivo que no cabe en los cánones de explicación que tenemos y nos hace exaltar las emociones más profundas.

Estoy seguro de que es esto, más que lo bello, lo que buscamos en los momentos de contemplación en los que la dimensión espiritual se expresa plenamente y sentimos que

131 *Ibídem.*

captamos la realidad de una manera novedosa y profunda. Experimentar lo sublime.

La contemplación genera paz y serenidad en el ser humano que la practica. Le permite sentirse en armonía con el cosmos. Saber que es parte de algo que lo desborda lo hace consciente de que no puede controlarlo todo y que pretenderlo es una manera de sufrir innecesariamente. Reitero: lo hace consciente de su pequeñez en un universo infinito, pero a la vez de su grandeza en la cúspide de un proceso de evolución continuo. Lo hace solidario con los demás seres humanos y los otros seres del universo. Lo llena de paz y serenidad porque le recuerda que el tiempo pasa, que eso es inevitable y que todo tiene un ritmo que no controlamos. Lo hace consciente de su voluntad y capacidad para construir el destino y elaborarlo desde unos principios que ha asumido a lo largo de su formación.

Contemplación que humaniza

No se trata de un ejercicio cualquiera, se trata de uno que humaniza, en cuanto que llena de plenitud a los hombres y mujeres que lo practican. Es la posibilidad de sentirse dueño de la propia existencia, pero a la vez reconocer que se está expuesto a las otras fuerzas de la vida. Hacerlo con el orgullo y la humildad suficiente para no ser pusilánime ante las dinámicas en la que vive, pero a la vez no ser prepotente y reconocer su lugar en ese sistema.

La espiritualidad es una acción contemplativa de todo ser humano. En esta práctica contempla su cuerpo, su mente, sus palabras, sus decisiones, su historia, y lo hace para reconocerse capaz de hacer, pero no para ocasionar unos juicios de valor que lo lleven a sentimientos de culpa. Contempla al otro, al que está a su lado, y con su sola presencia le permite identificarse como diferente. Lo contempla para amarlo, pero contempla a todo el planeta como sistema de vida.

Se busca y se encuentra en el otro. Se ve animado e inspirado por la diferencia allí presente. Se cuestiona a partir de las necesidades de los demás y se compromete a trabajar por ellos. Es un ejercicio que tiene sentido en la praxis diaria. No es esconderse de lo cotidiano sino prepararse para vivirlo plenamente.

De contemplar nuestro entorno a sentirnos parte de él

Toda experiencia espiritual debe tener unas implicaciones prácticas en la vida diaria. Creo que en las condiciones actuales la contemplación tiene que ser fuente de compromiso ecológico. El que contempla la creación lo hace para comprometerse con ella, para que no desaparezca, para que siga viviendo el proceso de continua creación.

Dejarse atrapar por la fuerza creadora y admirarla debe tener como consecuencia que nos desplacemos de una mirada antropocéntrica a una geocéntrica. Nosotros, formados desde la influencia de los relatos de la Creación contenidos en el Antiguo Testamento, en los que se deja claro que todo ha sido creado para el hombre, necesitamos descubrir que hacemos parte de un sistema y que la única forma de evitar la desaparición de la especie humana es cuidar el planeta Tierra.

Aquí creo que el texto que nos puede guiar para entender la necesidad de crecer en nuestra responsabilidad ecológica es la encíclica del papa Francisco *Laudato si'*, la cual está centrada en el planeta como nuestra casa común, es decir, como el espacio en el que vivimos todos. El énfasis de sus seis capítulos está en que la casa común solo se cuida si se cuida la naturaleza y la vida animal desde unas relaciones humanas marcadas por la inclusión, la justicia social y el amor.

No se trata de una mirada contemplativa de la naturaleza, como algo ajeno que forma parte del paisaje en el que vivimos. Se trata de contemplar algo que forma parte de lo que somos, de nuestra propia realidad. Sin esa naturaleza no existimos, por lo menos de la manera como lo hacemos hoy. El papa Francisco deja claro que es una misma realidad y que no se puede cuidar la naturaleza sin cuidar la sociedad: "El ambiente humano y el ambiente natural se degradan juntos, y no podremos afrontar adecuadamente la degradación ambiental si no prestamos atención a causas que tienen que ver con la degradación humana y social"[132]. Es decir, la manera como nos relacionamos en sociedad expresa también la manera como lo hacemos con el medioambiente.

Es la experiencia espiritual la que nos hace conscientes de las lecciones del pasado, que nos permite entender el por qué y el para qué de lo que estamos viviendo hoy, y a la vez

132 Francisco. Encíclica *Laudato si'*. 18 de junio del 2015, n.° 8.

nos lanza hacia el futuro como seres responsables. No podemos dejarnos imponer la condena de un futuro distópico. No todo está perdido y tenemos que actuar como humanidad para que el futuro realice la utopía que soñamos.

Necesitamos hacer lo que corresponda hoy para evitar ese mañana. No podemos dejarnos someter al corsé de la sociedad que nos sueña individualistas y sin mirada a futuro. Necesitamos preguntarnos una y otra vez: ¿Qué tipo de mundo queremos dejar a quienes vienen detrás?

> "*Lo que está en juego es nuestra propia dignidad. Somos nosotros los primeros interesados en dejar un planeta habitable para la humanidad que nos sucederá*"[133].

La experiencia espiritual tiene que ser una herramienta para construir un futuro feliz para el planeta y la sociedad. La espiritualidad nos puede liberar de las maneras de producir y de satisfacer las necesidades que están poniendo en riesgo el planeta. Una espiritualidad ecológica es aquella que permite una vida con sentido a los seres humanos, de tal manera que no necesiten tener las cosas y las posesiones como razón de su existencia: "Mientras más vacío está el corazón de la persona, más necesita objetos para comprar, poseer y consumir"[134].

En este sentido, el cambio del antropocentrismo al geocentrismo también implica un cambio en la manera de producir

133 *Ibíd.*, p. 34.
134 *Ibíd.*, p. 45.

y de relacionarnos económicamente, una transformación que tenga en cuenta todas las diferencias religiosas y las manifestaciones del cambio climático, y pueda ser más incluyente con todos. Ya no podemos entender la humanidad en términos de números e indicadores, sino de felicidad. Una sociedad que excluya sistemáticamente no podrá ser verdaderamente espiritual ni podrá cuidar el planeta. El teólogo brasileño Leonardo Boff cree que la opción preferencial por los pobres, en la que la teología latinoamericana centró su mirada a lo largo de los años sesenta y ochenta, hoy tiene que extenderse hasta el gran pobre y excluido que es el planeta.

Es importante tener claro que esta no es una tarea religiosa sino espiritual, es decir, debe incumbir a todos aquellos que reconozcan la posibilidad de trascender, de conectarse con la esencia, de otear la vida.

Las diferencias religiosas deberían quedar a un lado cuando se trata de la supervivencia de la especie.

Un diálogo desde la compasión como emoción espiritual básica implicaría también tener presente la manera de estar y relacionarse en el planeta. El papa Francisco lo dice en estos términos: "La mayor parte de los habitantes del planeta se declaran creyentes, y esto debería provocar a las religiones a entrar en un diálogo entre ellas orientado al cuidado de la naturaleza, a la defensa de los pobres, a la construcción de redes de respeto y de fraternidad"[135].

135 *Ibíd.*, p. 44.

En este contexto cada uno de nosotros, como seres en búsqueda espiritual, tenemos que comprometernos con actitudes concretas en nuestra cotidianidad. Constantemente se nos plantean acciones con las que podemos trabajar contra el cambio climático. En este momento del siglo XXI no se puede ser espiritual sin un compromiso ecológico. Menos se podría ser religioso sin un compromiso ecológico, porque amar al Creador implica cuidar toda la creación. En el último tiempo he estado atento a las indicaciones prácticas de cómo podemos ayudar individualmente en nuestra cotidianidad. Aquí algunas de las ideas que he encontrado en distintos portales[136] y que les presento a continuación:

Reduce tu huella de carbono: Todas las actividades de producción y consumo generan gases de efecto invernadero. Al tomar conciencia de ello se puede buscar la manera de que las emisiones de nuestras actividades sean las menores posibles. El concepto utilizado para cuantificar el impacto de una actividad, persona o país en el cambio climático es el de la huella de carbono. Prácticas sencillas como desconectar el celular, no dejar luces encendidas sin necesidad, no usar demasiado el aire acondicionado o la calefacción, utilizar transporte público, bicicleta o caminar pueden ser acciones simples e individuales que ayudan a este propósito.

136 Universidad EAN: https://universidadean.edu.co/noticias/5-acciones-cotidianas-para-mitigar-los-efectos-del-cambio-climatico. Recuperado el 25 de julio del 2022; Saving The Amazon: https://contenidos.savingtheamazon.org/siembra-un-arbol?utm_source=GoogleAds&utm_medium=Reducir&utm_campaign=Medioambiente-Frase-Exacta. Recuperado el 26 de julio del 2022; *National Geographic* en español: https://www.ngenespanol.com/naturaleza/10-formas-de-reducir-tu-huella-de-carbono/

Cuida el agua: Hemos olvidado una verdad obvia: "Sin agua no hay vida". Cada vez encontramos datos de cómo escasea el agua en algunos lugares. Muchos futurólogos han indicado que las próximas guerras serán por agua. Necesitamos cuidar este recurso vital para subsistencia de nuestra especie y de todos los animales y plantas que habitan la Tierra. Puedes hacerlo con acciones sencillas como evitar desperdiciarla durante el lavado de dientes o manos; lavar la ropa con agua fría; mientras sea posible, evitar los calentadores para la ducha; reciclarla al recoger el agua lluvia, y disponer de sistemas de recolección del agua de los lavabos para reutilizarla.

Aliméntate de forma sostenible: Tu forma de alimentarte cataliza unos sistemas de producción, y en la medida en que logres alimentarte de forma sostenible contribuirás a esta lucha. Es necesario que tus compras muestren tu compromiso con el cuidado del planeta. Los productos orgánicos son siempre una opción más sana para la sotenibilidad. Es necesario que tus compras demuestren tu compromiso con el cuidado del planeta. Debemos evitar que nuestra manera de consumir siga destruyendo el planeta, y una buena acción para conseguirlo es comprar productos locales que no impliquen un daño al medioambiente.

Apoya el uso de energías alternativas: En todos nuestros países se adelantan proyectos de energía eólicas y/o solar. Es necesario estar atentos y, si está a nuestro alcance, participar de ellos. Se requiere la transición global al uso de energías alternativas.

Muévete con menos emisiones: En el mundo del transporte individual es necesario fomentar el uso de medios de transporte más amigables con la naturaleza. Usar bicicleta o caminar, por ejemplo, son satisfactores sinérgicos de varias necesidades fundamentales, pues no solo contribuyen con el cuidado del planeta, sino que nos ayudan en nuestra salud. El *car pool*, es decir el compartir el vehículo con varias personas en viajes comunes, también es una gran opción.

Esta responsabilidad se ha vuelto una de las misiones de mi familia. Con mi pareja cada vez estamos más comprometidos con pequeñas acciones para lograr que nuestra huella de carbono sea lo más pequeña posible, en consecuencia, con la manera como hemos entendido nuestra experiencia espiritual y, claro, también, la insistencia del papa Francisco, que nos ha hecho entender la necesidad de asumir posiciones concretas al respecto. Además de tomar transporte público, cuidar el uso de la energía con los electrodomésticos en nuestra casa y estar atento a sembrar árboles para la reforestación, con mi pareja, practicamos las 3 R del reciclaje:

- **Reducir**: Niégate a comprar por comprar.
Evitamos esos paseos por centros comerciales que terminan en comprar lo que no se necesita. Ser disciplinados y austeros es necesario para contribuir a no generar basura y no gastar más recursos en la elaboración de otros productos.
- **Reutilizar**: No queremos caer en la lógica consumista del descarte. No queremos comprar lo que no necesitamos, ni cambiar lo que no ha dejado de funcionar. Nos negamos a creer que el nuevo

modelo de cualquier aparato vuelve obsoleto el que tenemos. Se trata de evitar generar basura innecesaria. Mi computador y mi celular son modelos muy antiguos que siguen funcionando y no hay necesidad de cambiarlos. Creo que soy espiritual cuando viajo a entrar en conexión con la naturaleza, cuando hacemos una oración o cuando reutilizamos pensando en luchar contra el cambio climático. Es obvio que la lógica que usamos es que en la medida en que desechemos menos objetos, menos basura y menos recursos, tendremos que invertir para fabricar nuevos.

- **Reciclar**: En nuestra casa seleccionamos la basura. Está la caneca para lo orgánico, la basura común y lo reciclable. Las estadísticas dicen que si se hace esta selección desde la fuente, se podría reciclar el 92 % de la basura. Aquí el margen de mejora es bastante amplio porque, según cifras oficiales del Boletín Técnico Cuenta Satélite Ambiental del DANE, del 2019, "la tasa de reciclaje y nueva utilización de residuos de ese año fue del 11,82 %, con una proyección para el 2021 del 13,81 %, y para el 2022, del 14,6 %".

Solo con acciones de este tipo podría ser auténtica y genuina la experiencia espiritual como acción contemplativa. Sin ese compromiso concreto con la naturaleza y el planeta mismo, todo quedaría en ejercicios alienadores.

Encontrar lo sublime en la contemplación solo es posible si antes se ha encontrado en lo cotidiano de la vida compartida.

Contemplar a los animales como manifestación de la vida

Ese desplazamiento de la mirada antropocéntrica a la geocéntrica exige una comprensión distinta de los animales en nuestros proyectos de vida. De verlos como objetos que están completamente al servicio de los hombres, debemos pasar a descubrirlos como seres sintientes que merecen nuestra protección[137], lo cual se tiene que hacer notar en las distintas maneras de relacionarnos con ellos; también en el plano de la espiritualidad.

En mi casa materna siempre hubo animales domésticos y siempre se nos enseñó a cuidarlos. Sin embargo, no se valoraban más allá de la compañía que proponían y no se pensaba en su sufrimiento. Había unos clichés desde los que nos relacionábamos con ellos; por ejemplo, teníamos gatos para cazar ratones y los perros eran bravos y servían para cuidar los lugares. Las comprensiones que hemos tenido de los

137 "En los últimos tiempos, este término ha pasado al debate de la sociedad y de los medios relacionado, sobre todo, con la llamada sintiencia animal. Desde este enfoque, los animales no solo reaccionan a los estímulos, sino que tienen la capacidad de experimentar sensaciones, hecho este que los diferencia de las cosas y que, desde el punto de vista de la ética animal, debería otorgarles unos derechos distintos, tales como la protección contra el sufrimiento o el derecho a la comida, el agua y el refugio". https://www.fundeu.es/recomendacion/sintiencia-termino-valido/. Recuperado el 26 de julio del 2022.

animales y la manera como nos hemos relacionado con ellos nos ha enseñado a cambiar esos patrones mentales, y a entender que lo que más necesitan de nosotros es el amor y el cuidado; a cambio ellos siempre estarán presentes con sus maneras de dar afecto.

Recuerdo que en décimo grado me correspondió aprender de memoria y recitar el poema del nicaragüense Rubén Darío *Los motivos del lobo*, y eso me hizo leer todo lo que se dice del trato de Francisco de Asís con los animales, la manera como los respetaba y valoraba, todo circunscrito a las comprensiones de su época. Siempre me impactó que, en su visión de armonía con la naturaleza, a todas las criaturas las llamaba hermanos, entre ellos a los animales. Allí comencé a cuestionarme sobre la manera como nos relacionábamos con esos seres.

Viajo frecuentemente. El ejercicio ministerial me llevaba a estar por fuera de casa durante largos períodos, así que nunca pensé en tener un animal de compañía. El único perro que me ha acompañado en la vida se llamaba Tayson. Estuvo conmigo a mediados de los noventa, cuando los viajes aún no eran tan seguidos. Lo adopté, entre otras cosas, porque me di cuenta de que fue el único de su camada al que nadie quiso, solo porque sufría un problema en sus patas traseras.

Estuvimos juntos durante varios años. Fue mi compañero en vigilias de escritura, en esos momentos en los que uno quiere sentirse acompañado, pero no interrumpido. Lo llevé a mi casa materna y allá se hizo uno más de la familia. Un día, a pesar de todo el cuidado que le dimos, lo atacó un cáncer y pese a todos los esfuerzos por mantenerlo con vida, murió. Hoy creo que la decisión de no volver a buscar una mascota se debe en buena medida al dolor que me causó su pérdida.

Él era un perro bóxer y entonces se acostumbraba a cortarle la cola y las orejas a los animales de esa raza, supuestamente para que se vieran más bonitos. Nos negamos a este tipo de prácticas, porque creíamos que era un sufrimiento sin sentido. La verdad, siempre creí que todo eso era un disparate, ya que no hay derecho a hacer sufrir un animal por pareceres estéticos. Es apenas normal que si los animales eran considerados cosas y el valor de la estética es uno de los más importantes para esta sociedad, se llevaran a cabo ese tipo de prácticas.

Allí comencé a entender que teníamos que cambiar nuestra manera de ver a los animales. Afortunadamente ya hoy en la mayoría de los países este tipo de prácticas están prohibidas porque se entiende que los animales no son cosas, no somos sus dueños y ellos no deben estar expuestos a nuestros caprichos, sino que tienen que ser amados y acompañados en su proceso de desarrollo.

La buena condición humana y por ende una experiencia espiritual sana no se expresa únicamente en el trato hacia los demás seres humanos con los que compartimos, sino también en la manera como tratamos a los animales. Nadie puede declararse espiritual si maltrata a los animales, ni puede pretender ser calificado con el adjetivo de "bueno" si no es capaz de reconocer a los animales como seres sintientes. Entiendo que también ha habido exageraciones. Algunos terminan humanizando a los animales y haciéndolos vivir experiencias que seguro también son maltrato. Hay que saber tener respeto por sus limitaciones y posibilidades, y valorarlos en ellas sin pretender que se comporten como nosotros.

Creo que la espiritualidad como experiencia contemplativa nos lleva a reconocer a los animales en sus capacidades y carencias, valorarlos en sus medios y circunstancias, respetarlos y trabar con ellos relaciones que no les hagan daño ni les causen sufrimiento. Creo que allí se manifiesta una buena búsqueda espiritual.

Encontrar motivos en la realidad

En el ejercicio espiritual de contemplación realizo cuatro tareas que me han ayudado a vivir estos momentos. Creo que cada uno va encontrando métodos que le permiten asumir esos espacios de tiempo de una manera productiva para el espíritu, lo cual siempre se manifiesta en actitudes muy concretas en su vida diaria. Mi formación espiritual siempre ha sido cristiana y, aunque conozco otras vivencias, asumo mis prácticas espirituales desde el catolicismo.

Uno de los descubrimientos espirituales que cambiaron mi vida fue el del *Poder de la Alabanza*. Normalmente me había instruido para entender la oración como un ejercicio de súplica. Nosotros, que no teníamos nada y necesitábamos todo, le pedíamos a Dios constantemente. Llegábamos a la celebración o al momento espiritual con un pliego de peticiones para mostrarle a Dios nuestra necesidad y recibir de su infinita generosidad todo lo que requeríamos. Esa era la oración que yo había aprendido.

Tenía aproximadamente 14 años cuando unas señoras pasaron por la casa de mis padres, en el barrio Olivo, en Santa Marta, para invitar a grupos de oración en los hogares que se lo permitían. Estaba en boga en la Iglesia católica la renovación carismática[138]. En esas reuniones espirituales aprendí la oración de alabanza, que consistía en contemplar en adoración a Dios y bendecirlo por todo lo maravilloso que era. Para mí fue como cambiar el *chip* espiritual. Ya no estaba únicamente centrado en mis necesidades, sino que también podía enfocarme en las maravillas de Dios, maravillas que siempre nos referían a nuestra propia historia, porque lo descubríamos a Él en sus acciones en nuestra vida.

Luego leí mucho sobre este tipo de oración y en varias ocasiones prediqué su importancia y lo que significaba para nuestra vida diaria. Una idea que me gobernó durante muchas conferencias fue la de que el reconocimiento en alabanza de Dios nos llevaba a un reconocimiento de quienes éramos nosotros. Si alabamos a Dios por ser amoroso, nosotros somos los amados. Si alabamos a Dios por ser misericordiosos, nosotros somos los que gozamos esa misericordia.

Más allá de todo el aspecto religioso que hay en ese tipo de manifestaciones espirituales, lo que más destaco es que me

138 En febrero de 1997 se encendió la primera chispa de lo que hoy reconocemos como uno de los movimientos católicos más grandes. En Pittsburgh, Estados Unidos, un grupo de jóvenes universitarios vivieron la experiencia de la "efusión del Espíritu". Allí, en medio del bautismo en el espíritu y el don de lenguas se marcó el inicio de la Renovación Carismática, que, más allá de quedarse en una simple experiencia espiritual grupal, tomó lugar en la Iglesia Universal y es hoy es una experiencia de avivamiento espiritual dentro de la Iglesia católica.

generó una actitud que considero necesaria para vivir la espiritualidad como práctica de contemplación. Es aprender a encontrar los motivos por los que se puede alabar la realidad. Sé que nosotros, formados a los pies de los maestros de la sospecha (Freud, Marx y Nietzsche), siempre estamos dados a encontrar los errores, los defectos, las equivocaciones, los faltantes, las carencias de cualquier realidad que vemos. No niego que eso es positivo y tiene muchos beneficios en la vida, pero estoy seguro de que también es necesario aprender a descubrir las bondades, las propiedades, los aciertos, los beneficios que hay en la realidad a la que nos aproximamos.

No vas a vivir una buena contemplación si tu manera de ponerte en contacto con la realidad parte de todo lo que produce en ti queja y sensación de no-completitud. La emoción que puede ocasionar un instante de contemplación es la de estabilidad, armonía y completitud que producen paz y gozo. Eso se puede obtener si tienes la intención de admirar —en sentido religioso, alabar— esa situación. Es la entrada a una situación especial. Seguro después vendrán otras emociones, actitudes y exigencias.

Sin asombro no hay contemplación. Esto implica la disposición a encontrar lo que no sabes, lo que no imaginas, lo que no has construido con tus argumentos. Es dejarse sorprender por la novedad de cada instante y cada realidad, por pequeña y simple que sea. Te dejas sorprender porque vas no a destruir si no a contemplar, admirar, alabar todo lo bueno allí presente. La realidad siempre sorprende a quien entiende su lugar en ella. No somos el centro de la existencia. El universo nos lo demuestra a cada rato.

Mi propuesta para ti en este momento, cualquiera que sea tu actitud espiritual, es que sepas entrar a los momentos de espiritualidad con las ganas de admirar, de dejarte asombrar, de maravillarte por todo lo que la vida puede ofrecer. Libérate de los prejuicios que te llevan a despreciar los momentos y a encontrar razones para rechazarlos. El corazón dispuesto a la admiración vive fuertes experiencias de contemplación.

Centrarse en lo maravilloso que hay en las personas que conozco, en las nuevas situaciones que vivo, en los paisajes que visito, me hace estar más presto a vivir la contemplación como fuente de paz, serenidad, armonía y fuerza para vivir. Hay que aprender a disfrutar la presencia y no a llorar la ausencia. El deseo en el sentido expuesto por Platón en el banquete siempre es una conjugación de estas dos realidades: presencia y ausencia. Lo primero es degustar la presencia para poder luego sí lanzarse a más.

El poder del agradecimiento.

> Nada más humano que dar gracias. Es nuestra capacidad racional la que nos permite entender que, en lo recibido, hay algo más que una correspondencia por nuestro esfuerzo y dedicación. No somos merecedores de todo lo que se nos da. Siempre hay que reconocer la manifestación de la gratuidad en nuestra existencia. No podemos dejar que nuestro ego nos cierre la posibilidad de descubrir la necesidad de vivir en agradecimiento con aquellos que nos han bendecido con sus decisiones y acciones. Ser agradecidos no implica ser lambones, mendigos o dependientes. Sabemos qué capacidades tenemos, qué hemos

> aportado, cómo lo hemos hecho, pero entendemos que no todo depende de ello. Creo que dar gracias tiene un poder infinito para transformar la realidad, para inspirarnos e impulsarnos a ser cada día mejores. Insisto en que vivimos en la dinámica de agradecer[139].

También creo que la emoción espiritual por naturaleza es agradecer, ya que nos lanza más allá de los territorios de nuestro ego para descubrir al otro, en cualquiera de sus manifestaciones, como quien aporta y da. Agradecer es trascender, es ir más allá de lo que somos capaces con nuestras capacidades y fuerzas. El corazón que agradece es porque ha descubierto lo sublime que está presente en la realidad que vive y que recibe.

Como lo he dicho anteriormente, de las actitudes que más daño le hacen al ser humano es creer que todo lo merece, y no comprender la gratuidad que hay en la base de su existencia. El que cree que lo merece todo busca razones a diario para no sentirse a gusto con lo que es, tiene y hace. Siempre le falta algo que no le han dado. Se queja de la falta de reconocimiento de los demás frente a sus posibilidades y del no corresponderles con las capacidades y acciones que ellos han tenido. El único camino que pueden transitar estas personas es el de la amargura, que las lleva en el sentido contrario a lo que busca una experiencia espiritual.

139 Linero, A. De dones y dadores. Columna del periódico *El Heraldo*: https://www.elheraldo.co/columnas-de-opinion/alberto-linero/de-dones-y-dadores-columna-de-alberto-linero-868831, 2021. Recuperado el 26 de julio del 2022.

Agradecer tiene el poder de hacernos enfocar en todas las experiencias buenas y positivas que hay en la vida. Aunque creo que se debe agradecer por todo, pues al fin y al cabo será solo en el futuro que conoceremos el sentido de lo que hoy declaramos malo en nuestra vida. Lo primero es agradecer por todas las "bendiciones" que tenemos en nuestra existencia. Eso nos lleva a concentrarnos en esas personas, experiencias, realizaciones y logros que están presentes en nuestro desarrollo diario y que son las que nos impulsan hacia adelante. El que agradece es capaz de vivir la vida desde el optimismo, ya que encuentra razones a diario para creer que todo podrá estar mejor. En la columna de *El Heraldo* lo digo en estos términos:

> Cuando dar gracias se vuelve una tarea, nos enfocamos en lo bueno que sucede en la vida, nos liberamos de ese lente pesimista que privilegia las desgracias, las carencias, las amenazas y somos capaces de descubrir la perspectiva positiva de la realidad. Vivir concentrados en descubrir las manifestaciones de la bondad, de lo útil, de lo inspirador en la vida, se vuelve combustible para hacer que la existencia sea mejor. Los amargados son menos productivos[140].

Agradecer tiene el poder de hacernos descubrir con realismo a los demás. El que sabe agradecer no quiere obligar al otro, ni le exige lo que el otro no quiere dar. Es decir,

140 *Ibídem.*

> sostenemos relaciones más estables y reales con los otros. Somos conscientes de que muchos de ellos no tienen la obligación de ayudarnos, ni están condenados a darnos oportunidades. Si lo hacen, lo valoramos y lo agradecemos; si no, entendemos que están en su derecho. No hay que exigir a los demás lo que no quieren hacer por uno, siendo conscientes de que somos responsables de nuestras vidas y de lograr lo que queremos en ellas. Disfrutemos y agradezcamos lo que otros hacen por nosotros, pero sepamos que no están obligados a hacerlo[141].

Agradecer tiene el poder de hacernos trascender hacia el otro y acogerlo. Ningún regalo es fruto de la generación espontánea. Detrás de todo don hay un donante. Requerimos acoger al otro, al que está allí detrás de eso que encuentro como motivo de agradecimiento. Por eso es una experiencia espiritual, porque me centra en el ser y no en la cosa. En las personas y no en lo que pueden hacer.

Esto lo aprendí leyendo la saga de Isaac (Génesis 22, 1-9). Isaac es el don que Abraham ha recibido de Dios. En un acto incomprensible, él le pide que lo sacrifique en su nombre. Cualquiera de nosotros se hubiera negado. El relato busca que comprendamos qué es lo central en las relaciones. No es el don sino el donante, porque el don es uno y ya, el donante está ahí permanentemente, puede dar más. Creo que eso es lo que entiende Abraham y por eso accede. No quiero entrar en la posible interpretación teológica sino aprovechar el relato para mostrar por qué es espiritual

141 *Ibídem.*

agradecer, porque nos hace fijarnos más allá de lo que recibimos en concreto.

La vista va en busca del ser que da, que posibilita, que entrega, que comunica, que ama. En la vida diaria esto implicaría comportamientos menos posesivos y más generosos. Los humanos que aprenden a agradecer son libres frente a las cosas. Tienen las cosas, pero no se dejan poseer de ellas. Por eso son capaces de desprenderse y seguir. Entienden que el sentido de la vida está en el camino y la forma como lo hacemos, y no en la estación de la que algún día tenemos que partir.

Lo ideal aquí no es pensar si los otros son agradecidos o no, lo fundamental aquí es que cada uno se pregunte hasta donde ha dejado que el poder de agradecer lo mueva y lo haga ser más feliz. Agradecer genera felicidad. Nos hace sentir amados y reconocidos. Nos llena de alegría por saber que alguien pensó, se acordó de nosotros y sin muchas razones —ya que nunca hay suficientes— hizo algo en nuestro favor.

De los momentos más sublimes y emocionantes que tuve en la vida fue despedirme de mi papá mientras agonizaba. Siempre cuento que ahí volví a ejercer el ministerio presbiteral que recibí sin merecer. Lo que más me marcó fue agradecerle todo lo que me dio e hizo por mí. Decirle: "Gracias, porque estuviste presente en los momentos en los que te necesité. Fuiste silencio en los momentos en los que ninguna palabra me llenaba los huecos que las emociones tristes me ocasionaban. Fuiste palabra sostenedora cuando me sentí desmoronar ante los problemas. Fuiste comida cuando no podía conseguirla por mí. Fuiste mano firme cuando aprendía a caminar y daba tumbos. Fuiste vida para mí, sin obligación, sin imposición, simplemente porque me amaste". Creo que agradecerle fue de las experiencias espirituales que más me han hecho sanar la herida profunda que deja su ausencia física.

A todos, hombres y mujeres de todas las edades, nos hace falta descubrir todo el poder que tiene el acto de agradecer. Es una fuerza ciclónica que todo lo transforma en mejor y que nos permite percibir la vida desde el gozo y la plenitud. Nos alienta a seguir adelante. Es la emoción que nos hará superar los momentos más duros de la vida. En mis momentos de oración hay mucho espacio para agradecer. Siempre sé que tengo mucho por qué dar gracias.

Un ejercicio de contemplación puede ser agradecer todo lo que percibimos en ese momento: el aire que respiramos y que siempre es una bella metáfora de lo que nos nutre y expulsamos; por las sensaciones que tenemos en ese momento que siempre son una manifestación de vida; por los colores, los sonidos y las formas que percibimos que nos hacen sentir acompañados; por las personas que han estado en nuestra vida y que nos han mostrado tanto amor. En ese momento de detención, desconexión, silencio e interiorización, todo es motivo de agradecimiento.

El poder de interceder es maravilloso porque nos hace conscientes de que somos un sistema y que nos necesitamos los unos a los otros. Pensar en los demás y desearles lo mejor siempre tendrá un poder infinito. Creo que podemos darle órdenes a la vida en función de los otros. No creo que sean acciones mágicas, pero estoy seguro de que algún día nos explicarán racionalmente que pasa allí.

Tiene mucho sentido que el ejercicio de contemplación nos haga pensar en los otros. En los que nos aman y nosotros amamos. Estar descentrados de nosotros nos lleva a entender que nuestra vida, objetivamente, no tiene las peores condiciones y nos hace ser útiles espiritualmente a favor de los demás. Es pensar en los demás para pronunciar palabras buenas sobre ellos. Son deseos, sentimientos, emociones, palabras que desde el encuentro espiritual se vuelven sobre aquellos a los que amamos y son importantes en nuestra vida.

Está en la dinámica de proexistir; de entender que sin la felicidad del otro no podemos ser felices. Contemplar nos hace entender que no somos los únicos y que formamos parte de un sistema, por lo cual buscamos generar fuerzas y bendiciones para los demás. Entender que pensar solo en nosotros mismos es una manera de negarnos posibilidades de crecimiento que están en los otros y en nuestras relaciones con ellos.

Para nosotros, los creyentes, es el poder de la oración. Para los que no creen es la complicidad emocional que va más allá de los límites de nuestro ser corpóreo y ocasiona algo en el otro. Ese valor que se genera en el amor del que pide y transforma, de alguna manera, la vida de aquel por quien se pide. Lo creo y lo he vivido. Son muchas las experiencias en las que orar por el otro genera salud, bienestar y crecimiento. Alguien podría decir que no tenemos la certeza y es probable, pero sabemos que nos hace bien ser solidarios espiritualmente con los demás.

El *poder de la súplica*, creo que también tiene un espacio en el momento de contemplación. Estar en conexión con nuestra esencia a través de la mediación de la realidad que contemplamos nos lleva a tener conciencia de nuestro presente, evaluarlo con inteligencia y objetividad para poder elaborar planes de crecimiento personal. Creo que la experiencia existencial es el espacio pertinente para entender qué es lo que queremos hacer con nuestra vida y cómo lo queremos hacer. En principio es asumir la responsabilidad de dirigir nuestro proyecto. No estamos en momentos espirituales para abdicar de esa responsabilidad sino para asumirla.

Asumimos nuestro papel, nuestras características, nuestras carencias y todo lo que somos, de tal manera que podamos invertir los recursos existenciales con los que contamos para tener gusto por la vida que llevamos. Al fin y al cabo, se trata de tener una vida con sentido. Una vida tomada en serio, una vida que vale la pena vivir porque tenemos un propósito por realizar.

Para nosotros, los creyentes, son momentos para pedirle a Dios, para confiar en él y esperar su ayuda, que siempre es mediada históricamente. Nos abandonamos en él desde la decisión de hacer que todo sea lo mejor para nosotros. La confianza en él se traduce en una confianza en nosotros y en las personas que están a nuestro lado para seguir adelante.

Siempre en el tono propio de una relación de amor, como la que un creyente tiene con Dios:

"Dios y defensor mío,
¡contéstame cuando te llame!
Tú, que en mi angustia me diste alivio,
¡ten compasión de mí y escucha mi oración!".
(Salmo 4, 1)

La espiritualidad es siempre praxis, vida vivida. Por eso ahora queda tratar de vivir momentos de contemplación, desde las propias experiencias y teniendo aquí toda una guía de situaciones y reflexiones. Lo importante es que los momentos de contemplación te llenen de emociones de bienestar integral, para que puedan lanzarte a seguir con la vida. Es el oasis en el que la sombra y el agua te recuperan para seguir la travesía en la vida. Es momento de descanso para recuperar fuerzas. Refugio para sanar heridas y ánimo para no dejarse de los desafíos del camino.

La espiritualidad, una palanca para superar adversidades

Para mí, los héroes son personas que han perdido, que han fracasado, que tienen cicatrices, que dudan y que a veces sienten miedo. Son humanos comunes y corrientes, como todos los hombres y mujeres que habitan y han habitado el planeta. Sin embargo, son mis héroes porque no se han dejado vencer, porque se han mantenido sanos, porque cuando han caído se han levantado. No tienen capas, ni poderes extraordinarios; no vuelan, ni adivinan el futuro; sus cuerpos no son de acero, ni tienen dinero para hacerse trajes o adquirir carros que los hagan simular ser superiores a los demás. Simplemente logran recuperarse, aprenden de las situaciones vividas, construyen nuevas relaciones y hacen de las cicatrices recuerdos que los motivan a seguir.

Son mis héroes porque cuando la vida los ha roto, siempre han podido restaurarse, reconstruirse y reorganizarse para estar mejor que antes de sufrir heridas. Las experiencias duras les permiten ser más auténticos y desarrollarse en habilidades que no habían constatado que tenían. Sus lágrimas han fertilizado la tierra de su corazón para dar nuevos y mejores frutos. Sus heridas, ahora sanas, son signos de victoria y les motivan a seguir. Sus gritos se han transformado en expresiones de júbilo y celebración. Los tropiezos les han despertado nuevas formas creativas de volver a iniciar. Hincar la rodilla no ha sido para ellos un simple momento de debilidad, sino la oportunidad de ganar perspectivas nuevas para seguir.

Me gusta escuchar a mis héroes, saber que para alcanzar los sueños no se han dejado destruir por los embates de la adversidad y la dificultad. Los he encontrado en todas partes: en mi familia, dándome los genes que me impulsan a seguir; en las esquinas donde me encuentro con amigos; en medio de las labores en las que buscamos dejar impregnada nuestra esencia, pero, sobre todo, donde más los he visto es en los espacios espirituales. Allí he levantado las manos con ellos para agradecer al cielo todas esas posibilidades de no sucumbir nunca ante las presiones de la vida.

Durante años elaboré entrevistas radiales y televisivas con historias de vida de este tipo de personas. En todas aprendí que cualquiera de nosotros puede lograr desarrollar esa habilidad de resistir, recuperarse, rehacerse, después de pasar los momentos más duros de la existencia, y que quién lo logra se convierte en una superheroína o un superhéroe inspirador.

Dos conceptos me han ayudado a comprender a estas personas: *hupomone* y resiliencia.

ὑπομονή (hupomone)

Esta es una de las palabras que más me gustan del vocabulario que usa Pablo de Tarso en sus cartas. A los traductores les ha resultado muy difícil encontrar cómo expresar su significado en castellano. Algunos la traducen como una paciencia activa, al tratar de mostrar la confianza que expresa y al mismo tiempo la fuerza, la resistencia y la perseverancia. Es una fuerza interior que es fruto de la capacidad de trascender, de conectar con la esencia. Se conjugan en ella confianza, esfuerzo, sacrificio y esperanza.

Es la fortaleza del que no se da por vencido porque siempre cree que hay una solución, por eso resiste ante la adversidad. Es un impulso que surge en lo más interior y se expresa en acciones de justicia, de solidaridad, de sacrificio, de comunión con los necesitados, de superación del miedo. Es el que espera confiado, pero que resiste con todas las fuerzas de su ser.

En el contexto paulino esta es una manifestación de la relación con Dios. Es el reconocimiento de que quién es Dios hace vivir al creyente desde la actitud firme y justa. Es una consecuencia de la relación íntima e intensa que se da en la fe. Sin embargo, también creo que es una realidad en la vida de todo aquel que vive una sana experiencia espiritual. Estoy convencido de que no se circunscribe solo a las emociones religiosas.

Este tipo de actitudes nacidas en la experiencia espiritual, como la paciencia activa, la resistencia justa y la solidaridad real son las que hacen de la espiritualidad una herramienta para una vida feliz, una vida con sentido, una vida que valga la pena vivir. Es decir, así como creo que la espiritualidad no exonera a ningún humano de enfrentar adversidad, dolor, tristeza, desgracias, derrotas y accidentes, también creo que lo capacita y lo habilita para asumirlas desde una perspectiva equilibrada y sana que le posibilite superarlas en el desarrollo de su proyecto de vida.

Trascender posibilita un coraje vital para aproximarse ante la vida, que le permite gozarse sin reparo cada una de las situaciones de bienestar que se aglutinan en la existencia y también enfrentar las contrariedades, dificultades y adversidades con la firme decisión de superarlas y de seguir adelante en el desarrollo del proyecto de vida. Hay unas acciones concretas que muestran esa actitud en la vida diaria y que siempre sirven como indicadores de evaluación de la experiencia espiritual.

Dos personajes del Nuevo Testamento muestran con transparencia este don espiritual, llamado ὑπομονή (*hupomone*):

- Jesús de Nazaret, el hijo de María (Marcos 6, 3), quien desde su relación con el Padre Dios tiene la actitud "valiente-confiada" de vivir desde sus opciones existenciales y asume con entereza todas las consecuencias que ellas le generan. Es esa actitud la que le permite resistirse a los ataques de los líderes de la religión oficial de su momento y ser un profeta en palabras y hechos. Es más, creo que es su ὑπομονή (*hupomone*) la que lo hace asumir la cruz con fortaleza interior y levantarse tres veces e incorporarse camino al Gólgota según los relatos de la Pasión[142].

142 Los cuatro evangelios canónicos traen este relato: Mateo 26-27; Marcos 14-15; Lucas 22-24 y Juan 12-19.

- Pablo de Tarso, que apiló adversidades y dolores por sus opciones de ser un evangelizador y de romper el paradigma estrecho y atávico de creerse dueño de esa fe, para universalizarla a todos los seres humanos que la aceptaran. Siempre lo encuentro corajudo, animado, confiado, resistiendo y esperando lo mejor. Es fuerte desde la ilusión que le ofrece la certeza del mensaje que comunica. Sin esta habilidad espiritual no hubiera podido hacer el camino con tanta vitalidad, fuerza, confianza y amor.

Fuera del contexto cristiano, creo que esa capacidad y esa habilidad está presente en *Mahatma* Ghandi, en su opción de la no-violencia como método de resistencia y liberación. Cuando lo vemos en su apariencia física nos preguntamos de donde surge toda esa fuerza y ese coraje, y creo que la respuesta es: de su experiencia espiritual, de su trascendencia.

He encontrado a lo largo de mi vida de creyente a muchas personas llenas de ὑπομονή (*hupomone*), personas que he visto esperar confiadas mientras recorren con decisión y sin pausa el camino que los lleva a la consecución de sus proyectos; suena contraintuitivo, pero una vez tienen claro hacia dónde quieren ir y dan el primer paso para llegar allá evidencian estas tres actitudes:

- **Esperar**, que implica no dejarse atafagar por la ansiedad que siempre ocasiona aún no tener lo que se quiere.

- **Confiar,** que supone hacerlo con la seguridad interior de que se va a conseguir o que lo que suceda siempre será lo mejor.
- **Actuar** denodadamente en realizar todos los deseos y sueños en planes de trabajo, acciones precisas marcadas por la disciplina, el sacrificio y la creatividad.

Son personas que a partir de su encuentro con Dios logran desarrollar esa actitud de no dejarse destruir por nada. Creo que este texto de Pablo dirigido a la comunidad de los Corintios lo expresa bien:

> Pero esta riqueza la tenemos en nuestro cuerpo, que es como una olla de barro, para mostrar que ese poder tan grande viene de Dios y no de nosotros. Así, aunque llenos de problemas, no estamos sin salida; tenemos preocupaciones, pero no nos desesperamos. Nos persiguen, pero no estamos abandonados; nos derriban, pero no nos destruyen…[143].

El objetivo de una experiencia religiosa es llenar de fuerza interior, de ánimo, de esperanza, de confianza, e impulsar a vivir de manera inteligente y responsable a quien la experimenta. El lenguaje religioso permite exponer imágenes que te hacen consciente de que no solo se cuenta con la propia fuerza sino con la acción de Dios y de los que te aman. No se trata de generar pánico o descontrol. Se trata de hacernos

143 2 Corintios 4, 7-9.

conscientes de que la vida está en nuestras manos y que hacemos con ella lo que hemos considerado, pero que siempre contamos con una ayuda que emerge desde nuestro interior y se manifiesta en la sinergia de las potencias del amor de quienes quieren para nosotros lo mejor.

Las manifestaciones sobrenaturales no hacen parte de mis búsquedas en los espacios espirituales. No soy partidario de lo excepcional y extraordinario que siempre nos deja sin el control de la vida. No creo en los dones sensacionales que hacen que la vida sea más fácil. Busco el empoderamiento de los seres humanos que, al asumir su sencillez, pueden lograr sueños que siempre fueron posibles, aunque parecieran imposibles.

Creo en la praxis del amor que todo lo cambia, lo llena de sentido y lo renueva. Ese es el espacio de la espiritualidad en el que puede florecer esta actitud de ὑπομονή (*hupomone*). Cuando creemos que la espiritualidad da coraje, no estamos pensando en ninguna acción mágica ni de entrega de superpoderes, sino en lo que los seres humanos somos capaces de vivir cuando somos conscientes de quiénes somos.

Durante mis últimos años de ejercicio de ministerio presbiteral realizaba una asamblea espiritual en el barrio Minuto de Dios, de Bogotá. Allí nos encontrábamos más de 600 personas para reflexionar y orar. En esas experiencias ocurrían milagros todas las semanas. Sí, eran milagros, porque muchos asumían la vida con fuerza y ánimo, se dejaban atrapar por la confianza en sus proyectos y podían ver desde una perspectiva nueva sus retos cotidianos. Un milagro ocurre en donde un corazón se abre hacia el otro con la intención de acoger y ayudar. Es el milagro de la fuerza humana que se suma y se vuelve superior. Encontrarnos con nosotros mismos nos hace tomar conciencia de la presencia divina en nosotros y en los otros.

Una capacidad por desarrollar

Me gusta juntar el concepto de la resiliencia con el del cristianismo neotestamentario. Este es un concepto que las ciencias sociales han prestado de la física y que hoy ha sido muy divulgado entre la literatura psicológica y la del bienestar. La etimología de la palabra "resiliencia" me hace pensar en la propiedad que tienen los globos de juguete inflados con aire que uno dobla como quiere y luego, al retirar la presión, regresan a su forma original. La palabra proviene del verbo latino *resilio*, que significa "saltar hacia atrás".

Desde la psicología positiva, resiliencia se entiende como la habilidad de superar las adversidades, de adaptarse a los cambios que ocasionan las situaciones perturbadoras, de recuperarse de pérdidas, derrotas, desgracias y seguir adelante en el desarrollo del proyecto de vida.

Es la habilidad de mantenerse sano
en los contextos y experiencias insanas.

Es importante insistir en que es una habilidad, lo cual implica que se puede desarrollar. Es decir, todos podemos trabajar en nosotros mismos para ser más resilientes, para poder asumir las características de nuestra condición que nos exponen al dolor, el sufrimiento, la derrota. Se puede trabajar en ella en cualquier momento de la vida.

Los autores especializados en este tema[144] insisten en que hay que comprenderla desde dos perspectivas: la de tener mucha fortaleza, resistencia frente a las adversidades al saber responder adecuadamente a cada situación triste, y aprender de todo lo vivido, al incluir de manera creativa las lecciones en los proyectos de vida. No solo es saber atravesar esas duras situaciones, sino también aprender a evitarlas o manejarlas adecuadamente. Como lo define el pediatra francés Michel Maciaux[145], resiliencia es resistir y rehacerse.

Para potenciar la autoestima

La experiencia de vivir la vida en serio, de encontrarle un sentido y propósito en medio de prácticas espirituales genera una buena autoestima, porque permite una relación consigo mismo, marcada por la aceptación de quien uno es y del optimismo de todo lo que puede hacer. Conocerse, aceptarse y amarse es una tarea que se vive en los momentos de encuentro con lo sublime.

144 Manciaux, M. *La resiliencia: Resistir y rehacerse.* Madrid: Gedisa, 2001; Cyrulnik, B. *Los patitos feos: La resiliencia. Una infancia infeliz no determina la vida.* Barcelona: DeBolsillo (PRHGE), 2013.

145 Michel Manciaux es profesor emérito de Pediatría de la Universidad de Nancy (Francia). Fue director de la Organización Mundial de la Salud para Europa en programas materno-infantiles. Es un referente en el tema de la resiliencia.

El sentido está en trascender para descubrirse capaz y habilitado para encontrar en medio del desierto los oasis que permiten seguir caminando.

Esa buena opinión emocional de uno mismo se traduce en autoeficiencia. En creerse capaz de realizar las expectativas que se tienen. Se tiene conciencia de todo lo bueno que hay y cómo con ello se pueden resolver las carencias y limitaciones. En el plano religioso cristiano es fácil, porque se parte de la afirmación de que somos criaturas, hechas por Dios, y no sería lógico pensar que Dios hace basura. Reconocerse con fe es una manera de reconocerse valioso. Es decir, quien no cree en sí mismo está dudando de Dios, que lo creó. Aquí hay que saber interpretar los relatos míticos para no dejar que alguna distorsión de su mensaje termine haciendo que se genere un desprecio por sí mismo.

En el plano no religioso, mirarse desde un punto superior debe ocasionar un reconocimiento de todas las capacidades que se tienen y permitir una lectura de la propia historia que demuestre cómo se han superado situaciones anteriores. Cuando oteas sobre tu propia existencia, te das cuenta de que más allá de los errores y equivocaciones eres una persona valiosa que merece amor y decides dártelo sin temor. Amarte nunca te hará daño. Confiar en ti siempre te preparará para vivir de una mejor manera. Tengo claro que creer en Dios puede ser opcional, pero creer en uno mismo es una obligación.

Quien se asume como alguien valioso habilitado para vivir con un sentido por lograr es capaz de enfrentar las situaciones de la vida con coraje e inteligencia a pesar de lo dolorosas que puedan ser. Sin amor propio no se puede ser resiliente. Sin un buen nivel de autoeficiencia no se podrán superar todas las situaciones tristes y dolorosas, y sus secuelas.

Para ver la vida en gerundio

La espiritualidad nos permite *ver nuestra historia en conjunto*. Nos hace entender que todo no se acabó ayer, ni finaliza en el momento que vivimos hoy. Siempre hay un mañana. La vida trasciende. Tener conciencia de ese "siéndose" que somos los humanos por ser temporales nos permite ser capaces de proyectarnos hacia el futuro.

Se puede ser resiliente cuando se entiende que la vida va más allá de los huecos oscuros en los que por momentos sentimos que estamos.

Dejarnos guiar por nuestro espíritu nos permite tomar conciencia de nuestro "devenir". No somos estáticos. Detrás de todo lo que estamos viendo hay algo más que podemos descubrir. Se aborda desde el optimismo que ofrece la mejor perspectiva. Con las marcas que el dolor ha ocasionado, con las heridas de la batalla perdida, con las limitaciones creadas, hay que proyectarse, hay que mirar hacia delante en busca de un sentido que atraiga y motive. Se requiere entender que es posible ir hacia otro lugar y querer ir hacia allá.

En el aspecto teológico esto es claro porque está el concepto de Voluntad de Dios, que ayuda a proyectarse. No se puede entender esto como libreto que debemos interpretar, eso nos dejaría paralizados y sin otra opción que cumplir el designio preestablecido. Se tiene que entender como la capacidad de tomar las mejores decisiones desde los valores revelados por Dios a lo largo de la historia de salvación. Hacer la voluntad de Dios no es hacer esto o aquello, es actuar desde los valores que hemos entendido como manifestación del saber de Dios y que confesamos como verdaderos.

Aquí la espiritualidad tiene que alejarse de cualquier predeterminismo que nos robe la libertad y tiene que volverse un acicate que nos pulle para levantar la mirada y encontrar nuevos senderos en el infinito. Esos nuevos caminos con sus beneficios se presentarán como motivaciones para no desfallecer en el momento.

Para ser tan flexibles y fuertes como el bambú

La resiliencia en la experiencia espiritual nos debe hacer lo más inteligentes posible para tratar de entender las tendencias y los impulsos de la vida, para así podernos anticipar. En lo posible hay que evitar las sorpresas. La vida la debemos conducir nosotros y no dejarnos llevar por ella, ya que eso puede dejarnos donde no queremos. Hay que planear y saber leer las situaciones para poder prever consecuencias.

Me gusta decir que he coexistido con varios Alberto José Linero Gómez. Algunos se ríen cuando lo digo, pero es una realidad. Afortunadamente he tenido la oportunidad de variar mi pensamiento, de aprender nuevos valores, de abrir mi mente a nuevas maneras, de hacer del conocimiento académico y práctico fuente de cambios para mí. Algunas derrotas me han hecho comprender las relaciones de una manera distinta. No soy el mismo joven que estudio en el Colegio Seminario San José, en Santa Marta, ni el joven presbítero que llegó en 1995 al Seminario Regional de la Costa Atlántica Juan XXIII. Es más, me alegro de no ser el mismo. Muchas cosas han cambiado. Los aprendizajes me han permitido desarrollar habilidades que no tenía. Desaprender algunas verdades y destrezas me ha liberado de miedos y de cadenas.

Eso lo he vivido en el contexto de mi experiencia espiritual. Es en ella que he descubierto que el mundo tiene que ser más incluyente, que no es tan fácil hablar de lo "natural" en una existencia dinámica en la que todo cambia, en la que se han podido actualizar los mensajes aprendidos.

La vida exige flexibilidad para poder disfrutar lo dones, superar todos sus obstáculos y recorrer sus laberintos, para descubrir que lo que antes se creía verdadero hoy puede no serlo.

En múltiples ocasiones me he encontrado en contradicción con un Alberto José Linero Gómez del pasado, que creía exactamente lo contrario que ahora. Cleotilde, mi abuela, siempre decía que había que aprender del bambú, que era capaz de bailar ante la presión del viento, sin perder su sitio gracias a sus profundas raíces, y no del roble que fuerte y grueso permanecía firme, inmutable y era arrancado de raíz por la fuerza del viento. Tengo que reconocer que ser flexible me ha permitido asumir nuevas posturas más humanas y alineadas con Jesús de Nazaret, mi referente, sin perder los valores esenciales e innegociables.

Esto me permitió dejar de ejercer el ministerio presbiteral a los 49 años y asumir nuevos roles en nuestra sociedad[146]. Quien no está dispuesto a cambiar, a adaptarse a nuevas realidades, a aceptar las variaciones de la vida, queda inerme ante los dolores y las dificultades de la existencia. Eres resiliente cuando eres capaz de variar tus miradas y encontrar nuevos horizontes. No tienes que ser siempre el mismo.

Si hay una palabra griega que bien expresa esto es la *metanoias* (μετανοιες), que implica estar en continua renovación, siempre. No se entiende como un acto, sino como un proceso continuo; constantemente estamos en proceso de transformación. Además, me gusta porque no implica una sola dimensión sino la totalidad del ser humano. Es todo el ser humano el que sufre la *metanoia*. Es la invitación de toda experiencia espiritual: ir evolucionando, no quedarnos en ningún estadio sino estar en constante crecimiento, a sabiendas de que aquí el crecimiento a veces no es tener más, sino soltar mucho de lo que tenemos. Estamos en proceso de creación, nos dice el sacerdote jesuita, paleontólogo y filósofo Pierre Teilhard de Chardin, y tomamos conciencia de ello en las vivencias espirituales.

Esto se entendería en las enseñanzas de Buda como la "impermanencia". "Significa que nada en este mundo es

146 Esto está bien contado en mi libro: Linero, A. *Mi vida de otra manera*. Bogotá: Planeta, 2018.

permanente. Todo lo que vemos a nuestro alrededor parece igual, pero realmente está en un estado de flujo constante. Las flores que están lozanas hoy marchitarán mañana"[147]. Sufrimos cuando nos apegamos y pretendemos que lo que siempre está en evolución permanezca inmutable.

> *"La 'impermanencia' es ineludible. Todo se desvanece. Luego, no hay nada más importante que continuar el sendero con diligencia. Todas las demás opciones o niegan o menosprecian el problema*"[148].

La realidad, como un todo que va cambiando, exige actitudes en la vida diaria que permitan asumir los momentos complejos y difíciles. Todo está en constante cambio y esa es una dinámica a la que nos debemos acoger. Y es que, cuando todo cambia, nosotros mismos tenemos que transformarnos también, y ese es quizás el mayor reto de vivir en la impermanencia. Ese es un proceso que debemos experimentar a diario para ser resilientes.

En el contexto budista tener conciencia de la impermanencia es saber fluir en medio de las situaciones adversas y complejas de la vida. Dejarse llevar es necesario, pero siempre como quien sabe para dónde va. Resistirse a la realidad a veces nos limita y nos saca del camino que transitamos hacia nuestro objetivo. Superar las dificultades implica

147 Calle, R. A. *La genuina enseñanza del Buda*. Buenos Aires: Kier, 1980.

148 https://www.lionsroar.com/la-impermanencia-es-naturaleza-budica/. Recuperado el 28 de julio del 2022.

conocer su ritmo y entender cómo nos ayudan a ser mejores. Esa es la práctica en la que toda experiencia espiritual tiene que entrenarnos para poder superar las dificultades.

En el taoísmo es la invitación a asumir el camino y no resistirse a él. Esto supone asumir la zarandeada de la vida como una manifestación de vitalidad, teniendo claro que salir de la complacencia duele, pero hace crecer. Cambiar no es una opción. Asumirlo así es una obligación.

En julio del 2022 presenté una ponencia en la Nova University sobre las características del docente de este siglo, e hice hincapié en estar dispuesto a educar para la incertidumbre. Tracé cuatro características para el docente del siglo XXI: *líder, investigador, innovador* y *provocador de autoaprendizaje*. Las dificultades, cualesquiera que sean, se podrán enfrentar con esta actitud y con esas competencias.

Creo que la tecnología está causando transformaciones muy serias en el ser y el estar de los humanos, y eso nos afecta a todos. Pues bien, en la vida diaria necesitamos aprender a entender que no todo lo sabemos ni lo podemos controlar. La fuerza no está en la información y el control que podemos tener, sino en la capacidad de saber responder a los nuevos desafíos y hacer las adaptaciones necesarias.

La espiritualidad nos debe preparar para la incertidumbre, y de esa manera nos entrena para las adversidades de la vida, porque cuando no estamos seguros de lo que viene, no nos podemos asir a una realidad concreta y determinada, y nos tenemos que dejar impulsar por la creatividad. Nada más necesario para superar dificultades y adversidades que *ser creativos*, que liberarnos de los yunques que nos han impuesto algunas verdades y esforzarnos por construir respuestas originales.

Un profesor que tuve durante el bachillerato decía que los problemas siempre son intentos por enseñarnos a resolver situaciones de la vida de una manera distinta de la que estamos acostumbrados. Según él, se trataba de clases de creatividad que nos daba la vida. Nos reíamos con esa ocurrencia, pero hoy creo que tenía toda la razón. Lecciones dolorosas pero necesarias. Entre más creativos seamos, más posibilidades tendremos de encontrar caminos para superar las adversidades que vivimos. La espiritualidad tiene que estimularnos la creatividad y no encerrarnos en dogmas que nos obligan a repetir y no a pensar.

Para disfrutar nuestro ser comunitario

La espiritualidad cristiana siempre es personal pero comunitaria. Le pertenece al sujeto en sí mismo, pero se hace realidad en sus relaciones con los demás. Sin una verdadera experiencia comunitaria no hay opción cristiana, tanto que en el evangelio de Mateo se entiende a la comunidad como el lugar de la presencia de Dios (Mateo 18, 20). La comunidad es el verdadero templo. Es lo que se busca en los lugares de reunión y de culto: que se encuentren los hermanos y que desde la praxis del amor construyan respuestas a las necesidades que cada uno tiene. Es la razón de las asambleas o grupos de oración: tener una red en la que apoyarnos para seguir.

La resiliencia exige un buen *grupo de apoyo*: gente que esté interesada en cada persona, un interés genuino nacido del amor, que sepa acompañar y generar oportunidades y que evite sobreproteger o inhabilitar con condescendencias exageradas. Saber que los otros nos reconocen como valiosos y están dispuestos a ayudar nos llena de fuerza para continuar. Contar con las herramientas sumadas en sinergia da posibilidades de solución que no habíamos encontrado antes. Repito la imagen de que una mesa pesa menos si se carga entre cuatro que si la carga uno solo.

Una experiencia espiritual que nos aparte del otro o que nos construya barreras de discriminación con el que piensa, siente y vive diferente no solo traba nuestro proceso de crecimiento, sino que además nos deja solos para enfrentar las adversidades y dificultades diarias. Nos apoyamos con el otro y descubrimos que siempre es posible encontrar respuestas cuando preguntamos juntos.

Para anticiparnos y rehacernos

Me gusta entender la espiritualidad como la capacidad de saber elegir las respuestas que les damos a los estímulos que recibimos. No dejarnos apabullar por lo que sentimos ni dejar que los impulsos nos hagan hacer o decir lo que nos destruye. Si hay algo que da la espiritualidad es la posibilidad de responder con más serenidad, con más tranquilidad y sin dejarnos gobernar por las provocaciones externas. Cuando oteamos la vida y podemos ver las consecuencias de nuestras respuestas reactivas, tomamos mayor conciencia de pensar y meditar antes de responder a cualquier cosa.

Todos los días me entreno en ser más proactivo: en esforzarme por tomarme un tiempo para responder, pensando en las consecuencias que pueden generar mis respuestas, tomando conciencia y aceptando la emoción que me recorre ante el estímulo; y tal vez lo que más me ayuda es entender que, si soy reactivo, tengo el "botón" de control fuera de mí, mi estado de ánimo dependerá de lo que otros digan o hagan. Soy el que decido como encauzar mis fuerzas interiores; en la medida en que no delegue esta decisión en nadie más, podré gestionar mis dificultades de la mejor manera.

No me ha sido fácil, pero siento que he crecido a partir del trabajo con la psicología positiva y las acciones espirituales. He visto las ventajas de ser proactivo. Me he evitado discusiones, conflictos, peleas y gastar inútilmente el tiempo. Tal vez lo más importante es que he herido y he sido herido por menos personas que cuando actúo de manera reactiva. Eso me prepara para enfrentar con mejor actitud las dificultades y adversidades de la vida diaria.

Ahora, eso que vimos en el capítulo anterior, la espiritualidad como *fuente de esperanza*, potencializa la resiliencia en los seres que la practican. Nos permite creer que siempre pasará lo mejor para nosotros, que nuestros esfuerzos darán los resultados óptimos, así no los tengamos presentes en el momento de enfrentar los desafíos. Nos hace mirar con ojos optimistas la realidad que vivimos.

Es lo que algunas personas espirituales dicen: "Todo saldrá bien", "En el futuro celebraremos la victoria sobre esta situación", "Somos más que vencedores", "Los problemas son bendiciones envueltas, hay que desenvolverlas". Para muchos son expresiones mágicas y hasta irresponsables, pero quien tiene una experiencia espiritual sabe que son declaraciones de la confianza y del anhelo que le asisten desde su convicción de que todo tiene un sentido y que siempre hay lecciones en cada experiencia que se tiene, por negativa que sea.

No puedo negar que a veces algunos líderes espirituales y religiosos abusan de esta conciencia de poder superar las dificultades, expresada en este tipo de frases, y las vuelven oraciones prefabricadas que terminan siendo manidas. Incluso pueden generar falsos optimismos que no están sostenidos en el hacer, sino en la magia de que las cosas sucedan sin ninguna explicación. Siempre será muy irresponsable decirle al otro que todo estará bien sin estar debajo del techo de esa persona sintiendo las gotas de lluvia del dolor que lo mojan. Decirlo solo será responsable si lo dice la propia persona que sufre y lo hace desde su conciencia íntima.

Darles a los demás fórmulas mágicas de solución de dificultades tiene mucho de irresponsabilidad. La experiencia espiritual que genera esperanza nunca da fórmulas, siempre invita a la lectura e interpretación de la propia vida y a la toma de conciencia de quién se es y qué se puede hacer, siempre a partir de la confianza en el poder de Dios que actúa en el corazón.

Ahora, ver la situación desde la confianza permite lanzar esas expresiones que nacen en las convicciones interiores y que no van en desmedro del compromiso que cada eventualidad exige. El que dice que todo va a salir bien está comprometido con que así sea, construye los caminos para lograrlo, pero lo hace desde la certeza de que así será. Es la seguridad de quien ha dado la batalla antes y ha comprobado que siempre es así.

Esa esperanza los lleva a protegerse frente a los acontecimientos contrarios y peligrosos, desarrollando actitudes capaces de impulsar la recuperación frente a las dificultades vividas. Tanto individual como socialmente se requiere aprender a tener confianza en el quehacer actual para salir adelante en las situaciones que ponen en riesgo la integridad en todas sus dimensiones, desde lo físico hasta lo psicológico, pasando por lo mental.

La resiliencia tiene que ver con eso que los antiguos llamaban sabiduría. Saber vivir. Tener claro cómo gestionar nuestras actitudes y emociones ante la lluvia constante de pequeñas, medianas o grandes dificultades. Creo que la clave de la vida está en saber gestionar. Saber cuándo hacer y cuándo cruzarse de brazos; cuándo llorar y cuándo reír; cuándo resistir hasta el extremo y cuándo dejar pasar con flexibilidad; cuándo levantar la vista para ver a lontananza y cuándo mirar solo el propio corazón que late fuerte; cuándo tender la mano para pedir ayuda y cuándo saber agarrarse de otra que nos intenta levantar. Es saber decidir. Es saber vivir. Es saber levantarse cuando ya hemos aprendido lo suficiente en el suelo. Es saber cuándo volver a soñar después de que todas las ilusiones han quedado vueltas añicos.

Es la sabiduría de saber cuándo.

Es hacer frente con todas las fuerzas del ser a la adversidad y aprehender las enseñanzas que sus secuelas dejen en la vida, teniendo claro el poder que tienen para la salud las emociones positivas. Es importante tener claro cuáles son las características de una persona resiliente, porque allí se presentan indicadores de evaluación para nuestro comportamiento y se destacan posibles tareas para prepararnos.

Los estudios creen que estas características se pueden resumir en siete atributos que caracterizan la resiliencia:

- **Introspección**. La capacidad de autocrítica, es decir de observarse a sí mismo y al entorno, hacer cuestionamientos profundos y dar respuestas honestas.
- **Independencia**. La capacidad para ver objetivamente los problemas, las situaciones y establecer límites sin dejarse apasionar e influenciar por sus propios mapas.
- **Relación**. La capacidad para brindar, sostener y establecer relaciones de confianza y solidaridad fuertes y de largo plazo con otras personas o grupos.
- **Iniciativa**. La capacidad para autoexigirse, apersonarse de su responsabilidad, de sus decisiones y consecuencias.
- **Humor**. La capacidad de afrontar las situaciones en forma lúdica y divertida, encontrando en la crisis una fuente de inspiración.
- **Creatividad**. La capacidad de establecer y crear orden y nuevos modelos a partir de la confusión.
- **Moralidad**. Dar sentido trascendente a las actuaciones, dando y deseando a otros el bien propio[149].

149 Lamas Rojas, H. y A. M. Abanto. *Resiliencia o la capacidad de resistir y rehacerse*. http://repebis.upch.edu.pe/articulos/paradigmas/v5n7-8/a9.pdf, 2005. Recuperado el 10 de julio de 2022.

Cuando reviso con detenimiento la vida de mis héroes, me encuentro con que muchos de estos atributos están en ellos. Son así. Hombres y mujeres que asumieron la vida con pasión, firmeza y alegría. Los encuentro llenos de sueños y posibilidades, batallando en medio de sus limitaciones y confiando en ser felices a pesar de todo. No ríen siempre, pero sí tienen un júbilo permanente en su corazón. No ganan todas las veces, pero sí disfrutan cada lance. No realizan todas sus expectativas, pero sí se deleitan con el proceso de intentar lograrlas.

El atributo que más encuentro en estas personas es que son espirituales. Algunos con una espiritualidad religiosa que los lleva a militar en comunidades concretas. Otros simplemente han entendido que la vida tiene más sentido cuando se aprende a trascender, a descubrir que siempre hay algo más, que se es feliz cuando se vive desde la pasión infinita que vibra dentro de su corazón. Todos son artistas, capaces de emocionarse al extremo ante lo sublime e intentan estamparlo en sus acciones.

Mi propuesta es que tengas momentos espirituales. Tú sabrás cómo y cuándo. Te he contado mi camino y todo lo que he experimentado y estudiado acerca de lo que logra el desarrollo de esta dimensión en la vida de las personas. Ser espiritual no evitará que pases por valles oscuros, pero sí te generará callo para que te puedas sostener mientras sigues adelante. Ser espiritual no impedirá que a veces se pierda la luz que te guía en tu sendero, pero sí te dará confianza para saber que pronto la encontrarás de nuevo, luego vale la pena seguir. Ser espiritual no hará que aparezca nada mágicamente en tu vida, pero te hará capaz de descubrir lo que ya está ahí y no habías podido ver antes.

Ser espiritual no te exonerará de los duros momentos del desierto, pero sí será agua que te sacie desde dentro para no desfallecer.

CONCLUSIÓN

Al ser espiritual soy mejor humano

Estoy sentado frente al mar Caribe. Su azul me inspira y me mueve desde adentro. Detrás de mí está la Sierra Nevada con su grupo de montañas, que en este momento están vestidas con todos los tonos de verde posibles y me arropan dándome la seguridad que experimenta quien está en su casa. Hay algunas sensaciones en mi corazón que se hacen presentes siempre que termino un texto y que me gustaría compartir contigo.

Estoy feliz por llegar al final de esta aventura que se inició hace 18 meses cuando comencé a garabatear la estructura de este texto. Para mí poner punto final a un libro es cumplir y realizar un proyecto, es concretar sueños y deseos que me han acompañado toda la vida, desde mi propia experiencia. Y eso me hace feliz.

Me siento agradecido, porque todo lo leído, resumido, expuesto y escrito desde mi conciencia me ha hecho mejor persona y me permite conectarme mejor con los demás seres del universo. Es decir, recibí los beneficios que quise compartir y que causan las experiencias espirituales. Todo esto lo entiendo como un don y un regalo que me hace la vida. Es una oportunidad de sentirme amado y reconocido.

También hay serenidad y tranquilidad, pues siento todo lo que este tipo de reflexiones genera en el alma y me llena de esperanza. Sigo, también, muy despierto, con tantas ideas que me reclaman por no estar en estas páginas, y trato de acallarlas con otras razones de extensión y oportunidad. Termino muy abierto a ti, lector, seguro de que tu comprensión benévola y critica me hará seguir creciendo con tus comentarios.

¿Cómo beneficia la experiencia espiritual mi vida cotidiana? Es la pregunta que más se repite en mi mente; al fin y al cabo, es lo que he tratado de mostrar a lo largo de todas estas páginas. Sin embargo, quisiera terminar este texto con cuatro afirmaciones que considero que responden la pregunta de manera más directa y pueden ser asumidas como tareas de vida:

1. La espiritualidad nos permite una mejor gestión de nuestras emociones. La espiritualidad nos permite un mejor conocimiento del "yo", del ser, de la esencia. Esto nos permite apartarnos del "ego", entendido como esa ostentación continua que tenemos que hacer de nosotros mismos para "defendernos" de los otros. Cuando nos relacionamos desde el ego, lo hacemos desde el miedo a ser menos que los otros o a que ellos nos hagan daño. Es la excesiva valoración de sí mismo. Vicente Simón[150] insiste en que el ego tiene una

150 Simón, Vicente M. El ego, la conciencia y las emociones: un modelo interactivo. *Psicothema* [en línea]. 2001;13(2), 205-213[fecha de consulta: 22 de agosto del 2022]. ISSN: 0214-9915. Disponible en: https://www.redalyc.org/articulo.oa?id=72721305.

vertiente que mira hacia el pasado. En este sentido, el ego es también una narración, un relato que nos proporciona una determinada versión de nuestra vida. No importa que esa versión se adecúe a la realidad, sino que genere un estado de seguridad para poder asumir los desafíos y las situaciones que vivimos a diario. Esa narrativa construye una visión de cada acontecimiento y de la vida toda, imponiendo un relato en medio de las múltiples versiones que se puedan tener.

En la medida en que las prácticas espirituales nos permiten conocernos y aceptarnos, nos posibilitan establecer una relación sana con nosotros mismos. Esta debe manifestarse en una aceptación de nuestra emocionalidad, sin ningún tipo de culpa y de juicio distorsionado, ya que se entiende como lo que es: una reacción físico-química ante un estímulo. En este sentido, no son fruto de nuestra conciencia, sino que son una reacción, por lo cual no deben tener una valoración moral en sí mismas. Ellas nos impulsan y nos motivan a actuar, lo cual tenemos que hacer con mucha responsabilidad. Son reacciones integrales, por lo cual actúan no solo en el sistema cerebral, sino en el endocrino, metabólico y en muchos otros de los sistemas del ser humano.

Quien se conoce, se acepta y se ama tendrá una mejor relación con su entorno y con las demás personas. Al otear mi vida y entender quién soy, pierdo todo miedo a mis errores y equivocaciones, condición necesaria para poder trabajar en ellos.

Cuando nos vemos espiritualmente, aunque deseemos ser mejores no despreciamos lo que somos, no nos tensionamos por no alcanzar los estándares que la sociedad y algunos que están cerca nos exigen. En la medida en que voy siendo más consciente de quien soy, no decido desde mi ego —desde lo que quiero mostrar y señalar al otro—, sino a partir de lo que realmente soy.

Creo que la espiritualidad nos permite generar unas habilidades que nos ayudan a gestionar nuestras emociones de mejor manera. Señalo estas habilidades que creo son fundamentales:

- Ser dueños de sí: La experiencia espiritual nos permite hacernos conscientes de nuestros propios pensamientos y convertirnos en líderes de nosotros mismos. El liderazgo interior consiste en tener la capacidad de aceptar aquellos pensamientos que nos potencian, e ignorar y desechar los que nos atemorizan y minimizan. Somos amos de nuestra mente y no esclavos, aunque a veces no lo parezca. Aquí vale pena tener claro el concepto de observador. Tal vez las cosas no son como son, sino como nosotros somos.
- Ser optimistas: Al entender el proceso, tener claras las proporciones, los papeles que desempeñamos y que tiene cada situación en la vida, dejamos de sentir que todo se decide en un momento y que los demás son enemigos. También se acaba el miedo a que todo salga mal. Somos optimistas porque entendemos que nuestro final tiene sentido en la medida en que actuamos desde nuestros valores.

- Vivir en el presente: Entender que el ayer y el mañana no existen realmente. El pasado solo está en los recuerdos y el futuro en los sueños. Debemos entender cómo los dos dependen de lo que hagamos hoy. Estamos despiertos viviendo en el aquí y en el ahora. Concentrémonos con todos nuestros sentidos en vivir en lo que sí podemos cambiar.
- No prejuzgar: Entendernos nos lleva a aceptar al otro. Los que tienen problemas de aceptación de las demás personas normalmente tienen problemas consigo mismos. No se aceptan, se juzgan duro y esto los lleva a actuar de manera "enemistosa" hacia los demás. La espiritualidad nos lleva a vivir de manera empática.
- Proexistir: Nos interesa el otro, vivimos en favor suyo y queremos que sea feliz. No nos encerramos en nosotros mismos, sino que saltamos los miedos y los límites. La felicidad no es una realidad individual, siempre nos sitúa en relación con los otros, a sabiendas de que es una responsabilidad personal.

En síntesis, la experiencia espiritual nos lleva a tener un gran liderazgo personal, a vivir con motivación, a asumir los límites de la realidad y a entrenar con firmeza para cumplir los objetivos que nos hemos planteado. No le tenemos miedo a los límites que experimentamos.

2. La espiritualidad potencia el trabajo en equipo. Estoy seguro de que la vida toda se reduce a relaciones de equipo.

Por eso, quien aprende a trabajar y vivir con otros, será feliz. Entiendo que el esfuerzo del sistema económico por hacer crecer el consumo ha ocasionado que muchas prácticas que en el pasado fueron colectivas, grupales y colaborativas ahora sean intensamente individuales.

Estoy pensando en las noches de mi niñez, en las que íbamos a la vieja sala de cine semicubierta El Libertador, en Santa Marta. Era toda una experiencia de familia y de barrio, y lo comparo con las experiencias de mi sobrino Thiago, quien ve sus series favoritas solo y concentrado en su tableta. También recuerdo las visitas a los parques que tenían como objetivo no solo distraernos, sino encontrarnos con otros, conversar, dialogar sobre lo humano y lo divino, y lo comparo con las experiencias voyeristas y exhibicionistas de los nómadas que visitan los centros comerciales, ensimismados y con itinerarios muy individuales.

Creo que esto nos ha llevado a endiosar el trabajo individual y a generar actitudes que nos dificultan el trabajo en equipo. Por otra parte, también a veces se exagera el trabajo en equipo y se construyen mitos que no permiten una verdadera funcionalidad. Por ejemplo, no todos en un equipo tienen que hacer lo mismo y, aún más, hay que entender que no todo se puede hacer en grupo, porque no podemos limitar nuestro desarrollo individual.

Quiero insistir en algunas manifestaciones espirituales muy concretas que favorecen el trabajo en equipo. Con respeto, pero con claridad, digo que dudo de alguien que diga ser espiritual si no tiene estas actitudes:

- Compasión: Es decir, sentir el dolor del otro como propio. No es lástima que lleva a constatar el dolor desde la indiferencia, sino que implica comprometerse con el otro para ayudarlo.
- Fraternidad: Implica entender que no somos más que nadie, no somos mejores por ninguna ley religiosa, ni somos jueces de ninguna situación. Eso hace que nos sintamos "hermanos".
- Gratitud: Es entender que no todo lo merecemos y que el universo no nos debe nada. Desde la humildad debemos buscar lo que queremos, sin pretender que los otros estén obligados a dárnoslo.
- Armonía: Se debe tener armonía consigo mismo, con los demás y con el absoluto. Es entender las diferencias, al saber que vivir armónicamente no es hacerlo uniformados, sino juntando lo diferente y obteniendo los mejores resultados.

Son necesarios algunos ejercicios espirituales: Ser agradecidos de lo que los otros nos aportan; hacer ese momento de acción de gracias constantemente, sin ningún tipo de juicio, nos ayudará a gestionar mejor nuestras emociones, ser conscientes de lo que aportamos a los demás, y hacerlo sin ningún tipo de soberbia, y celebrar con actos y ritos existenciales esos aportes que nos hacemos.

3. La espiritualidad nos hace más exitosos y productivos. A lo largo de este texto he sido abundante en entender la espiritualidad como la capacidad que tenemos los humanos de trascender, de ir más allá de lo material, de buscarle sentido a nuestras acciones y a nuestra propia historia. Es la búsqueda del infinito.

La espiritualidad está relacionada con la serenidad, la tranquilidad, la paz interior, la comunión entre los hermanos. Estos son valores que le permiten al ser humano entenderse como alguien llamado a salir de sí mismo, a interactuar con el medio y con otras personas, a no encasillarse en la inmediatez o en lo inmanente. Esta capacidad de abstraerse y establecer relaciones trascendentes con lo "otro" le permite proyectarse con éxito en la vida.

Ahora, no entiendo el éxito como acumulación de dinero, ni como la ostentación de poder, ni el reconocimiento por parte de muchas personas. Lo entiendo como realización, plenitud, felicidad, armonía. Ser exitoso es ser el mejor ser humano posible, es sentirse satisfecho con lo que se es al alcanzar los objetivos que nos hemos propuestos, es tener una relación sana (respetuosa, emocionante y funcional) con todas las personas que están a nuestro alrededor.

Alguien es productivo cuando aporta valor, cuando responde a las necesidades más profundas de su ser y de aquellos con los que comparte la vida, cuando crece a nivel personal y hace crecer a los demás. La espiritualidad nos permite avanzar hacia la consecución del ideal que se tiene, siendo conscientes de las habilidades y capacidades que se tienen. Ella nos posibilita generar una relación basada en la confianza, en la seguridad y en el valor por el esfuerzo.

En el plano empresarial, por ejemplo, esto implica emprender proyectos que no solo nos realicen como seres humanos —en cuanto encarnan nuestros valores—, sino que además respondan a las necesidades de los posibles clientes y, por lo tanto, sean generadores de ganancias.

Ser espiritual implica entender la vida toda como una posibilidad de descubrir el sentido, las rutas, las opciones necesarias, la completitud de la realidad para ser más productivo. Ver la integralidad de los procesos, de la vida misma, nos genera actitudes muy precisas:

- Esperanza: Nos hace entender que todas las situaciones son pasajeras y tenemos que mirar hacia el futuro con confianza. Somos capaces de superar las situaciones. Siempre, así sea con cicatrices y aprendizaje, podemos seguir adelante. Así lo hemos dejado claro en uno de nuestros capítulos.
- Compromiso: Sostener voluntaria y disciplinadamente las principales decisiones a partir de pequeñas decisiones diarias. Es trabajar, esforzarse y vivir denodadamente. Sabemos que no basta con un sí o un no, sino que es necesario responder a diario con todas las fuerzas del ser a cada instante. Le espiritualidad nos hace conscientes del valor de cada acción por muy pequeña que sea.
- Comprensión: Ser capaz de encontrar el sentido, la proporción, el valor de cada situación sin desprecio o hipérboles (exageraciones) que distorsionen la realidad. La espiritualidad nos abre al otro y a su realidad, sin juicios y sin miedos. El otro nos ayuda a crecer y a ser más felices.

Una de las cosas que más aprendí al compartir con tantas personas en el consultorio espiritual, o en las prácticas de oración y liturgia que tuve, es que el mal manejo de las emociones termina somatizándose y enfermándonos físicamente. En la medida que la espiritualidad nos permite relacionarnos mejor con nosotros mismos, nos hace asumir la vida con esperanza. Sí, es fuente de salud integral y de esta manera nos hace más productivos.

La espiritualidad entendida como la hemos planteado a lo largo de este libro y que me gusta resumir en el verbo "otear", nos permite tener una sana relación con el pasado, evitar que la nostalgia por él se acumule y se vuelva un trastorno. Nos hace creer en las capacidades y habilidades que tenemos en el presente y así evitamos esas exageraciones y miedos que nos dan estrés y que tanto daño causan, y nos ayuda a confiar en el futuro, al asumir el ritmo de la vida sin esas ansiedades que nos hacen perder el control de la existencia. Creo que también desde allí podemos aumentar nuestra productividad en la vida, sobre todo en la participación en nuestras tareas empresariales.

Comparto ahora algunas actitudes espirituales, que ya había señalado más ampliamente en mi libro *Amar es ganarlo todo*[151], y que considero nos permiten ser más productivos en cada uno de los proyectos que emprendamos. pero sobre todo en nuestro mayor proyecto que es vivir:

- Ser perfectibles: No quedarnos en las zonas de confort. No conformarnos con lo que encontramos y

151 Linero, A. *Amar es ganarlo todo*, pp. 301-306.

nos resuelve momentáneamente las preguntas que tenemos. Ser capaces de creer que podemos dar más, mejorar, agregar mucho más valor. Confiar en que tenemos mucho que darle a la vida desde nuestra esencia y hacerlo con disciplina y coordinación.

- Ser atentos: Implica hacer de la contemplación una actitud constante en la vida, de tal manera que podamos disminuir al máximo la posibilidad de tener una comprensión distorsionada de la realidad. Tratar de captar la totalidad de lo que estamos viviendo y enfrentando, sin caer en las exageraciones que nos hacen creer que no podemos con nada.
- Vivir en comunión: Necesitamos aprender a hacer de la cooperación una herramienta para producir más y mejor. Cuando no vemos al otro como un enemigo al que hay que eliminar, sino como un compañero de camino, somos capaces de abrir espacios para la cooperación. Siempre tenemos algo que enseñar y que aprender.

4. La espiritualidad potencia nuestra continua reinvención. Una frase de la serie de ciencia ficción *The expanse* que me gustó fue: “Para la oruga es la muerte, para el hombre una mariposa”. Me impresionó porque nos revela la necesidad constante de reinventarnos. Una de las primeras grandes influencias filosóficas que recibimos, generada por Parménides, exponía que lo real era aquello que permanecía. En este sentido, la realidad se entendía como una, definida, terminada. Aristóteles nos dejó claro que el Ser es, el no-ser no es, trazando uno de los criterios básicos para poder definir la realidad. La escolástica desde la estructura lógica y coherente del aristotelismo nos dejó claro que la verdad era la adecuación entre la realidad y la mente, entre la palabra y la cosa.

En este contexto, nos enseñaron verdades estáticas, que eran las que nos brindaban seguridad, porque nos daban las certezas sobre las cuales fundarnos para poder desarrollar nuestro proyecto de vida.

Nos hicieron creer que la verdad era aquello que no cambiaba, que seguiría siendo igual para siempre. Esto hizo que aprendiéramos discursos que iban a ser ciertos para toda la vida, que planteáramos confesiones de fe que no se inmutaban en el tiempo, que hiciéramos juicios morales que debían mantenerse imperecederamente como verdaderos.

Por eso se privilegiaba a las personas que tenían posiciones firmes, férreas, que no cambiaban, pasara lo que pasara. Nos invitaban a un pensamiento rígido que no podía transformarse, porque perdía su valor. Al fin y al cabo, desde Platón se tenía claro que el mundo de las ideas era la verdadera realidad, el mundo de las cosas siempre ha estado construido por ilusiones. Nos criamos con la creencia de que no podíamos cambiar nuestra manera de pensar o nuestro proyecto de vida, porque hacerlo sería una manera de reconocer nuestro fracaso.

Hoy tenemos claro que la realidad es dinámica, cambiante y que su esencia es un movimiento constante.

> La realidad no es solamente lo que es actualmente; también está, en una u otra forma, incursa en eso que de una manera más

> o menos vaga podemos llamar "devenir". Las cosas devienen, la realidad deviene. La realidad no es solamente lo que es actualmente; también está, en una u otra forma, incursa en eso que de una manera más o menos vaga podemos llamar devenir. Las cosas devienen, la realidad deviene... Devenir es llegar a ser algo, pero inexorablemente dejando de ser algo que se era, o añadiendo algo que no se era a lo que ya es, a lo que ya era[152].

Eso nos hace entender que el cambio, la reinvención, es una exigencia de nuestra condición humana.

Con su paso voraz, la ciencia nos ha cuestionado todo. La tecnología nos hace entender que la realidad puede ser virtual, las guerras nos demostraron que los mapas no eran para siempre, la astronomía nos hizo darnos cuenta de que los planetas no eran nueve, la física cuántica nos ha mostrado que la materia es también energía, la medicina puso de manifiesto que muchas de nuestras verdades no son ciertas (nos habían hecho creer, por ejemplo, que el número de genes (120 000) era igual al número de proteínas, y con el genoma quedó claro que habría apenas entre 25 000 o 30 000 genes). No creo que sea posible en medio de todo este dinamismo seguir creyendo que la única forma de darle sentido a la vida es tener una posición férrea, inconmovible y cerrada. ¿Cómo absolutizar lo que sabemos, si lo que no sabemos parece ser infinitamente mayor?

Definitivamente somos un acto inacabado y un "siéndose". Reinventarnos no es otra cosa que una manera de ser consecuentes con nuestra propia condición, con ese devenir

152 Zubiri, X. *Estructura dinámica de la realidad*. Madrid: Alianza, 1995.

constante que nos define y nos hace ser. Esto lo puedo asegurar yo, que, a los 49 años de edad, y luego de vivir durante 33 años preparándome y ejerciendo el ministerio presbiteral, decidí hacer un alto y vivir mi vocación de servicio de otra manera. Fueron muchas las "primeras veces" que viví y en todas entendía que es posible reinventarse, que no estamos condenados a ser lo que no queremos ser.

Una actitud espiritual fundamental para la reinvención es la autobservación. Es decir, ser capaces de hacer un metanálisis, esto es, ser objeto del propio análisis, tratando de tomar conciencia del sentido, el valor y las significaciones de la vida que se está realizando. Se trata de ser conscientes del peso de cada uno de los actos.

Ser capaces de observarnos con atención y entender el porqué y el para qué se está viviendo; esto implica tener momentos de pausa en los que podamos analizar con atención cada una de nuestras propias acciones.

Habría que entender y exponer de manera clara y concreta cómo se están resolviendo los problemas, cómo se toman las decisiones, cómo se enfrentan los obstáculos. ¿Se está aprendiendo de los errores? ¿Cómo nos estamos divirtiendo? ¿Cómo nos relacionamos con las demás personas? En las respuestas a estas preguntas se encuentra realmente lo que estamos haciendo con la vida.

Esto implica, también, ser conscientes de cómo nos estamos viendo a nosotros mismos, cómo nos estamos proyectando. Aquí es necesario revisar con detenimiento el *diálogo interior*, esto es, detenerse de manera individual y preguntarse: ¿Qué me digo acerca de mí mismo?; revisar las *creencias* que mueven y rigen mis actitudes y acciones; tener conciencia de los propios *miedos* y cuál es la razón de ellos; muchos realmente son irracionales, aprendidos y tienen que ser analizados. Todo proceso de reinvención comienza desde adentro hacia fuera, lo cual implica transformaciones en los paradigmas mentales, creencias y hábitos[153].

Es necesario revisar cuáles son los patrones, modelos, ejemplos o arquetipos que usan nuestros mecanismos mentales. Es allí donde tenemos que tener cambios, tener claro cuáles son esas afirmaciones que damos por verdades absolutas sin ningún tipo de cuestionamiento; lo que llamamos creencias: destino, culpa, valoración, solución de conflictos, etc. También tenemos que revisar esas conductas que se llevan a cabo con regularidad, de manera repetida y sin ningún tipo de reflexión o análisis. Son actividades aprendidas. El autor del *bestseller Hábitos atómicos*, James Clear, insiste:

> La manera más eficaz de cambiar de hábitos consiste en enfocarse no en lo que quieres lograr, sino en la persona en quien te quieres convertir… Para que logres convertirte en la mejor versión de ti mismo es necesario que constantemente revises y corrijas tus creencias y que actualices y expandas tu identidad[154].

Aquí vale la pena tener presente lo que él llama las cuatro leyes del cambio de conducta: "hacerlo obvio, hacerlo

153 El propósito de los hábitos es resolver problemas de la vida mediante el uso de la menor cantidad de energía y esfuerzo como sea posible.

154 Clear, James. *Hábitos atómicos*. México: Ediciones Culturales Paidós, 2019, p. 33.

atractivo, hacerlo sencillo y hacerlo satisfactorio”[155]. Es importante tener claro que los hábitos que adoptamos son los que la gente con la que compartimos elogia y aprueba, por eso hay que estar muy atentos a quienes son esas personas y qué desempeño tienen en nuestra vida.

Ser espiritual implica no perder la capacidad de sorpresa, vivir abiertos a la novedad que nos hace encontrar las infinitas posibilidades del ser, ser conscientes de nuestra finitud frente a las posibilidades del absoluto, pero también implica vivir los cambios desde la serenidad del corazón; al fin y al cabo, la paz no es ausencia de conflictos, sino armonía aún en medio de ellos.

Espero que estas cuatro afirmaciones terminen de iluminar todo ese espacio vital en el que nos desarrollamos. Son manifestaciones más prácticas de la acción espiritual en nuestra vida y que pueden generar la motivación que se requiere para hacer el camino de la espiritualidad con más fuerza y ahínco.

Te agradezco que hayas llegado hasta aquí. Ahora queda la vida, nuestras vidas, que siempre están abiertas a tantas nuevas realizaciones. Me levanto, bajo al mar Caribe, dejo que sus aguas frías mojen mis pies, alzo la mirada y doy gracias por todo lo aprendido y vivido en la experiencia de escribir este texto. Abrazo a Alcy y le agradezco su paciencia en este tiempo en el que unos “parrafitos” hacían que me levantara raudo de la cama a escribir en el computador, o me negara a acompañarla a hacer alguna actividad,

155 *Ibíd.*, p. 63.

porque estaba atrapado en una idea que tenía que parir en frases.

Espero que estas páginas cumplan el objetivo de motivarte a vivir tu propia experiencia espiritual. Soy católico. Vivo mi fe con todas las fuerzas y en comunión con el magisterio eclesial, pero siempre respetando las demás opciones y sus búsquedas. Por eso me encanta la afirmación de Leonardo Boff:

> En el proceso evolutivo del que venimos, irrumpió un día la conciencia humana. Hay un momento de esta conciencia en que ella se da cuenta de que las cosas no están lanzadas aleatoriamente ni yuxtapuestas, al azar, una al lado de la otra. Ella intuye que un "hilo conductor" pasa a través de ellas, las liga y las religa… A este "hilo conductor" los seres humanos le han dado mil nombres: Tao, Shiva, Alá, Yahvé, Olorum y muchos más. Todo se resume en la palabra Dios[156].

Te deseo lo mejor y estamos en contacto siempre. Recuerda que me encuentras en todas las redes sociales.

Alberto José

@PLinero: Twitter e Instagram

AlbertoLineroGo en Youtube y Facebook.

156 Boff, Leonardo. (2010-06-11) La espiritualidad en la construcción de la paz. *Koinonía*. https://www.servicioskoinonia.org/boff/articulo.php?num=384. Recuperado el 10 de agosto del 2022.

Bibliografía

Agustín de Hipona (san Agustín). *Confesiones* (vol. 387). Barcelona: RBA Libros, 2016.

Alper, M. *Dios está en el cerebro*. Bogotá: Editorial Norma, 2008.

Armstrong, K. *Una historia de Dios*. Trad. Ramón Alfonso Díez Aragón. Barcelona: Ediciones Paidós Ibérica, 1995.

Bauman, Z. *Tiempos líquidos. Vivir en una época de incertidumbre*. México: Tusquets Editores, 2007.

Bloch, E. *El principio esperanza*. Madrid: Editorial Trotta, 2004.

Boff, Leonardo. La espiritualidad en la construcción de la paz. Koinonía, 11 de junio del 2010. https://www.servicioskoinonia.org/boff/articulo.php?num=384. Recuperado el 10 de agosto del 2022.

Braun, R. La experiencia existencial como concepto naturalista de la espiritualidad. *Persona: Revista de la Facultad de Psicología* de la Universidad de Lima, Perú, 2017;(20):83-94.

Burgos Cantor, R. E. *La ceiba de la memoria*. Bogotá: Seix Barral, 2009.

Calle, R. A. *La genuina enseñanza del Buda*. Buenos Aires: Kier, 1980.

Carmona, A. O. El mal y el hado en la tragedia griega. *Helmántica: Revista de filología clásica y hebrea*, 1985;36(110):211-224.

Castillo, J. M. *Espiritualidad para insatisfechos*. Madrid: Editorial Trotta, 2007.

Clear, James. *Hábitos atómicos*. México: Ediciones Culturales Paidós, 2019.

Crossan, J. D. *El Jesús de la historia: Vida de un campesino mediterráneo judío*. Barcelona: Editorial Crítica (Planeta), 1994.

Cyrulnik, B. *Los patitos feos: La resiliencia. Una infancia infeliz no determina la vida*. Barcelona: DeBolsillo (PRHGE), 2013.

Dalái lama. *Las leyes de la vida*. Barcelona: Ediciones Martínez Roca (Planeta), 2000.

De Ávila, T. *Libro de la vida*. Cátedra Letras Hispanas. 2006, https://a.co/0yCxIpy.

De Plaza Arteaga, H. Nota: Carlos Bravo L., SJ y su presentación del problema del mal. *Theologica Xaveriana*, 1993:108.

Eudes, J. *Obras escogidas*, Bogotá: Editorial Carrera 7.ª, 1990.

Flores Morales, J. A. Influencia semita en la visión antropológica en Viktor Frankl. *Phainomenon*, 2020;19(1):93-101.

Francisco. Encíclica *Laudato si'*. 18 de junio del 2015, n.° 8.

Frankl, V. *El hombre doliente. Fundamentos antropológicos de psicoterapia*. 4.ª ed. Barcelona: Herder, 2000.

__________. *El psicoanálisis y la psicología individual*. Conferencia Radiofónica en Viena, 2010.

__________. *Fundamentos y aplicaciones de la logoterapia*.

Trad. Claudio César García Pintos. Barcelona: Editorial Herder, 2012.

__________. *El hombre en busca de sentido*. Barcelona: Editorial Herder, 2015.

Gehlen, A. *Antropología filosófica del encuentro y del descubrimiento del hombre por sí mismo*. Madrid: Paidós, 1993.

Girard, R. y G. Vattimo. *¿Verdad o fe débil?* Madrid: Paidós, 2011.

Gutiérrez, G. y J. Sobrino. *Beber en su propio pozo*. Buenos Aires: Latinoamérica Libros SRL, 1984.

Harari, Y. N. *Homo Deus*. Bogotá: Debate, 2016.

Kant, I. *Lo bello y lo sublime: Ensayo de estética y moral* (n.° 71). Madrid: Espasa-Calpe, 1919.

Küng, H. *El desafío cristiano*. Madrid: Ediciones Cristiandad. 1982.

__________. *¿Vida eterna?* Madrid: Ediciones Cristiandad, 1983.

Lamas Rojas, H. y A. M. Abanto. *Resiliencia o la capacidad de resistir y rehacerse*. http://repebis.upch.edu.pe/articulos/paradigmas/v5n7-8/a9.pdf, 2005. Recuperado el 10 de julio del 2022.

Lenaers, R. *Jesús un hombre como nosotros*. Quito: Editorial Abya Yala, 2020.

Limet, Y. S. *Sobre el sentido de la vida en general y del trabajo en particular*. Madrid: Editorial Errata Naturae, 2016.

Linero, A. *Vivencias, orando y viviendo*. Barranquilla: Artes Gráficas Alumar, 2001.

__________. *Mi vida de otra manera*. Bogotá: Planeta, 2018.

__________. Luchar desde la esperanza, *El Heraldo*, Barranquilla, 2019. Recuperado el 21 de julio del 2022. en https://www.elheraldo.co/columnas-de-opinion/alberto-linero/luchar-desde-la-esperanza-718923.

__________. *Amar es ganarlo todo*, Bogotá: Planeta, 2021.

__________. De dones y dadores. *El Heraldo*: https://www.elheraldo.co/columnas-de-opinion/alberto-linero/de-dones-y-dadores-columna-de-alberto-linero-868831, 2021. Recuperado el 26 de julio del 2022.

__________. Amor de juventud, *El Heraldo*, 2022. https://www.elheraldo.co/columnas-de-opinion/alberto-linero/amor-de-juventud-columna-de-alberto-linero-906783. Recuperado el 26 de agosto del 2022.

Luciani, R. El Jesús histórico como norma hermenéutica para la teología y criterio para ser testigos en el seguimiento. *ITER: Revista de teología* (Universidad Católica Andrés Bello, Venezuela), 2005;37:17-116.

Manciaux, M. *La resiliencia: Resistir y rehacerse*. Madrid: Gedisa, 2001.

Martini, C. M., Trevi, M., De Monticelli, R. y S. Minegishi, S. *La oración de los que no creen: ¿Se puede rezar sin fe?* Madrid: Temas de Hoy, 2002.

Meier, J. P. *Un judío marginal: Nueva visión del Jesús histórico* (tomo II). Estella (España): Verbo Divino, 2008.

__________. *Un judío marginal. Nueva visión del Jesús histórico* (tomo I): *Las raíces del problema y la persona*. Estella (España): Verbo Divino, 2009.

Metz, J. B. y K. Rahner. *Invitación a la oración: Solidaridad en el dolor y el compromiso*. Bilbao: SalTerrae, 1979.

Moltmann, J. *Teología de la Esperanza*. Salamanca: Ediciones Sígueme, 1977.

__________. Teología política y Teología de la Liberación: Political Theology and Liberation Theology. *Carthaginensia*, 1992;8(13-14):489-501.

__________. *The Living God and the Fullness of Life*. Ginebra: WCC Publications, 2016.

Moore, Th. *El cuidado del alma*, Trad. Marta Isabel Guastavino Castro. Barcelona: Urano, 2009.

Morin, E. *Introducción al pensamiento complejo*. Barcelona: Gedisa, 2003.

Moss, J. La felicidad no es la ausencia de sentimientos negativos, en *Felicidad*. Barcelona: Reverte-Management, 2018.

Pagola, J. A. *Jesús, aproximación histórica*. Boadilla del Monte, España: PPC Editorial, 2007.

Pajón, G. L. (2005). Karl Jaspers: Autorreflexión y "Existenzerhellung". *Dikaiosyne*, 8(15).

Pascal, B. *Pensamientos*. Guadalajara, México: Editorial Universitaria, 2016.

Polo, L. La esperanza. *Scripta theologica*, 1998;30(1):157-164.

Rubín, A. Las 150 mejores frases de Confucio [con imágenes]. *Lifeder*. https://www.lifeder.com/frases-de-confucio/. Recuperado el 3 de junio del 2019.

Rubio Angulo, J. Lo sublime. *Universitas Philosophica*, 1991;9(17):37-50.

Saint-Exupéry, A. *El Principito - The Little Prince*. Madrid: Editorial Verbum, 2019.

Serrano, G. R. El budismo como respuesta al sufrimiento. *Temas*, 2007;(1):135-142.

Simón, Vicente M. El ego, la conciencia y las emociones: Un modelo interactivo. *Psicothema* [en línea]. 2001;13(2), 205-213. Disponible en: https://www.redalyc.org/articulo.oa?id=72721305. [Fecha de consulta: 22 de agosto del 2022]. ISSN: 0214-9915.

Soggin J. A. *Nueva historia de Israel.* Bilbao: Desclée De Brouwer, 1997.

Theissen, G. y A. Merz. *O Jesus historico: Um manual* (vol. 33). Ipiranga (Brasil): Ediçoes Loyola, 2002.

Tierno Galván, E. y J. C. Opstelten. Sofocles and Greek Pesimism, Amsterdam, 1952. *Anuario de Filosofía del Derecho*, 1956.

Tillich, P. y R. Bertalot. *Teología sistemática* (vol. 2006). Turín: Editore Claudiana, 1996.

Von Rad, G. *Teología del Antiguo Testamento I.* Salamanca: Ediciones Sígueme, 1972.

Zubiri, X. *Estructura dinámica de la realidad.* Madrid: Alianza, 1995.